"出土文献与古史史料学研究"丛书

宁镇疆 著

《老子》探源与古义新证

上海古籍出版社

国家社科基金重大项目"出土简帛文献与古书形成问题研究"(19ZDA250)

国家社科基金一般项目"出土古本与今本《老子》形成研究"(16BZS006)

上海市教委科研创新计划重大项目"四古本《老子》综合研究"(2017–01–07–00–09–E00022)

"古文字与中华文明传承发展工程"规划项目(G3453)

前　　言

  自20世纪70年代以来,《老子》出土古本迭经发现,马王堆帛书甲、乙本,郭店楚简本,北大汉简本,号称出土"四古本"。在传世经典中,有这么多出土古本发现是绝无仅有的,这也反映了《老子》一书早期的经典化程度。更为难得的是,这四个出土古本之间还有明显的时序落差:郭店楚简本时届战国中期偏晚,马王堆帛书甲、乙本则大致为秦末至汉初,北大汉简本一般认为系西汉武帝年间,这等于向我们展示了《老子》一书纵向的演进历程。因此,这四种有明显时序落差的古本就为我们探讨《老子》一书的早期形态及形成过程,提供了绝佳的材料。2016年以来,本人以出土《老子》古本研究为题先后申请到国家社科基金和上海市教委科研创新计划重大项目资助,本书所收的大部分论文都是这两个课题的研究心得(个别时限稍有延展)。由于涉及《老子》一书的形成问题,它们又与2019年获批立项的国家社科基金重大项目"出土简帛文献与古书形成问题研究"多有交集。

  此前学者对《老子》四种古本的研究,无论是字词释读,还是文义疏通,抑或是《老子》文本结构的探讨,基本上都要回答两个问题:《老子》"原来面貌"是怎样的? 后来又经历了怎样的演变? 前者的工作可称"探源",后者则是要弄清《老子》文本在流传中所发生的变迁。当然,无论"探源"还是文本变迁的研究,有时都不免要直接或间接地回答《老子》年代学的问题:《老子》的"原来面貌"究竟有多早? 某些字词的本义探求,提示了《老子》一书什么样的年代学特征? 同样,文本变迁的研究也需要年代学的敏感:尽管它很多时候不需要回答多"早"的问题,但既然是"变迁"就会有时序落差,而时序落差每每又是建立在两个文本的相对年代学坐标基础上。而且,文本变迁的研究有时还需要回答与年代学有关的"时长"问题。比如有学者以郭店简本当《老子》"原本",这其中就有个"时长"的问题需要考虑:如果《老子》"原本"战国中期偏晚才出现,那么其距《庄子》外、杂篇所引《老子》,《韩非子》所引《老子》,甚至马王堆帛书甲本的时代都非常近,有的甚至是"共时"的,一本新出的书要在这么短的时间内流行开来,并产生为数众多的"别本"——这个过程即当前学者艳称的"经典化"过程——这个"时长"的"长度"是否足够就需要慎重考量。

既然探源和文本变迁的研究都要回答与《老子》有关的年代学问题,而年代学本质上又属于历史学的范畴,那就意味着《老子》虽然在很多学者那里被视为思想甚至哲学经典,但探源和文本变迁也提示我们:《老子》古本的研究同样要对"历史性"因素有充分的考量。换言之,我们认为《老子》一书是特定历史时代的产物,其书所涉及的语言、史实、礼制、观念等必然有那个时代的特征,这些因素也限定了这一文本大致的时空范围。因此,《老子》思想的研究,绝不能一味地驰骋玄思而视上述因素为无物。当前,"历史语言学"的研究已经蔚为热潮,学者借助出土文献的材料,对于历史上的语言现象以及语言现象的历史性变化,都有非常精彩的研究。语言现象又是依托于特定古书文本的,因此,针对古书文本的历史性研究也应该是可行的。

本书从研究重点来说,主要分为两大部分:一为探源与年代学,一为古义新证,这也构成了本书的上下编。就措意于探源与年代学的上编来说,本成果总体上不再纠缠于一些微观的字词考证,而是选取攸关《老子》年代学研究的一些具体个案,如礼制、大小国问题、观念背景等,并与《左传》《国语》等早期文献所记载的史实进行对比研究。我们试图探讨《老子》一书的上述内容与特定历史时代的联系,从而为《老子》的年代学研究和思想溯源提供一些相对扎实的证据。[1]

---

[1] 此前学者虽然也偶有类似考察,但多是在训释《老子》文本时顺带涉及,关注的问题既有限(如"偏将军""上将军"之类),考察的深度和涉及的文献范围亦常有不逮。

从上述思路看,本书是以探源研究达成年代学的目标:一旦我们厘清《老子》书中一些重要史实、思想的历史或文献渊源,就可以给《老子》年代学的研究提供一些比较稳定的支点。至于"古义新证"的下编,其关注的对象则相对微观一些。我们选取此前《老子》研究中不太为人注意,或者说前人在认识上存在误解的语词、观念或者思想进行讨论,以恢复这些内容的"古义"或"本义",而它们"古义"或"本义"的恢复又可以为《老子》一书年代学的研究提供重要参照。当然,既然是探求"古义",那就说明《老子》的一些语词、观念在流传过程中发生了变化,因此在"古义新证"的同时,也必然会涉及《老子》文本变迁甚至因出土文献发现所带来的文本校勘方面的问题。

正因为研究重点多措意于《老子》一书的所涉史实、语言、思想与特定历史时代的联系,因此本书的讨论既不限于一般出土文献常见的字词考证,也会跳出很多老学研究者单纯以老证老或者以道家文献证老的故辙。如前所言,《老子》一书既然是特定历史时代的产物,必然在所涉史实、语言、思想等方面与那个时代的不少文献存在"共相"(可参本书下编讨论"建德若偷"一文),因此,《老子》的研究既要拓宽文献考察的范围,又要转变思路。特别应该指出的是,由于文献佚失,与《老子》相对"共时"的文献存于今者可谓十不存一,这对我们考察《老子》一书的时代及文献背景,进而勾勒其年代学坐标无疑是不利的。这也正是晚近以来出土文献发现的最大价值,不唯大大拓宽了我们的文献视野,其中部分年代较早、文体与《老子》比较接近的文献对我们判断《老子》一书的生成环境及时代,都是极有价值的。坦率地说,对《老子》这样一部经典进行"历史"的研究,从方法上来讲,常不免招致"索隐"之讥。但由于我们的研究总体上都是从不同的个案展开,且这些个案的研究很多也并非力求指实某一事类(如论者常以《老子》之"食税多"对应鲁国之"初税亩"),而是措意于《老子》这部书的年代学特征,且《老子》一书的年代学研究我们又并非追求得过细,我们认为这庶几可以避免"索隐"式研究常见的机械。

这里要特别指出,尽管《老子》文本的年代学是本课题要探讨的核心问题之一,但我们的研究取径与惯常的年代学研究(如钱穆先生的《先秦诸子系年》）还是多有不同的。很多时候,本书的研究并不涉及一些具体的年代学问题,如人事的先后、时序的早晚等。其中的"探源与年代学"编,主要围绕《老子》一书的体例、《老子》中一些主干或代表性思想、其书涉及的若干史实和事类、《老子》中一些标志性的提法或主张等分别展开探讨,希望从多个角度呈现《老子》一书的历史渊源和年代学特征。应该指出的是,我们立足于不同角度的个案研究,所得出的结论又是大体一致的:《老子》一书无论就其中涉及的史实、观念还是就其主要的思想特征看,其书涉及的上述案例多能与《左传》《国语》等书所载史实相印证。《左传》《国语》二书就当前的先秦史研究特别是古书年代学研究来看,虽然形成年代可能已届战国,但其所记史实的年代一般公认大多可视为春秋甚至更早时期的,这也为当下出土文献的研究所证明(比如清华简《系年》与《左传》的对比研究）。因此,《老子》一书内容的年代(与形式上最终编成今本的面貌是两码事)应该也属春秋或与之接近,而绝不可能像近代不少学者认为的那样晚于《庄子》,甚至接近秦汉。这也与此前学者通过对郭店楚简《老子》研究所得出年代学结论大致相合。过去不少学者从《老子》书中找出的所谓明显晚出的证据,现在由出土古本来看,其实大多反映了《老子》文本在流传中的变化,是"相对"年代,而不足以论其"绝对"年代。当然,本书对于《老子》一书的年代学研究并不追求较为具体的"指实",在有的学者看来,这种探源及年代学研究的结论可能失之于粗,不能像其他的年代学研究那样给出相对具体的时间坐标。这除了材料的"天难"限制,我们认为更主要的还在于《老子》一书年代学研究的特殊性:对于《老子》一书,其年代学研究的主要问题即是回答该书究竟是如传统说法那样与春秋晚期的老聃关系密切呢？还是战国特别是庄子以后才产生的呢？这也是近代学术史上关于《老子》论战涉及的主要问题。[①] 回答了这一问题,在我们看来就已经是呼应了《老子》年代学研究最紧要、最关键的问题。至于说如与老聃有关,那么距离其生

---

① 可参罗根泽:《历代学者考证老子年代的总成绩(附:跋)》,收入《罗根泽说诸子》,上海古籍出版社,2001年,第202页。

活的年代具体有多近,如果是战国以后又具体是哪个时段,则是相对次要的了,纠缠于这些问题,实际上等于钻牛角尖,就目前拥有的材料看,也是无法完成的任务。

最后还要特别说明的是,由于探源是本书研究的一项重要内容,而探源很多时候又要通过厘清《老子》一书的年代学特征来达成,因此本书对史料的取用标准也与一般老学乃至思想史研究有所不同。在我们看来,既然年代学研究对时序是有严苛要求的,就必须对史料的"品级"从严把控。读者将会看到,我们一般不用《庄子》《淮南子》《文子》等相对较晚的道家文献独立地去证《老子》,因为在我们看来这些与《老子》都是"异时"性文献。出土古本《老子》陆续发现以来,学界在一个问题上恐怕是有高度共识的,那就是《老子》文本在流传过程中,其内容存在不少的"历时"性变化。《老子》本书都是如此,就更不要说明显属道家"后学"的《庄子》《淮南子》《文子》等书了。像《庄子》书中对"仁义"的排斥,已基本与今本《老子》19章同但却与郭店简本异,就是一个明显的例证;《庄子·天下》篇甚至以关尹、老聃与庄周分属不同流派,则更能说明问题。而且,《庄子》本书还存在一个内外、杂篇的"历时"性差异问题。《汉志》"诸子略"同样区分"秉要持本,清虚以自守,卑弱以自持"的早期道家与"绝去礼学,兼弃仁义"(其实即针对庄子一派)的"放者",学术史上古人这种对《老子》与道家后学的"异时性"分疏,我们应该充分重视。此前的《老子》研究特别是其年代学研究,之所以在一些问题上治丝益棼,在我们看来正是由于对史料的"时序"或"品级"把控不严,很多时候把"共时"与"异时"性的史料堆在一起等量齐观。有鉴于此,对于像《庄子》《淮南子》《文子》等道家后学文献,我们只作为"辅助性"证据:在以与《老子》相对"共时"的古书作为主要证据的前提下,这些明显"异时"的证据只是补充性的。如果没有与《老子》相对"共时"的证据,而只有这些"异时"性的道家后学文献证据,那我们宁可不用。或者说,如果仅有这些"异时"性证据,那相关问题也是远不足以论定的。

目 录

前言 i

上编　探源与年代学

申论先秦学术史上的"私家著作"问题
　　——基于出土文献和古书体例研究的反思 5
由《左传》《国语》等书所载史实论《老子》思想的礼学背景 18
由郭店简《成之闻之》篇申说《老子》思想的礼学背景 36
由《左传》所载史实论《老子》中大、小国关系的年代学特征 51
早期文献中的"老成人"言与《老子》思想的渊源
　　——兼说《金人铭》《老子》的文本性质及思想关联问题 72
《老子》"受国之垢,是谓社稷主"观念溯源 108
由周人的"巧利"之弊说到《老子》的"绝巧弃利" 119

下编　古义新证

"盗憎主人,民恶其上"正诂
　　——兼说《金人铭》与《老子》的相关问题 137
汉简本"积正督"与《老子》十六章古义臆诂 152

说《老子》的"建德若偷"
　　——兼申今本五十九章"早服"当从郭店简本作"早备" ········ 163
郭店简《老子》"绝伪弃诈"证说 ···································· 178
再论《老子》"无为而无不为"思想的理解问题
　　——由三十七章"镇"字的解读说起 ···························· 202
"无以"与"毋已"：再论《老子》三十九章的章旨
　　——兼说《老子》流传过程中的版本因承及文本校勘中应该
　　　　注意的问题 ··· 229

附录一　由帛书《易传·缪和》解《谦》卦申论清华简《保训》的
　　　　"三降之德" ··· 239
附录二　由清华简《芮良夫毖》之"五相"论西周亦"尚贤"及
　　　　"尚贤"古义 ··· 251
参考文献 ·· 276

上编　探源与年代学

本编的讨论由 7 个专题构成。

《申论先秦学术史上的"私家著作"问题——基于出土文献和古书体例研究的反思》，该文从学术史的角度检讨了《老子》能否作为"私家""著作"看待的问题，以及类似体例之古书出现的可能时代。结合晚近由出土文献所带来的古书体例及古书年代学研究的进化，该文认为《老子》这样一部古书就其体例来讲不必晚至战国，春秋甚至更早时期类似体例的古书应该是早就存在的。该文从"著作形式"或曰古书体例角度说明，《老子》一书能产生于战国前是不足为奇的。

《由〈左传〉〈国语〉等书所载史实论〈老子〉思想的礼学背景》，该文认为由《左传》《国语》等书所述礼制看，周代礼学强调"不争"，崇尚谦下，因此对逞强争胜、聚敛财富以至"汰""侈"等行为均持否定态度，凡此均与《老子》思想的基本倾向契合。因此，周代礼学其实是《老子》思想最基础的知识背景，这也决定了《老子》思想的一些基本取向。这一方面证明传统说法如老聃精于礼学及孔子从之问礼之事信而有征，另一方面也说明《老子》一书的内容与礼文浓郁的春秋时代关联密切，而与尚攻伐、兼并的战国时世则颇多乖违。

《由郭店简〈成之闻之〉篇申说〈老子〉思想的礼学背景》，该文实际上延续了上一专题的探讨。它指出郭店楚简《成之闻之》篇不少内容非常突出礼让原则。这种礼让原则，或曰"能让"，或曰"分贱"，或曰"处贱"，或曰"不逞人"，或曰"其先不若其后"，或曰"其胜不若其已"。其中所体现的退处、甘居人下的精神与《老子》思想如出一辙，这再次证明了《老子》思想与周代礼学的深层渊源。旧说谓老子谙于礼学、孔子从老子问礼，均不容轻易否定。《老子》思想既与周代礼学关系密切，而礼学又为儒家或孔门所专精，这也说明儒、道早期多有相通之处，并非如后世般势同水火。

《由〈左传〉所载史实论〈老子〉中大、小国关系的年代学特征》，该文认为从《左传》所述春秋史实看，其时大、小国之间的力量对比尚未失衡，大国对小国犹有忌惮。更重要的是，春秋时周礼犹有浓厚影响,这对霸主的强权构成有力制约。由于这两方面的原因,春秋时的大、小国之间形成双向的责任和义务:大国对小国要扶危济困,小国对大国也要克尽职贡,这正是《老子》所述大、小国关系的时代背景。相反,战国之世则弃礼义而任诈伪,以攻伐为贤,大、小国的力量对比已严重失衡。所以,《老子》对大、小国相处原则的这种设计只可能出现于春秋时代,而绝不可能是战国之世。

《早期文献中的"老成人"言与〈老子〉思想的渊源——兼说〈金人铭〉〈老子〉的文本性质及思想关联问题》,该文由晚近公布的清华简箴怸类文献如《芮良夫怸》《周公之琴舞》等篇指出,周代存在深厚的箴训文化传统。箴训之言者多为国之重臣或老臣,可称"老成人";他们多历世变,积累了丰富的治国理政之经验,故常以此劝谏人君,且语多忧患。这些措意于儆戒的箴怸类文献都可以称为"老成人"言,而《老子》一书无论就形式还是其基本的精神看,亦与这些"老成人"言多有契合,因此它也可以视为周代箴训文化的产物。

《〈老子〉"受国之垢,是谓社稷主"观念溯源》,该文认为《老子》"受国之垢,是谓社稷主"有着非常久远的观念源头,文献、铜器铭文甚至甲骨卜辞中都有大量的记载。那就是君王要为国家治理承担责任,当国家治理不好时,君王要首负其责。这意味着,《老子》的这一思想同样是经验世界可以观察到的现象,由之衍生的"道"也并不玄虚。早期君王的权威来自为国家任过、为民众操劳,透露出鲜明的"民本"思想,这即是"德",因此《老子》并不排斥"德";另一方面也说明《老子》之"德"有很高的标准,这对于我们理解《老子》之"上德不德"及其一系列功成身退的思想都是一把钥匙。

《由周人的"巧利"之弊说到〈老子〉的"绝巧弃利"》,《老子》19章由于"绝圣弃智"和"绝仁弃义"与郭店简本不同,学者讨论较多,相反,对于与出土古本完全一致的"绝巧弃利"则罕有关注。本文首先澄清"绝巧弃利"之"利"不可能是"利口""利辞"之"利",而应该是货财等实物之"利"。继而又指出,历来学者对《老子》要"绝弃""巧""利"的主张都未得其本源,实则《礼记》等文献都不约而同地指出周人有"利而巧"之弊,这才是《老子》要"绝弃""巧""利"的直接原因,这也为《老子》一书的年代学研究提供了重要参照。

申论先秦学术史上的"私家著作"问题

——基于出土文献和古书体例研究的反思*

20世纪30年代罗根泽先生曾有一篇著名的文章《战国前无私家著作说》[①],该文认为"私家著作"在战国之前不会有,它们的出现都是战国以降才有的事。罗先生虽然笼统地说"私家著作",但此文其实主要针对的是《老子》这部书。罗先生认为《老子》不是"纂辑",而是"著作",而这样的"著作"在"战国前"没有。罗先生此文貌似是学术史或者说是一个诸子学的论题,但其中涉及的问题却很多。比如其中讨论周代官学的特征,这实际上属于西周、春秋史的范畴,而诸子之学与王官之学的关系,则又是思想史、诸子学探讨的重要问题;至于先秦子书到底是"纂辑"还是"著作",则又涉及古书体例这样的文献学话题。《老子》这样的"私家"之书何时出现,又是一个古书年代学问题,其结论也会连带影响其他古书的年代学判定,可谓牵一发而动全身。今天我们讨论先秦学术史,罗先生此文是很多领域都绕不开的。当然,就此文所涉上述学术领域而言,今天拥有的材料和认识水准已远非20世纪30年代可比,尤其是很多新材料特别是简帛古书的发现,为重新审视罗先生提出的问题提供了很好的条件。

一、"王官之学"与"私家"

"战国前无私家著作"说有一个立论前提,那就是诸子之学出于

---

* 此文原刊于《光明日报》2021年2月22日第13版,囿于报纸版面,篇幅曾大为压缩。此为全文,又略有修订和增补。

① 罗根泽:《战国前无私家著作说(附:跋)》,收入《罗根泽说诸子》,上海古籍出版社,2001年,第17页。

王官,这也是其年代学判断的重要基础:孔子之前连"私学"都没有,何来"私家著作"呢?但这个前提存在两方面的问题:一是对"王官之学"的认识,二是把"私学"等同于"私家"。

先来说第一个问题。诸子之学出于王官,此为《汉志》之说,为不少学者采信,虽然也有学者对此激烈批评,但他们对周代官学的认识却差不多。他们认为周代的官学都是些操程仪轨的技术性知识,并无学术。胡适是反对"诸子之学出于王官"说的,但他也认为周代官学不过是"祀典卜筮之文,礼乐射御之末"[1],章太炎之说与之接近。沈文倬先生批评章说"可以解释秦始皇焚坑诏的'以吏为师',用来解释西周王官,真是拟不于伦了"。沈先生曾专门讨论"宗周的王官之学",他对王官之学的认识是:"官学教、学的内容是根据官责首明职掌的原则,确定每个官所担负的事务及履行之法。"[2]可以看出,沈先生虽然认为官学时代也有学问,但其"王官之学"全然以"官"为中心,依然是些职业性的、技术性知识。

把"王官之学"都看成职业、技术性的知识,甚或认为官学时代无学术,这恐怕是过去我们对"前诸子"时代文化格局的最大误解。"王官之学"自然要以"官"事为中心,但要履行职守,还应有与之搭配的一整套关于操行修为、人格养成的规训和学问。《国语·楚语上》载申叔时傅楚庄王太子,其教本即有《春秋》等九类,何其丰富!《诗·定之方中》毛传云:"故建邦能命龟,田能施命,作器能铭,使能造命,升高能赋,师旅能誓,山川能说,丧纪能诔,祭祀能语,君子能此九者,可谓有德音,可以为大夫。"[3]这揭示周代官学其实需要多方面的才能,可称贵族的"综合素质",绝非纯粹以"官"为依归,都是些职业性的知识。我们只能说"王官之学"就载体、内容、形式和服务对象来说,颇与战国的诸子之学不同,却不能说彼时无"学术"。难道只有私学兴起,诸子纷出才叫"学术",而郁郁斯文的贵族社会竟

---

[1] 胡适:《诸子不出于王官论》,《古史辨》第4册,上海古籍出版社,1982年,第1页。
[2] 沈文倬:《略论宗周王官之学》,《宗周礼乐文明考论》(增补本),浙江大学出版社,2006年,第111页。
[3] 孔祥军点校:《毛诗传笺》,中华书局,2018年,第72页。

然没有"学术"?这从逻辑上也说不通。

再来看第二个问题。持诸子之学出于王官说的学者往往把"官学"与"私学"对立起来,胡适反对此说,但同样视"官学"与"私学"为对立物,且每每又把"私学"简单等同于"私家"或"私人"。他们似乎认为王官体制牢笼一切,个人都是官学机器上的一颗颗螺丝钉,毫无"私家"之事可言。实则官学体制下,夙夜在公之余,个人又何尝没有燕私之空间及私事呢?再者,就字面衡之,即"私家"之"家"亦非王官体制所能牢笼。上博简《季康子问于孔子》记孔子之言:"且夫列今之先人,世三代之传史。岂敢不以其先人之传志告?"①所谓"传史""传志",说明官学之外,尚有士大夫之家的私史、家乘流传。《左传·襄公二十四年》范宣子述其家世,从"自虞以上,为陶唐氏",历叙夏、商至周之唐杜氏,可谓原原本本;定公元年薛宰述薛之播迁,从奚仲居薛以为夏车正,到仲虺居薛为汤之左相,亦可谓曲尽其详。这些都当是有"私家"之史、乘以为依托,它们介于"私人"与"官学"之间,总之亦明显溢出王官体制者。当然,胡适虽主学在官府,但却并不同意罗先生"私家著作"只能出现于战国以下,他的反证是明显早于孔子的叔孙豹即提出"三不朽",而其中有"立言"。② 孔颖达径以《左传》臧文仲等人的言论比之老、庄等子书,童书业先生甚至将臧文仲"立言"之事,比之于私人讲学。③ 清华简《子产》记载,子产行政时排斥所谓"辛道、敝语",认为它们是"虚言无实",④这也侧面说明彼时个人"立言"、论说的丰富程度,此与《左传·昭公七年》晋侯向伯瑕抱怨的"多语寡人辰而莫同"之"多语"却"莫同"适可参照。另外,从《左传》所载臧文仲的言论看,他所说的也多溢出惯常的"官学"范畴:并不是以某"官"为中心的职业性

---

① 释文参侯乃峰:《上博楚简儒学文献校理》,上海古籍出版社,2018年,第244页。
② 胡适:《与冯友兰先生论老子问题书》,《古史辨》第4册,第418页。李零先生有鉴于晚近出土文献中多见"语"类文献,提醒我们应该充分重视此类文体(即如《国语·楚语上》申叔时的"教之《语》")在早期古书形态研究中的地位,是值得重视的意见。
③ 童书业:《春秋左传研究》,中华书局,2006年,第309、339页。
④ 李学勤主编:《清华大学藏战国竹简(六)》,中西书局,2016年,第138页。

知识,而更接近学者讲的道德教训、嘉言规诫。巧合的是,上博简《季康子问于孔子》恰载孔子所闻臧文仲有言曰:"君子强则攡,威则民不道,严则失众,猛则无亲,好刑则不祥,好杀则作乱。"① 不唯说明当时臧文仲其人言论之夥,而其所说又大多是道德教训、嘉言规诫,这些正是思想性子书的关键要素。而且,从《国语·周语下》"观之《诗》《书》,与民之宪言……"来看,像臧文仲这种"私人"性的所谓"民之宪言",就典范性来说,与《诗》《书》等处于同一水平。或者说由个人性言论,一跃而为典范性的公共知识,进而也成为官方认可的道德信条或伦理规约,这时候"官""私"之间的界限就更加模糊了。再者,即文书典策等"官书"的起草毕竟要落实到个人,而个人又是千差万别的,即便服务于官事,很多时候也有强烈的个人色彩。我们今天习惯认为的很多所谓"官书",恐怕也免不了"裨谌草创之,世叔讨论之,行人子羽修饰之,东里子产润色之"(《论语·宪问》)这种迭经"私人"之手的过程。② 研究古代文学的学者,甚至径以青铜器铭文开创了中国的"私人写作"的传统,③明著"私人",或者以"作品"称之,已经从这些"官样文章"中嗅出鲜明的个人色彩。清华简有《芮良夫毖》,《大雅》之《桑柔》也是芮良夫此人之作,《逸周书》中还有《芮良夫解》,体裁多样,篇有短长,这些都是实实在在的"私家"作品。以此衡之,《老子》作为"私家"作品出现于春秋以前有什么可奇怪的呢?关于"官学"中的个人色彩,《左传·襄公二十六年》还记载了一件有趣的事,此年晋国要接待秦国使者,明明是轮到行人子朱"当御",但叔向偏偏让行人子员负责此事。面对子朱的诘

---

① 释文可参侯乃峰:《上博楚简儒学文献校理》,第244页。臧文仲此论与上博简《从政》之"七机"亦相合,即所谓"从政有七机:狱则兴,威则民不道,严则失众,猛则无亲,罚则民逃……"(释文参侯乃峰:《上博楚简儒学文献校理》,第163页),《从政》篇此处又明谓"闻之曰",似乎亦暗示此乃出诸他人(臧文仲)的"立言"之说。

② 这恐怕也是很多中国早期作品著作权不明晰的原因:迭经众手之后,究竟是谁的作品就模糊了。或者说在古人那里,这些作品究竟归在谁的名下,本来就不是特别重要的问题。

③ 丁进:《青铜器铭文:开创中华私人写作的传统》,《中国社会科学报》2019年7月2日。

问,叔向的理由是:"子员道二国之言无私,子常易之。"从这个例子我们就可知道,彼时像列国间使节往来这样的"官方"事件,绝非仅止于机械、照本宣科地读读双方的"命书"就完事,"临场发挥"应该也占相当的比重,这也是沟通彼此心志的常见途径。但正是在这样"自由发挥"的场合下,子朱却时常"夹带私货",乃至于其所"发挥"与君命时有乖违,这正是其人虽"当御"而叔向宁可"易之"的原因。这个例子对于我们思考"官学(书)"与"私家"的关系,也是个很好的启示。

二、"著作"的概念及年代学

"私家著作"问题另一关键词是"著作",但对此罗氏并无严格定义。张岱年先生曾用"私人专著"来指称《老子》书,[1]罗氏同意张先生《老子》是"专著"而非"纂辑"之观点,[2]可知他对"著作"一词的使用大体与"专著"同。这类词汇显然是以后世对"专著""著作"的认识来度测《老子》的性质和体例。比如,内容上要有很强的系统性,论证上要"前后理论一贯,层层推出"等。其实,如果从"系统性"的要求看,即战国以下的庄、孟、荀之书,恐怕也不能算"著作",因为讨论的"单位"都太大。抛开明显带有后世概念的"著作"一语,古书中那么多臧文仲的个人言论,时人缀辑而成"书",其与《老子》何异?《左传》等书中还多见仲虺、史佚、叔向、子产、晏婴等名臣之言,依上述臧文仲所谓"三不朽"的"立言"之论,它们背后肯定有其言论结集的"书"(《论语》同样可视为因"人""立言",且汉以前仅是"诸子传记"),只是现在大多失而不传而已。有人可能会说这是"默证",但上博简有《景公瘧》,清华简也有《管仲》及《子产》,由这些新材料我们一方面可以窥见今之子书如《晏子春秋》《管子》

---

[1] 张季同(岱年):《关于〈老子〉年代的一假定》,《古史辨》第4册,第422页。即便郭店简本《老子》发现以后,张先生对《老子》为"专著"的观点还是坚持的,详情可参王博:《张岱年先生谈郭店竹简〈老子〉》,《道家文化研究》第十七辑,生活·读书·新知三联书店,1999年。
[2] 罗根泽:《老子及〈老子〉书的问题》,《罗根泽说诸子》,第148页。

等形成的早期链条,①另一方面也说明《左传》《国语》中所在多有的管仲、晏婴、子产等人言论肯定有相关的"书"作为依托。依当前对《左传》一书的年代学认识,其所记事大多为春秋甚至更早,然则这些结集名臣之言的"书"能出现于战国前,有什么可奇怪的呢?

当然,就书的性质及形成过程来看,我们认为《老子》与今本《晏子春秋》《管子》等书又有不同。晚近余嘉锡先生的《古书通例》流行,其概括的古书形成之例如不作于一人、成于众手之说,尤广为学者称道。我们认为此说针对《晏子春秋》《管子》这样的书可能颇有解释力,但施之于《老子》一书则恐怕又未尽符合。所谓不作于一人,成于众手,从古书形成的内容和过程来看,非常强调古书内容的庞杂和稳定性差(或很晚才达到较为稳定的状态),但由郭店楚简《老子》来看,《老子》一书应该从很早的时候起就达到相对稳定的状态,其内容的整体风格也相对统一。郭店楚简本《老子》当然在内容上与帛书本、汉简本、今本还存在一些差异,但那多是个别词句上的,我们不能想象《老子》此书当初也有个章句随意聚合,甚至出此入彼、分散无定的状态。现在学者论古书形成多言"历时"性,但我们需要弄明白这个"历时"究竟是就"流传"还是"形成"而言的。在我们看来,《老子》成书的"历时"性,主要还是指的"流传"领域。从很早时候起,《老子》一书的内容都应该是较为确定和稳定的,即便编订成书不出自老子本人,恐怕也不大可能存在后人大规模增补、续作的情况,其内容的稳定和"边界"的相对清晰,与《晏子春秋》《管子》等书不可同日而语。就此而言,前举张岱年、罗根泽先生说《老子》一书非"纂辑"还是颇有理致,陈鼓应先生也认为《老子》是"自著"的"专著",非"纂辑",②说得就更为明确。学者或以"原创者"而非"作者"指称老聃与《老子》一书的关系,③虽主要着眼于著作权问题,但在我们看来,这里的"原创者"恐怕也反映了《老子》一

---

① 曹建国:《从上博六〈景公瘧〉看〈晏子〉早期文本形态》,《北京社会科学》2020年第5期;刘国忠:《清华简〈管仲〉初探》,《文物》2016年第3期。
② 陈鼓应:《老子注译及评介·修订版序》,中华书局,1984年,第14页。
③ 赵敏俐:《中国早期经典的作者问题》,《北京师范大学学报》2021年第6期。

书内容上较早就达到的确定和稳定状态,从这个角度讲,又与今之"著作"非常接近。与《老子》内容上较早就达到的稳定状态类似,还要提到《孙子兵法》一书。《老子》的基本结构单位是"章",而《孙子兵法》则是"篇",无疑更像"著作"。值得注意的是,清人孙星衍虽然对于诸子书有与上举余嘉锡先生类似的看法,即"诸子之文,皆由没世之后门人小子撰述成书",也即成于众手,但唯独对《孙子兵法》说:"唯此(即《孙子兵法》——笔者按)是其手定,且在《列》《庄》《孟》《荀》之前,真古书也。"①所谓"手定"的"真古书",可以说很接近今天的"著作"了。我们认为这个感觉还是很敏锐的。当然,这样的"著作"年代如何呢? 由于《左传》未载孙武及其书,此前多有学者将《孙子兵法》的成书下拉至战国(罗根泽即以此指此书较晚),但晚近学者论证其成书当在春秋末期,②何炳棣先生更极证此书的"春秋属性",而且径称其为"最古的私家著述"。③ 何氏虽未引及罗根泽先生之说,④但这里的"私家著述"无疑与罗氏的"私家著作"接近,这样的"私家著述"又是形成于春秋时期,也说明罗根泽先生的旧说是有问题的。而且,《史记·孙子吴起列传》载太史公曰"世俗所称师旅,皆道《孙子》十三篇",临沂银雀山及青海大通上孙家寨汉简《孙子》佚文均提到"十三篇",⑤皆与今本篇目同,但《汉志》却记《吴

---

① 孙星衍:《孙子略解叙》,《问字堂集 岱南阁集》,中华书局,1996 年,第 80 页。
② 黄朴民、魏鸿、熊剑平:《中国兵学思想史》,南京大学出版社,2018 年,第 61—64 页。关于《孙子兵法》可能成书于春秋时,还有一旁证:晚近新出吴王余祭剑有铭文"有勇无勇,不可告人,人其知之",学者已经指出此与兵家之言如《六韬》的"大谋不谋,大勇不勇……故道在不可见,事在不可闻,胜在不可知"有关(参李家浩:《攻敔王者彶觥剑与者减钟》,黄德宽主编:《安徽大学汉语言文字丛书·李家浩卷》,安徽大学出版社,2013 年,第 47 页),吴王余祭即阖庐也,这反映当时类似的兵家之言及观念所在多有,这些兵家言正是《孙子兵法》成书的"大背景"。
③ 何炳棣:《中国现存最古的私家著述〈孙子兵法〉》,《历史研究》1999 年第 5 期。何氏认为《老子》亦袭《孙子》,此点恐非。
④ 《孙子兵法》既是春秋时期的"私家著述",何氏也说:"势将引起我国学术、思想,甚至书籍、目录学史上重定坐标的工作。"这种连锁反应也与《老子》是否为战国前"私家著作"对于先秦学术史研究的影响同。
⑤ 李学勤:《〈孙子〉篇题木牍与佚文》,《简帛佚籍与学术史》,江西教育出版社,2001 年,第 334 页。

孙子兵法》八十二篇,说明围绕此书虽然后世有不少衍生作品,但"十三篇"内容的稳定和边界的清晰是很早就达到的状态。这种内容的相对稳定和边界的相对清晰,都昭示了孙武"私著"此书的"著作权";[1]而衍生作品的大量出现,则是该书经典化过程中的惯常现象,与《老子》一样,它们也是《孙子兵法》"流传"中产生的问题。

另外,就古书不必成于本人、多系后人编订而成这一点,还要提到《汉志》开创的目录学术语——"依托"。《汉志》用"依托",有明确的著作权或年代学意识,即这类古书的成书多和题名作者无关,都系后人编订、汇辑而成。《汉志》所举"依托"之书,大多系战国晚期甚至秦汉,但就成书原理来说,其实管、晏甚至庄、孟之书与很多"依托"之作也不乏共性。这说明有必要重新审视"依托"这一暗含古书年代学判断的术语。从出土文献来看,"依托"不必晚到战国或秦汉。《逸周书》有《官人》一篇,又见《大戴礼记》,晚近笔者曾撰文指出其中"官人"之术颇能与出土文献相参证,有较早来源。[2] 但其内容以成王(《大戴》为"文王")与周公对话展开,当非"写实"而近乎《汉志》的"依托"。清华简《管仲》以齐桓公与管仲对话的形式展开,学者已指出此与《管子》书(也包括《国语·齐语》)多篇也类似,[3]他如《逸周书·程寤》见诸清华简,措辞用语多有早初特征,[4]其内容主要讲文王及太子发以梦占喻克商的政治寓言,显系后人敷衍或依托者也。因此,从古书年代学角度看,"依托"只是点出了古书的"相对"年代,而其"绝对"年代可能并不晚。它们的"作者"可能确实非被托名之人,但对于托名者来说,这又何尝不是他们

---

[1] 李学勤先生亦认为《孙子兵法》十三篇系孙武"自著",参其《〈孙子〉篇题木牍与佚文》。
[2] 参见拙文《早期"官人"之术的文献源流与清华简〈芮良夫毖〉相关文句的释读问题》,《出土文献》第十三辑,中西书局,2018年,第97页。
[3] 刘国忠:《清华简〈管仲〉初探》。另,上博简《季康子问于孔子》载孔子亦引及管仲之言:"君子恭则遂,骄则侮……"云云,言语凝练、整饬,颇类前举臧文仲的道德教训,与清华简《管仲》似有不同,然此又适足以说明彼时与管仲有关言论所在多有。
[4] 李学勤:《〈程寤〉〈保训〉"日不足"等语的释读》,《清华大学学报》2011年第2期。

的"著作"呢？我们看《逸周书·官人》篇"周公"论所谓"六征"，不唯条理清晰、逻辑严谨，且每一"征"内部对各种情况又论列周详，修辞上还多用排比与对仗，这种宏观擘画甚至比《老子》的"整体感"还要强，我们能说它们不是"著作"吗？而这样的作品出现的年代其实并不晚，我们今天讨论古书年代学特别是所谓"著作"问题，这种所谓的"依托"类型也不应忽视。

三、所谓"离事而言理"

鉴于《老子》一书思想上的超越性，罗先生在论证其相对晚出时，还经常借用章学诚的一个说法，即"离事而言理"，意谓战国前多具体的、形而下之思，战国以后才趋向抽象和超越。这种把思维的具体和抽象简单理解为时序上的代际进化也流于想当然。《诗》《书》屡称"哲王""哲人"，甚至说"靡哲不愚"，铜器铭文和文献还屡见"谋犹""远猷"，这些有关心智词汇的锤炼和丰富性，说明彼时的思维水平已经达到很高的水准。从《左传》等书所载古人的议论来看，很多已经相当抽象了，此非"言理"而何？另外，"立言"本来就是"离事"的。"立言"传于后世，超越时代，其所据之"事"早已是过往云烟，但依然不妨碍其为后世的教训。春秋时"赋诗断章"早已司空见惯，"断章"取其"义"，不但早已超出当时的语境，"离"了当时的"事"，所讲之"理"也未必与《诗》之原义有关。推而论之，古人引仲虺、史佚、臧文仲、叔向、子产等先哲或"先大夫"之论，不也应该同样作如是观吗？而且，"言"即"语"也，《国语·楚语上》申叔时傅太子所谓的"教之《语》"，目的就是"使明其德，而知先王之务用德于民也"，所谓"明其德"，显然着眼于道德教训，是"语"之形式的"思想"层面。因此，研究先秦"语"类文献的学者，径直以"语"类文献为"思想"的"背景和资源"，[①]我们也可以说"教训""思想"只是附着

[①] 俞志慧：《古"语"有之：先秦思想的一种背景与资源》，华东师范大学出版社，2010年。作者对"语"类文献的"明德"功能有专门讨论，详见该书第12—16页。

在"言"或"语"上。既然古人"立言"之传统由来甚早,怎么能说彼时没有"思想"呢？我们以兵学文献为例,学者总习惯视《孙子兵法》为孤立和突兀的,其实只要细读《左传》所引《军志》佚文、《逸周书》的《武称》《大武》等篇,以及上博竹书的《曹沫之阵》,就可以明白《孙子兵法》的出现绝不是偶然的,此前附着"思想"的兵学文献不但至夥(《曹沫之阵》甚至说"三代之阵皆存"),而且草蛇灰线伏笔千里。比如《左传》所引《军志》文"先人有夺人之心,后人有待其衰",①其凝练和概括,我们看不出与《孙子兵法》的"凡先处战地而待敌者佚"(《虚实》)、"后人发,先人至"(《军争》)有何不同。再如《逸周书·柔武》所谓"胜国若化,不动金鼓,善战不斗,故曰柔武",实质上不就是《孙子兵法》的"不战而屈人之兵"吗？而且,像《孙子兵法·军争》还引到"《军政》曰",②这种"书"中有"书"的现象,正是此前兵学思想在其中"沉淀"的绝好证明,只不过这些"言理"性很强的"书"今天大多没有保存下来罢了。《孙子兵法·军争》篇的"书"中有"书"的现象,其实是考察古书年代学及知识迭代的一个新的角度,像上述《左传》所引《军志》佚文,以及其他"志"的佚文,甚至上博、安大简竹书《曹沫之阵》所谓"《周志》是存"的《周志》(安大简又称之为"周室有戒言"③),都属此类。这种现象也提醒我们应对商周的文献累积及流传有全面的估计。前述《左传》所载仲虺、史佚等人的"立言",以时代论,仲虺相传为商汤时人,而史佚则时在周初,《尚书·盘庚上》甚至还引到迟任之言,他们都远在老子之前,现在学者动辄以貌似"粗糙"(其实亦非)的甲骨卜辞文例情况类比商代的文献水准,是很不客观的。既然更早的仲虺、迟任、史佚等人的言论都能流传下来,晚他们很多的老子有作品传世实在无足怪者。

受"离事言理"之论的影响,学者对古书形态的演进往往持单线进化的逻辑,以为早期只是档案式的"官书",后来才有思想性较强

---

① 文见《左传·昭公二十一年》。另,文公七年、宣公十二年亦见前一句。
② 李零先生推测此"军政"与《左传》所引"军志"概系同一类书。参氏著《吴孙子发微》,中华书局,1997年,第82页。
③ 黄德宽主编:《安徽大学藏战国竹简(二)》,中西书局,2022年,第53页。上博简《曹沫之阵》对应部分残缺。

的"言理"之书。现在从大量铜器铭文及简帛古书来看,此说也颇可商榷。李零先生曾区分作为档案的"书"和作为典籍的"书",并以后者当"私人著述",而且说后者是对前者的"革命"。① 不过,这种革命性变化,却并非一定要通过"历时性"沿革来达成,尤其像罗先生所云有战国"前""后"的代际分野。虽然李零先生对"私人著述"式的古书源于何时态度谨慎,但也提到铜器铭文中一些"非典型"模式,如墙盘、逨盘和豳公盨等。尤其指豳公盨铭文纯粹讲道德教训,"比较类似后世的古书"②。这里要特别提到的是,清华简还有《命训》篇,见于今《逸周书》,此篇系围绕"命论"主题而作的专论,其抽象和"言理"都达到了很高的水平,学者甚至指此篇与豳公盨铭文在道德说教上颇有共性。③ 行文上看,该篇更是"结构严谨,前后呼应"(刘国忠先生语),④恰如前述学者所讲"前后理论一贯,层层推出"。《命训》过去不少学者以文气指其年代很晚,现在清华简即有此篇,学者考订其年代当在春秋,⑤明属"战国前"。这充分说明"档案"之书与"言理"之书"共时"存在的可能性,前述《左传》所引思想性很强的"军志"(前志)佚文亦可为明证。晚近文学史研究者颇关注"文体学",⑥《命训》给我们的启示是,某一时代之"文体"是丰富多样的,前述"德音"大夫能作多种就是佳证。我们不能把古书"共时"的文体分类当成"异时"的时序进化,这是当前古书形成和年代学研究中尤其需要注意的,其对于《老子》一书的文本性质及年代学判定同样不乏启示。

另外,《命训》这样思想性很强的篇目最终收录于《逸周书》也颇可玩味。就题材而言,《逸周书》一书是很博杂的,这一点前人早有定评。《左传·文公二年》载狼瞫引"勇则害上,不登于明堂"即出此

---

① 李零:《简帛古书与学术源流》,生活·读书·新知三联书店,2004年,第48页。
② 李零:《简帛古书与学术源流》,第50页。
③ 张怀通:《〈逸周书〉新研》,中华书局,2013年,第355—356页。
④ 刘国忠:《清华简〈命训〉初探》,《深圳大学学报》2015年第1期。
⑤ 刘国忠《清华简〈命训〉初探》及刘光胜《清华简〈命训〉的成书时代及思想史意义》(《出土文献综合研究集刊》第十三辑,巴蜀书社,2021年,第309页)。
⑥ 吴承学:《中国古代文体学研究》,人民出版社,2011年。

书（今《大匡解》），却谓之"周志"，而《左传》引上述仲虺、史佚的言论，或谓之"仲虺之志"（襄公三十年）、"史佚之志"（成公四年），俱以"人"称却又名"志"。《逸周书》被称为"周志"，《汉书·艺文志》又称为"周史记"，前举《曹沫之阵》所引"周志"甚至称为"周室"之"戒言"，这些称呼无疑都强化了其"官方"的色彩。包括《国语·楚语上》申叔时傅庄王太子"教之故志"之"故志"（或即《左传》所谓"前志"），过去学者总习惯把它们都定位为"官书"，这其实还是受传统泛化"官学"的影响。① 持战国前无"私家著作"的罗根泽先生也注意到了上述各种"志"，但却将它们统统归为"史"，明有官方色彩。刘起釪先生甚至将上述各种"志"一律归为《书序》百篇之外的逸篇，既与《书》视同一类，则性质亦可想见。② 其实，这些文献中又何尝没有个人性质的东西呢？由《命训》一篇的特点及仲虺、史佚等人的言论俱可称"志"看，早期"志"类文献肯定有不少个人性质的作品。③ 有意思的是，《汉志》有"《尹佚》二篇"恰在代表个人性作品的

---

① 前引赵敏俐先生认为中国早期的书写和撰述制度导致了"著作权"或"作者"意识不彰，因此多"群体撰述"而"个人"不显，但由仲虺、史佚二"志"俱以"人"称看，应该也有例外。当然，这么说并不意味着这些"志"一定是他们自己手定，但其"著作权"归属于特定个人之观念，还是非常清晰的。只不过就数量来看，这些"个人"性作品相对较少，且多为精英人士，此与战国以下诸子蜂起之势颇有不同，但这与前后两个时期知识垄断及下替民间的大环境有关，而早期亦有"个人"性作品则是无疑的。赵说参前揭《中国早期经典的作者问题》。
② 见刘起釪《尚书源流及传本考》（辽宁大学出版社，1997年），第19—20页的列表。其实我们看《左传》《国语》等书引"书"类文献的方式，与所谓"史佚之言"或《史佚之志》等厘然有别。另外，这种"官书"的认识恐怕也误导了伪《古文尚书》的作者，其中有《仲虺之诰》，即系采撷古书中的仲虺之言而成。
③ 尽管它们可以被用来为官学服务，如作为贵族子弟的研习读物，但就著作性质来看，所谓《仲虺之志》《史佚之志》明显突出的是个人性质。顺便说一下，今文《尚书》中有些篇名不少也是以人称的，如《盘庚》《君奭》《文侯之命》等，但其内容、性质与所谓《仲虺之志》《史佚之志》还是明显不同。学者曾总括《左传》《国语》等书中的所谓"前志""故志""军志""礼志""仲虺之志""史佚之志"（张海波：《先秦志书篇名、体例问题补证》，《中国史研究》2016年第4期），倾向把它们看成一类东西，学界持此看法的学者不少。窃以为这太过笼统，仅就名称来看，它们虽都题名"志"，但还是有所不同，对它们不加分别，其实还是受"官学"泛化的影响。

"诸子略"之墨家,这就很值得我们反思。另外,即《逸周书》这样貌似"官书"的文献中,除《命训》之外可能还多有类似"仲虺之志""史佚之志"这样个人性质的作品,前举《官人》一篇即可算一个例子(托名成王与周公问,不过是形式上有所不同)。就像一般视为礼书之"传"的《礼记》,同样也有子思等人的个人作品一样。明属个人性质的作品却厕身所谓"官书"之中,这恐怕也影响了前人关于"私家著作"出现时间的判断。其实《官人》一篇还见于今《大戴礼记》,而《大戴记》与《小戴记》一样,西汉时犹是"诸子传记",《官人》一篇同时被别称"周志"的《逸周书》与所谓"诸子传记"的《大戴礼记》收录,其实都不同程度昭示了其与所谓"官书"还是有所不同的。且就篇幅来讲,《官人》篇《逸周书》所收为一千六百多字,而《大戴》所见则达两千多字(包括《命训》在内的"三训"也有千余字),前者几近《老子》"五千言"的三分之一,而后者甚至可达一半,《老子》又系集众章而成,而《官人》单篇即可达这样的规模,然则战国前有《老子》这样的作品有什么可奇怪的呢? 即以前述《孙子兵法》一书为例,其篇幅(今本约六千字)大略与《老子》同,且基本单位又是更大的"篇",晚近学者又论证其明为春秋时期的作品,则"战国前""私家著作"之存在就更不待言了。

由《左传》《国语》等书所载史实论《老子》思想的礼学背景*

在《老子》一书的年代学研究上,今本中那些激烈批评儒家德目如"仁""义""圣"等的话,使不少学者在对其书的断代问题上走过弯路,认为必出于儒家之后,甚至与庄子相仿佛。但郭店简本《老子》发现以后,证明这些地方大都被后人动了手脚,老子本来是并不排斥"仁""义""圣"的。[①] 可以说郭店简既恢复了这些德目在老子那里本该有的位置,也让我们看到了今本《老子》"历时态"的形成过程。其实,老子对"礼"的态度恐怕也需要重新认识。由《礼记·曾子问》四则孔子向老子问礼的记载来看,这本来不应该是个问题,但学者往往认为《曾子问》所记老聃与《老子》一书无涉,此说仍然是上述《老子》思想晚出说的反映。本文我们拟就《左传》《国语》等书所见之礼学与《老子》思想之关联试作举证。我们的结论是:周代礼学是《老子》最基本的知识背景,它决定了《老子》一些基本的思想取向如"不争""处下"等。因此,《老子》绝不可能反礼。这也证明《礼记·曾子问》所载老聃精于礼学是信而有征的,故《老子》之书出于老聃确属可信。

一、周礼之辞让与老子之"不争"

礼的核心精神是什么?就是"让"。所谓"礼让""辞让",以

---

* 此文最初原题《周代礼学:〈老子〉思想最基础的知识背景》,与赵争合署发表于《商丘师范学院学报》2015年第10期;后题《论周代礼学是〈老子〉思想最基础的知识背景》,收入廖名春主编:《显微阐幽:古典文献的探故与求新》,汕头大学出版社,2016年,第101页。今略有修订。

① 可参裘锡圭:《关于〈老子〉的"绝仁弃义"和"绝圣"》,《裘锡圭学术文集》第2册,复旦大学出版社,2012年,第512页。

及更具体的"揖让""让登""齿让"等。因此,《礼记·曲礼上》说"是以君子恭敬撙节退让以明礼",《礼记·祭义》也说:"天下之礼,……致让也。"我们在《左传》《国语》等书中确实看到春秋时人讨论"礼"时正是格外突出"让"的精神,因此也格外表彰"让"的品格:

《左传·文公元年》:"<u>卑让,德之基也</u>。"

《左传·襄公九年》:"其卿<u>让于善</u>,……君明臣忠,<u>上让下竞</u>。"

《左传·襄公十三年》:"<u>让,礼之主也</u>"。

《左传·襄公二十六年》:"公孙挥曰:'子产其将知政矣!<u>让不失礼</u>。'"

《左传·昭公二年》:"<u>卑让,礼之宗也</u>。……先国后己,卑让也。"

《左传·昭公十年》:"<u>让,德之主也</u>,谓懿德。"

《国语·周语中》:"夫人性,陵上者也,不可盖也。求盖人,其抑下滋甚,故<u>圣人贵让</u>。……<u>在礼,敌必三让</u>,是则圣人知民之不可加也。故王天下者必先诸民,然后庇焉,则能长利。"

《国语·周语下》:"单子之贶我,礼也,皆有焉。……宴好享赐,<u>不逾其上,让也</u>;宾之礼事,放上而动,咨也。如是,而加之以无私,重之以不肯,能避怨矣。"

我们不厌其烦地举春秋时期高调表彰"礼"之低调、"让"的精神,有何用意呢?因为我们觉得这是理解老子思想的一个最基本的背景。

首先,"让"意味着什么呢?那就是"不争",两者可以说是同义语。《礼记·祭义》说:"……致让,以去争也。"《礼运》也说:"尚辞让,去争夺,舍礼何以治之?"《礼记·乡饮酒义》:"君子尊让则不争。"《逸周书·周祝解》也说:"教之以礼,民不争。"而老子不正强调"不争"之德吗?例如:

不尚贤,①使民不争。(3章)

---

① 帛书及北大简本"尚"作"上"。

《老子》探源与古义新证

> 水善利万物而不争①，……夫唯不争，故无尤。（8章）
> 夫唯不争，故天下莫能与之争。（22章）
> 以其不争，故天下莫能与之争。（66章）
> 是谓不争之德。（68章）
> 天之道，不争而善胜。（73章）
> 圣人之道为而不争。（81章）

其言"不争"，可谓不厌其烦，这其实与郁郁乎文哉的周礼之辞让精神恰相一致。对于周礼的倡导辞让、不争，不是连孔子都推崇吗？正所谓"君子无所争"（《论语·八佾》）是也。

此外，《左传·襄公九年》还说"其卿让于善"，即"让善"被认为是好的德行，这一点上举襄公十三年还从反方面说："由争善也，谓之昏德。"——"善"虽然是好的，但去"争"就不对，要提倡"让"。这一提法也与儒家某些表述一致。如：

> 《礼记·祭义》："天子有善，让德于天；诸侯有善，归诸天子；卿大夫有善，荐于诸侯；士、庶人有善，本诸父母，存诸长老。"

> 《礼记·坊记》："子云：'善则称人，过则称己，则民不争；善则称人，过则称己，则怨益亡。'……子云：'善则称人，过则称己，则民让善。'"

都是强调"不争""善"，要"让善"，②但如此与老子何关？其实大有关系。我们知道老子对"善"有一个著名的态度，即"皆知善之为善，斯不善已"（2章），也是主张不能"争"，故其还说"不尚贤，使民不

---

① 通行本此"不争"，帛书甲本作"有静"，帛书乙本及北大简本作"有争"，北大简整理者以"有静"为原貌（《北京大学藏西汉竹书（二）》，上海古籍出版社，2012年，第147页），甚是。其实，北大简发现之前，高明、尹振环等即据帛书本指"有静"为是，可高明：《帛书老子校注》，中华书局，1996年，第253—254页。高书并引河上公"水独静流居之"释"有静"可谓慧眼独具。今按，水之"有静"，即安静处下，这与本章下文的"处众人之所恶"正合，故"有静"实与今本之"不争"义近，盖后人为求文义显豁，直接改成"不争"。学者或以"正言若反"的逻辑指"有争"为是（参崔晓姣：《"水善利万物而有争"——从北大汉简〈老子〉看〈老子〉第八章及〈老子〉文本的发展与演变》，《中国哲学史》2015年第1期），曲说不可从。

② 儒家尽管也说"当仁不让于师"，但那更多是从学习的角度着眼。

争"(3章),"不争善"其实是与"不争贤"相一致的——我们注意到襄公十三年《左传》引《诗》以批评"不让",诗句恰是《小雅·北山》的"我从事独贤"。此处"贤"字毛传解为"劳",明言自己劳苦,所以《左传》说"言不让也"。《左传·隐公三年》记宋穆公临终准备把君位让给侄子殇公而不是自己的儿子公子冯,此举主要为报答当初自己的兄长宋宣公把君位传给自己。但群臣不能理解,宋穆公云:"先君以寡人为贤,使主社稷。若弃德不让,是废先君之举也,岂曰能贤?"从这里来看,"贤"的标准也是能"让"。《国语·晋语九》也说"知贤而让,可以训矣",《国语·晋语四》亦云"让,推贤也",因此,"废让,是废德也"。所谓"知贤而让""让,推贤也",都说明与"让善"一样,"让贤"也是一种美德。《礼记·表记》又云:"信让以求役礼,不自尚其事,不自尊其身,……让于贤,卑己尊而人。"所谓"不自尚其事,不自尊其身"就是指不自夸,而且特别又强调"让于贤"。有意思的是,上举襄公十三年一方面说"让,礼之主也",那么乱世呢?那就是:"及其乱也,君子称其功以加小人,小人伐其技以冯君子,是以上下无礼,乱虐并生,由争善也,谓之昏德。"所谓"伐其技",那就是自夸、争"善"了,而非"让善"了。与"不争"相应,《老子》对自夸也是持否定态度的:

不自见故明,不自是故彰,不自伐故有功,不自矜故长。夫唯不争,故天下莫能与之争。(22章)

自见者不明,自是者不彰,自伐者无功,自矜者不长。(24章)

明确强调"不自见""不自是""不自伐",即意在"不争",也就是能够"让善""让贤"。古今注老者可谓多矣,但对于老子之"不尚贤"多从大的政治方面解读,而且往往还和孔、墨之"尚贤"说相联系,因此往往把《老子》书的年代往后拉。由上述所论看,老子之"不尚贤",其实即是《左传》《国语》《礼记》等书的"不争善""不自尚其事",[1]更多的是

---

[1] 《老子》"不尚贤"之"尚"义同《易·蛊·上九》"不事王侯,高尚其事"之"尚",阜阳汉简《周易》亦作"上"。"高上其事"之"高上"乃意动用法,以"其事"为"高"为"上"之义。当然,《易》主"高尚",与《老子》之"不尚",立意正相反。

侧重于礼让精神的维护,其出发点原不是就政治立论的。①《老子》七十七章云:"是以圣人为而不恃,功成而不处。其不欲见贤!"其中的"不欲见贤",河上公注说"不欲使人知己之贤,匿功不居荣"②,王弼解为"圣人不欲示其贤"③,窃以为这才是《老子》"不尚贤"的本义。总之,周代礼学不仅与老子"谦让""不争"的价值取向相通,还连带决定了他对争善、争贤等虚悬高标让社会驰于竞逐的做法也是否定的。④

二、礼制原则与《老子》在"处下"上的一致性

上举《左传》推崇"让"的材料中,文公元年、昭公二年用的词是"卑让","卑"者,"下"也,其实能"让""不争",就意味着能够谦恭处下,而《左传》《国语》中同样对"处下"是持肯定态度的:

《左传·桓公五年》:"君子不欲多上人,况敢陵天子乎?"

《左传·僖公十二年》:"管仲受下卿之礼而还。君子曰:'管氏之世祀也宜哉!让不忘其上。'"

《左传·宣公十二年》:"(楚)王曰:'其君能下人,必能信用其民矣,庸可几乎?'"

《左传·襄公二十四年》:"贵而知惧,惧而思降,乃得其阶,下人而已,又何问焉?且夫既登而求降阶者,知人也。"

---

① 晚近刘笑敢先生对近代以"尚贤"问题指《老子》一书晚出的说法有针对性批评(刘笑敢:《老子古今》,中国社会科学出版社,2006年,第117页)。刘氏举张松如、古棣等人的看法以为"尚贤"问题古已有之,非自墨子始(这一点晚近笔者亦有实证,可参本书后所附《由清华简〈芮良夫毖〉之"五相"论西周亦"尚贤"及"尚贤"古义》一文)。可以看出,刘氏对《老子》之"不尚贤"依然从政治角度立论,对此,我们是有不同看法的。
② 王卡点校:《老子道德经河上公章句》,中华书局,1993年,第295页。
③ 楼宇烈:《王弼集校释》,中华书局,1980年,第187页。
④ 《礼记·乐记》说"揖让而治天下者,礼乐之谓也","揖让而治"不就是"无为"吗?此又与老子思想相合。礼尚因循,所谓"民可使由之"是也,皮锡瑞评价礼学即谓"使人循循于规矩,习惯而成自然"(《经学通论》卷三),而司马谈《论六家要旨》评论道家亦是"以因循为用",《淮南子》更称其"循理而举事,因资而立功",凡此都说明老子之"无为"实与礼学颇多关联。

《左传·襄公二十七年》:"子展其后亡者也,在上不忘降。"

《左传·昭公元年》:"子晳,上大夫;女,嬖大夫,而弗下之,不尊贵也。"

《左传·昭公三年》:"郑伯如晋,公孙段相,甚敬而卑,礼无违者,晋侯嘉之,授之以策。……伯石之汰也,一为礼于晋,犹荷其禄,况以礼终乎?"

《左传·昭公二十五年》:"将求于人,则先下之,礼之善物也。"

《国语·晋语四》:"《商颂》曰:'汤降不迟,圣敬日跻。'降,有礼之谓也。"

桓公五年的"多上人"之"上"应该理解为凌驾、喜居人上之义(这种意思的"上",下编"古义新证"部分"盗憎主人,民恶其上"一文还有详细分析),"君子"不欲此道,显然就意味着低调、退处。襄公二十四、二十七年以及《晋语四》材料所用的是"降",实亦"下"也。《左传》中这两则材料的具体背景是这样的:襄公二十四年晋国的程郑很得晋侯宠信,做到了下军之佐的高位,但郑国的公孙挥来访时,他却向其请教如何才能"降阶"。这种反常的问题让公孙挥一时语塞,回国后向然明请教。然明虽然不看好程郑,但也提到"既登而求降阶者,知人也"。而且,然明点出"降阶之由"在于"下人而已",即甘处人下,一"下"字,意蕴全出。襄公二十七年晋国赵文子由郑之诸卿赋诗而泛论"七穆",认为子展这一支应该是享世最久的,原因就在于子展虽为执政之卿,但"在上不忘降",其地位之高和处事之低调、谦恭也形成鲜明对比,而只有这样的人才"后亡",其价值取向也是显而易见的。昭公元年的"嬖大夫"即"下大夫",面对"子晳"这样的"上大夫","下之"就是应该的,反之则违礼。昭公三年则更有意思,公孙段(即伯石)本来非常汰侈、跋扈,但去晋国却"甚敬而卑,礼无违者","卑"与"礼"又相连,晋君大悦,故多有赏赐。昭公二十五年材料对"处下"的必要性说得更明确:"将求于人,则先下之。"而且这样做还是"礼之善物也",即符合"礼"之原则的。① 另

---

① 《左传·昭公二十六年》:"君令臣共,父慈子孝,兄爱弟敬,夫和妻柔,姑慈妇听,礼也。君令而不违,臣共而不贰,父慈而教,子孝而箴;兄爱而友,弟敬而顺;夫和而义,妻柔而正;姑慈而从,妇听而婉:礼之善物也",此处各种伦常之和谐,也是"礼之善物",所谓"善物"同样是合于"礼"的。

外,《礼记·表记》引孔子语"朝廷不辞贱",正义谓"此广明为臣事君之礼",处"贱"也是礼的原则,而"处贱"显与"处下"同义。《周易·谦卦·象传》又云"《谦》,尊而光,卑而不可逾",《系辞下》并云"《谦》,尊而光",且云"《谦》以制礼",传统上多将其中的"尊"理解为"德益尊"(正义),但此与"卑而不可逾"以及后面的"《谦》以制礼"逻辑上是不谐的。至清王引之始主张其中的"尊"当读为"撙节退让"之"撙",①"撙"有贬损义,此说堪称凿破混沌。② 联系到《谦》卦全经所体现的谦让、卑处之思想,益知所谓"《谦》以制礼"其实意在说明"制礼"的原则就在于谦让、卑处,而"卑处"就意味着能处"下",此与上述《左传》《国语》等书所载实例正相契合。

我们这里所举的《左传》《国语》等早期文献对"处下"的肯定,相信读者已经明显嗅出老子思想的味道,其书中类似表述可谓比比皆是,简直可以说是老子思想的标签:

宠为下。(13 章)③
故贵以贱为本,高以下为基。(39 章)
大国者下流;……以静为下。故大国以下小国,则取小国;小国以下大国,则取大国。故或下以取,或下而取。……夫两者皆得其所欲,大者宜为下。(61 章)
以其善下之,故能为百谷王。(66 章)
是以欲上民,必以言下之。(66 章)
善用人者为之下。(68 章)
强大处下。(76 章)

需要指出的是,其中的"善下之""善用人者为之下",过去言老子思想者,颇多从阴谋、权术立论,甚至从兵法"欲取反予"的角度解读,其实都未中肯綮。联系到《左传》中所在多有的"处下"态度,这本来

---

① 王引之:《经义述闻》,江苏古籍出版社,2000 年,第 42 页。
② 本书后附录之一《由帛书〈易传·缪和〉解〈谦〉卦申论清华简〈保训〉的"三降之德"》,对此还有详细分析,可以参看。
③ 《老子》该章之"宠辱""宠为下",裘锡圭先生专门撰文指出应为动宾结构,甚有理据。参裘氏"'宠辱若惊'是'宠辱若荣'的误读",《中华文史论丛》2013 年第 3 期。今亦依裘先生断句。

由《左传》《国语》等书所载史实论《老子》思想的礼学背景

就是礼制原则下的自然选择,本没有什么不可告人的"阴谋"。正如上举《左传·昭公二十五年》所说"将求于人,则先下之,礼之善物也",《国语·晋语四》也有与之类似的话:"《礼志》有之曰:'将有请于人,必先有入焉。欲人之爱己也,必先爱人。欲人之从己也,必先从人。无德于人,而求用于人,罪也。'"请注意,"将有请于人,必先有入焉"云云这样的话,是出自《礼志》,这与上面《左传》的"礼之善物也"都表明,这种"欲取反予"本来就是礼学的一贯原则,将此讲成"阴谋",实昧于礼学大义,诬谬殊甚。顺便要提到,《左传》中对"处下"反而得益的记载,最有名的恐怕要属昭公七年孔子先祖正考父鼎铭,其语谓:"一命而偻,再命而伛,三命而俯。循墙而走,亦莫余敢侮。"此语又见《孔子家语·观周》篇,且《庄子·列御寇》、上博竹书《彭祖》篇亦有记载与此非常接近。① 其中最值得注意的是,正考父其人随着官阶的"一命""二命""三命"逐渐隆升,其处世的态度反而是"偻"—"伛"—"俯",更趋谦下。这种"反向思维"与上举程郑的得宠反求"降阶"可以说有异曲同工之妙。而且,这么谦下的结果是"莫余敢侮",也是得益的。当然,这则材料仅仅言"处下"还没有什么特别,更重要的是,它是放在孟僖子欲学礼,尤其是孔子作为圣人之后于礼学有精专的背景下来说的。因此,这无疑又是礼学与"处下"相关联的佳证。至于"莫余敢侮",又说明只要依礼"处下"而为,就能在与人的交往中趋利避害,这同样是礼制原则下的价值解读,而无关什么"欲取反予"的阴谋、权术。另外,卑下往往是众人之所恶,但老子却反其道而行之,像 78 章谓"受国之垢,是谓社稷主",而《左传》之宣公十五年亦有"国君含垢,天之道也",亦相一致。另外,既然对"处下"推崇,自然也对相反的方向排斥,《左传》

---

① 《彭祖》作"彭祖曰:一命弌(二)俯,是谓益愈。一(二)命三俯,是谓自厚。三命四俯,是谓百姓之主。一命弌(二)仰,是谓遭殃。弌(二)(三仰),是谓不长。三命四仰,是谓绝世"(释文参林志鹏:《楚竹书〈彭祖〉校释》,《宋鈃学派遗著考论》,复旦大学出版社,2018 年,第 53—54 页),前后"命"数与"俯""仰"的不同以及由此导致完全相反的结果,与正考父鼎铭的意思基本一致(《庄子·列御寇》亦以正反对举为表述逻辑,与《彭祖》篇近之)。其称"彭祖"曰而不云出自正考父鼎,感觉这些话也渐有"经典化"而为"公共知识"的倾向。

《国语》中经常用的词是"陵人":

《左传·僖公十五年》:"陵人不祥。"

《左传·襄公十三年》:"小人伐其技以冯君子,是以上下无礼。"

《左传·昭公元年》:"无礼而好陵人,怙富而卑其上,弗能久矣。"

《左传·哀公二十七年》:"多陵人者皆不在,知伯其能久乎?"

《国语·周语上》:"陵其民而卑其上,将何以固守?"

《国语·周语下》:"今郤伯之语犯,叔迁,季伐。犯则陵人,迂则诬人,伐则掩人。有是宠也,而益之以三怨,其谁能忍之!"

其中襄公十三年之"冯",即陵越之义。这些例证说明,"陵人"或"陵其民"多没有好下场。特别应该指出的是,襄公十三年说"冯君子"是"上下无礼",昭公元年说"无礼"才"好陵人",这都说明"陵人"或者说处上都是有悖礼制的。《老子》书中类似的思想也是很常见的:

是以圣人后其身而身先。(7章)

是以欲上民,必以言下之。欲先民,必以身后之。(66章)

不敢为天下先。(67章)

舍后且先,死矣。(67章)

在"先""后"问题上舍"先"处"后",与"处下"原则接近,也是不"陵人"的具体要求,它们与"不争"、能"让"可以说都贯彻了低调处世的原则。无怪乎当初《汉志》总结道家思想时就指出其"合于尧之克攘,《易》之嗛嗛","攘"即"让","嗛嗛"即谦下也,应该说是抓住了老子学说的精髓。

三、礼制与《老子》在对待 财富态度上的一致性

正因为在上、下,先、后这些问题上低调地采取后者,《左传》《国语》等书必然在贫、富问题上倾向于"贫",从而对聚敛财富提出批

评。上举《左传》昭公元年中的"怙富而卑其上"已指出这种"怙富",有"陵上"的危险性。其他的证据还有:

《左传·襄公二十二年》:"吾闻之,生于乱世,贵而能贫,民无求焉,可以后亡。敬共事君,与二三子。生在敬戒,不在富也。……君子曰:'善戒。'"

《左传·襄公二十四年》:"夫诸侯之贿聚于公室,则诸侯贰。若吾子赖之,则晋国贰。诸侯贰,则晋国坏。晋国贰,则子之家坏……象有齿以焚其身,贿也。"

《左传·襄公二十八年》:"子服惠伯谓叔孙曰:'天殆富淫人,庆封又富矣。'穆子曰:'善人富谓之赏,淫人富谓之殃。天其殃之也,其将聚而歼旃?'"

《左传·襄公二十八年》(晏子曰):"庆氏之邑足欲,故亡。吾邑不足欲也,益之以邶殿,乃足欲。足欲,亡无日矣。……不受邶殿,非恶富也,恐失富也。且夫富如布帛之有幅焉,为之制度,使无迁也。夫民生厚而用利,于是乎正德以幅之,使无黜嫚,谓之幅利。利过则为败。吾不敢贪多,所谓幅也。"

《左传·定公十三年》:"富而能臣,必免于难。上下同之。戌也骄,其亡乎!富而不骄者鲜,吾唯子之见。骄而不亡者,未之有也。"

《国语·晋语二》:"今杀君而赖其富,贪且反义。贪则民怨,反义则富不为赖。赖富而民怨,乱国而身殆,惧为诸侯载,不可常也。"

《国语·晋语八》:"叔向见韩宣子,宣子忧贫,叔向贺之。宣子曰:'吾有卿之名,而无其实,无以从二三子,吾是以忧,子贺我何故?'对曰:'昔栾武子无一卒之田,其宫不备其宗器,宣其德行,顺其宪则,使越于诸侯,诸侯亲之,戎、狄怀之,以正晋国,行刑不疚,以免于难。及桓子骄泰奢侈,贪欲无艺,略则行志,假贷居贿,宜及于难,而赖武之德,以没其身。……夫郤昭子,其富半公室,其家半三军,恃其富宠,以泰于国,其身尸于朝,其宗灭于绛。不然,夫八郤,五大夫三卿,其宠大矣,一朝而灭,莫之哀也,唯无德也。……若不忧德之不建,而患货之不足,将吊不暇,何贺之有?'"

《国语·楚语下》:"斗且廷见令尹子常,子常与之语,问蓄货聚马。归以语其弟,曰:'楚其亡乎! 不然,令尹其不免乎。吾见令尹,令尹问蓄聚积实,如饿豺狼焉,殆必亡者也。夫古者聚货不妨民衣食之利,聚马不害民之财用,国马足以行军,公马足以称赋,不是过也。……昔鬬子文三舍令尹,无一日之积,恤民之故也。……今子常,先大夫之后也,而相楚君无令名于四方,民之羸馁,日已甚矣。四境盈垒,道殣相望,盗贼司目,民无所放。是之不恤,而蓄聚不厌,其速怨于民多矣。积货滋多,蓄怨滋厚,不亡何待?'"

襄公二十二年话的背景是此年郑公孙黑肱有疾,临终之际,"归邑于公",而且"黜官、薄祭""足以共祀,尽归其余邑",这样一系列"自贬"之举,他用了上面"吾闻之"的一段话来解释。"贵而能贫",其实就是前述的"降阶",即在财富问题上也要低调谦下。"君子曰"表明这是当时主流的社会舆论。《晋语八》即著名的"叔向贺贫"典故。叔向所举例子有鲜明的对比:栾武子穷至"无一卒之田",但却"诸侯亲之,戎、狄怀之,以正晋国",而后面的栾桓子则是"骄泰奢侈,贪欲无艺,略则行志,假贷居贿",仅免于身,招致批评。郤氏之富,极端时"其富半公室,其家半三军",但最终"身尸于朝,其宗灭于绛"。《楚语下》鬬且廷甚至认为令尹子常的"蓄聚积实"是"饿豺狼"之行,而正面典型则是"无一日之积"但却大有民望的鬬子文。另外,襄公二十八年晏子"非恶富"的话还表明,并不是一味反对富,实是"恐失富",即失掉更大的东西,因此主张"为之制度",要"幅利"(即限值"利"),"不敢贪多",其实就是要用礼制规范它,不能过制。这也道出春秋之时有识之士排斥"富"的原因:在旧的等级制度下,财富与身份、等阶相关联,彼此对应,因此任何人聚敛财富,必然撑破旧有体制,导致对礼的僭越,从而带来社会动乱。这正是《国语·晋语八》张老答赵文子时所说的"富而忘礼,吾惧不免"之背景。关于"富"与"礼"的矛盾,其实在《礼记》中亦多有所见。《礼记·曲礼上》"富贵而知好礼,则不骄不淫";《礼记·坊记》"子云:'……富斯骄;……骄斯乱。'礼者,因人之情而为之节文,以为民坊者也。故圣人之制富贵也,使民富不足以骄",另外,同篇还说"富而好礼",《表记》也说"富而有礼"——提到"富"时"礼"总要如影相随,正说明

"富"是需要"礼"来约束的,不能一味地"富"。与此类似,《老子》一书同样对财富的聚敛持否定态度:

> 金玉满堂,莫之能守;富贵而骄,自遗其咎。(9 章)
> 知足者富。(33 章)
> 甚爱必大费,多藏必厚亡,知足不辱。(44 章)
> 圣人不积:既以为人己愈有;既以与人己愈多。(81 章)

所谓"富贵而骄,自遗其咎"简直就是上举晋国栾、郤二氏灭亡的写照,也正是郑国公孙黑肱所担忧者。《老子》曾有"曲则全"之说(22章),《庄子·天下》篇解释为"苟免于咎",正与公孙黑肱的退处避祸的心态相一致。至于"多藏必厚亡"(《庄子·天下》篇概括为"无藏也故有余")、"圣人无积"云云,更是与《楚语下》的"积货滋多,蓄怨滋厚"有异曲同工之妙。又,上博楚简《彭祖》篇亦属道家文献,其中云"毋由(怙)富""五纪不正,虽富必失"①,对"富"的态度与《老子》相近。

除此之外,与"富"类似概念,《左传》中还有"盈""汰""侈"等,对此《左传》等书也多是排斥的。关于排斥"盈",如:

> 《左传·庄公四年》:"盈而荡,天之道也。"
> 《左传·宣公六年》:"使疾其民,以盈其贯,将可殪也。"("盈贯"犹言"满贯")
> 《左传·昭公十一年》:"蔡小而不顺,楚大而不德,天将弃蔡以壅楚,盈而罚之。"
> 《左传·哀公十一年》:"盈必毁,天之道也。"
> 《左传·哀公二十六年》:"纵之,使盈其罪。"

将"盈"看成"天之道"的反动,宣公六年、昭公十一年、哀公二十六年的话还表明可以"欲擒故纵",故意使对方的罪恶满盈,让其自取灭亡。《老子》对"盈"之排斥亦颇为常见,如:

> 道冲而用之或不盈。(4 章)

---

① 释文可参林志鹏:《宋钘学派遗著考论》,复旦大学出版社,2018 年,第 53—54 页。

持而盈之，不如其已。（9 章）
保此道者不欲盈。（15 章）

至于《左传》等书排斥"汰""侈"的材料就更多了：

《左传·庄公二十四年》："侈，恶之大也。"

《左传·襄公二十六年》："臣不心竞而力争，不务德而争善，私欲已侈，能无卑乎？"

《左传·襄公二十七年》叔向言伯有败亡之由："已侈。"

《左传·襄公二十九年》："子容专，司徒侈，皆亡家之主也。……郑之执政侈，难将至矣！"

《左传·襄公三十年》："伯有汰侈，故不免。"

《左传·襄公三十年》："忠俭者，从而与之。泰侈者，因而毙之。"

《左传·昭公四年》："今君以汰，无乃不济乎？"

《左传·昭公五年》："汰侈已甚，身之灾也。"

《左传·昭公十八年》："侈故之以。而毛得以济侈于王都，不亡何待！"

《左传·昭公二十年》叔孙昭子曰："汰侈无礼已甚，乱所在也。"

《左传·哀公五年》："郑驷秦富而侈，嬖大夫也，而常陈卿之车服于其庭。郑人恶而杀之。子思曰：'《诗》曰："不解于位，民之攸墍。"不守其位，而能久者鲜矣。《商颂》曰："不僭不滥，不敢怠皇，命以多福。"'"

《左传·哀公二十七年》："公患三桓之侈也，欲以诸侯去之。"

"侈"字《说文》解为"掩胁也"，段注："掩者，掩盖其上；胁者，胁制其旁。凡自多以陵人曰侈，此侈之本义也。"[①] 所谓"陵人"，如前所述，明显于礼制有僭。上述材料中，襄公二十六年的"私欲已侈"，原因是"不务德而争善"，如上所述，"争善"正是有违礼制的；昭公二十年的"汰侈无礼已甚"，更是说明"汰侈"与礼制的对立。此外，哀公五年郑驷秦"富而侈"，他的身份本来是"嬖大夫"（即下大夫），但却

---

① 参杨伯峻：《春秋左传注》，中华书局，1990 年，第 1237 页。

"常陈卿之车服于其庭",结果被杀。也就是说一旦富、侈,无疑对原有的尊、卑礼序构成了破坏,也就没有好下场,后面子思引诗评价他说"不守其位",以及"僭""滥",也都是从礼制角度着眼的。而《老子》对汰、侈的态度同样与《左传》一致,所谓"是以圣人去甚、去奢、去泰"(29章),"泰"即"汰",而"奢"与"侈"同义也。所以,就《老子》排斥汰、侈的态度看,仍然是与礼制原则相契合的。

四、礼制与《老子》之"绝学"

《老子》对才智、学问的排斥态度,人所共知,这也是其思想的另一个独特标签。如"绝学无忧"(20章)、"为学日益,为道日损"(48章)、"学不学,复众人之所过"(64章)、"非以明民,将以愚之。民之难治,以其智多。故以智治国,国之贼;不以智治国,国之福"(65章)。从《左传》等书中我们仍然能够找到《老子》此一思想的礼制背景。《左传》僖公九年,秦国公孙枝在评价晋夷吾时引《诗·大雅·皇矣》"不识不知,顺帝之则",杨伯峻先生解"不识不知"为"不假后天知识",良是。而"顺帝之则"解为"自然合于天地之准则"①,则过于拘泥诗之语境。其实,公孙枝引诗是明显的"断章取义",主要是用来说明他前面的"唯则定国",而"则"是什么呢?无疑应该是旧的礼制。而且,他又引《诗·大雅·抑》"不僭不贼,鲜不为则",认为只有诚信守实的人才能依礼而行。他说此话的背景是,夷吾为求入晋为君,向秦国行贿以求支援,但又对自己的行贿之举大言不惭地说:"人实有国,我何爱焉?入而能民,土于何有?"当秦穆公向郤芮咨询夷吾其人时,郤氏还继续为其文过饰非,说什么"夷吾弱不好弄,能斗不过,长亦不改"——明明是一个寡廉鲜耻之人,却被郤氏说得像温恭君子。公孙枝引诗评论中的"识""知",无疑就是指夷吾、郤氏一伙的歪心思。相对于礼制原则来讲,夷吾、郤氏一伙学出这样诡谲的"识""知"有何益呢?但也应该指出,春秋以降,旧礼的崩颓和新知识、新事物的产生是个共时推进的过程。为了应付新事

① 杨伯峻:《春秋左传注》,第331页。

物必须要有新手段和新知识,所以郑子产的作丘赋、铸刑书都是不得已的应变之举。① 但这些东西在守旧者看来恰是有违礼制的不好心智,如郑浑罕评价子产作丘赋时所说"政不率法,而制于心",叔向批评子产铸刑书时也说"并有争心,以征于书""民知争端矣,将弃礼而征于书"。这与《老子》65章之"民之难治,以其智多。故以智治国,国之贼;不以智治国,国之福"何其相似! 一方面是为政率由己之心智不循旧法,另一方面新搞出的刑书、刑鼎之类也引得老百姓竞而征之,从而"弃礼",可以说,这些新知识和新事物在当时保守者看来已成为祸乱之源,我们认为这才是《老子》"绝学"的真正背景。②

另外,关于《老子》之"绝学",《左传》昭公十八年还有一条非常重要的记载可资参证。其书载:

秋,葬曹平公。往者见周原伯鲁焉,与之语,**不说学**。归以语闵子马。闵子马曰:"周其乱乎,**夫必多有是说,而后及其大人**。大人患失而惑,又曰:'**可以无学,无学不害**。'"

当初古棣、周英即注意到此条材料,③可惜没有引起学者足够的重视。这则材料有两点值得注意。其一,"不说(悦)学"流行的范围,即周地,而我们知道老聃为周守藏室之史,这一点无疑是相合的;其二,"多有是说",说明"不说(悦)学"这种观念在周王室那里非常流行,而且"及其大人",因此老聃能有这样的主张是毫不奇怪的。有意思的是,清华简《管仲》开篇桓公即问管仲"君子学与不学,如何",同样涉及"不学"的问题,不惟证闵子马所谓"多有是说",确非虚言,也再次提示《老子》之说的大背景。④ 再者,周地的"不说

---

① 昭公四年其云"苟利社稷,死生以之",昭公六年面对叔向的指责也说"吾以救世也"。
② 老子并非要排斥一切知识,关于这一点可参下编的《郭店简〈老子〉"绝伪弃诈"证说》和《再论〈老子〉"无为而无不为"思想的理解问题》两文。
③ 古棣、周英:《老子通》(下),吉林人民出版社,1991年,第144页。
④ 可参李锐:《清华简〈管仲〉初探》,《出土文献》2018年第2辑。笔者此节小文最早以《周代礼学:〈老子〉思想最基础的知识背景》为题,刊于《商丘师范学院学报》2015年第10期(后又收入廖名春主编:《显微阐幽:古典文献的探故与求新》,第101页),即用《左传》此条周原伯鲁"不说学"的问题讨论《老子》之"绝学",李文失引。

由《左传》《国语》等书所载史实论《老子》思想的礼学背景

(悦)学",又使我们想到《左传·昭公十七年》中孔子很有名的感叹,即所谓"天子失官①,学在四夷":天子脚下"不说(悦)学",而"四夷"却是"学"的兴起,我们认为这恰是一个问题的两个侧面。当然,学者或据汉志的"诸子之学出于王官"说,或援"礼失野求"之论,指四夷的诸子之学与王官之学的一致性,但前人早已指出,"九流皆出王官,及其发舒,王官所弗能与"②,或"其所据之原理虽同,而其旁通发挥,则非前人所能望见也"③。要之,诸子之学虽与王官之学不无渊源,但其基本品格实大异。

由上述可见,老子思想中的不争、谦让、处下等思想倾向,在《左传》《国语》等书中都多有表现,而且很多时候还都是符合礼的。我们甚至可以说,礼制原则决定了《老子》思想的一些基本取向,既然如此,怎么能说老子反礼呢?④ 更何况其书中还不时流露出对礼的谙熟和恪守,这更从侧面说明其对礼的态度和其书的年代学特征。如62章"虽有拱璧以先驷马",暗合《左传》《国语》等书中送人礼物时先轻后重之礼。⑤ 31章两言"以丧礼处之",而且"杀人众,以哀悲莅之"(战国之世,攻城略地,杀人盈野,提倡这种仁慈已

---

① 同样是"原"地,我们在《左传》中还能发现一条"失官"与"不说(悦)学"关联的例子,那就是昭公十二年周原伯绞虐其"舆臣",因此这些人便"曹逃",即成群结队地逃走,这与《论语·微子》篇所讲的"大师挚适齐,亚饭干适楚……"云云恰相仿佛。人才的流失,必然导致学问的荒疏和学风的颓坏,再联系到十八年原伯鲁的"不说(悦)学",不是很自然的吗?
② 此章太炎说,参吕思勉:《先秦学术概论》,中国大百科全书出版社,1985年,第16页引章氏语。
③ 吕思勉:《先秦学术概论》,第16页。
④ 魏启鹏先生曾以郭店简《老子》的重要异文"大成若诎"(相当今本45章),力证老子不非礼乐,取径虽与本文不同,但总体观点与本文一致。魏说参《楚简〈老子〉"大成若诎"发微——兼说老子不非礼乐》,《中国哲学史》2001年第3期。
⑤ 如僖公三十三年"以乘韦先,牛十二犒师";襄公十九年"束锦加璧乘马,先吴寿梦之鼎",襄公二十六年"享子展,赐之先路,三命之服,先八邑。赐子产次路,再命之服,先六邑"。关于老子此处与《左传》所记之礼的暗合,孔颖达于襄公十九年的"正义"中已明白指出,甚至径直援老子以证《左传》,可谓有见,古今注老者于此亦时有识者。不过,古棣、周英虽认识到老子此处所述确是古礼,但又主将"驷马"与"拱璧"颠倒作"虽有驷马以先拱璧",臆断尤甚,良可不必。古、周说参《老子通》(上),第504—505页。

33

流于迂腐)。① 这种古道热肠不是与《礼记·曾子问》篇那个说"君子行礼,不以人之亲痁患"的老聃完全一致吗?顺便说一句,当初裘锡圭先生由郭店简本《老子》考证今本 31 章的"恬淡"本应作"銛功",也就是说老子本意是说兵器以锐利、坚固为上,不要饰以华美,否则就是"乐杀人"。据此裘先生指出:"老子所处的春秋晚期,正是王公贵族刻意追求兵器精致华美之时……出土春秋晚期兵器,有的器身有美丽暗纹,有的有黄金或宝石装饰,正是'美兵'的实例。所以老子会有上引那段话。"②从此处看,裘氏已明确将此章对应于"春秋晚期",而且是"老子"本人,虽然"恬淡"是否本作"銛功"还可以再讨论,但对《老子》年代学的认识,我们认为还是符合实际的。

　　当然,说老子守礼,最大的障碍就是其书 38 章的"夫礼者,忠信之薄而乱之首"云云者。如前所述,历来主张老子守礼者,每每对此句作灵活理解。③ 笔者以为,从我们上文所举礼学对老子思想一些基本取向的影响看,说老子反礼是不可想象的。另外,就 38 章上下文语义背景看,"礼者,忠信之薄而乱之首"句与前文逻辑上明显存在矛盾:此句"礼者……"显然是全称判断,应该包括一切"礼",这就与前文所谓"上礼"存在龃龉:既然一切"礼"都有问题,怎么可能还有"上礼"?所以,我们认为此句绝非老子所能道,当非故书之旧。④ 应

---

① 《国语·晋语二》"父生不得供备洒扫之臣,死又不敢莅丧以重其罪","莅丧"之说与老子此处之"哀悲泣之"暗合,且《周礼》亦多见丧事需"莅"及"莅戮"的记载,凡此均可与《老子》互相发明。当初古棣、周英怀疑 31 章"言以丧礼处之"等几句是后人妄加(《老子通(上)》,第 552 页),郭店简本发现以后,这已被证明是错误的。
② 裘锡圭:《郭店〈老子〉简初探》,《裘锡圭学术文集》第 2 册,第 283 页。
③ 像当初吕思勉先生即认为"知礼乃其学识,薄礼乃其宗旨,二者各不相干"(吕著《先秦学术概论》,第 28 页)。晚近主老子守礼者特别是从礼之"文""质"二分法角度为 38 章此句打圆场的学者大多类此,可参陈鼓应:《先秦道家之礼观》,《哲学门》第 1 卷(2000 年),第 2 册;张松辉:《论老子礼学思想》,《中国哲学史》2005 年第 2 期;梅珍生:《论老子的礼学观》,《文化中国》季刊(加拿大)2004 年第 1 期。
④ 徐仁甫先生曾怀疑今本"夫礼者……"句首之"夫"乃"失"之讹,以证老子同样守礼(徐说参前举魏启鹏先生所引),但我们看马王堆帛书本及北大汉简本此字即作"夫"。如徐说可信,那只能说明这种讹误发生是比较早的。

由《左传》《国语》等书所载史实论《老子》思想的礼学背景

该指出的是,前举《汉志》对道家思想的归纳是"克攘""嗛嗛",暗合礼学之谦让、不争,但我们也不要忘了《汉志》的后半句:"及放者为之,则欲绝去礼学,兼弃仁义……"这里的"放者",显然已非老学之旧。而"放者"才欲去仁、义、礼,言下之意,老子本来应该并不如此。前举刘向说战国之时是"捐礼让而贵战争,弃仁义而用诈谲",将捐弃仁、义、礼定位在战国,这同样昭示《汉志》所谓"放者"的年代学痕迹。从本文所论看,礼学实是《老子》学说基本的知识背景,亦决定了其思想的一些基本倾向,故其书只可能产生于礼学尚有浓厚影响的春秋时代。

由郭店简《成之闻之》篇申说《老子》思想的礼学背景*

上文我们指出周代礼学是《老子》思想的基础性背景（以下简称《礼》文），但举证多系《左传》《国语》等传世文献，这在出土文献井喷的今天，证据未免"一重"。近来笔者重览郭店楚简，于其《成之闻之》篇，颇觉不少表述恰可证成《老子》思想以礼学为背景之说。因续撰此文，以足"二重证据"之论证。需要说明的是，郭店简《成之闻之》篇公布之初，不唯释字异说纷呈，即竹简编联也多有问题。经过二十多年的研究，应该说这两方面大多已达成共识，有兴趣者可以参阅单育辰《郭店〈尊德义〉〈成之闻之〉〈六德〉三篇整理与研究》一书。[①] 该书出版于2015年，相对晚近，不唯对该篇学术史上的诸家之说搜罗颇全，其释字也基本代表当前的最新水平。本文《成之闻之》之释文即以此书为准，今破其通假，将本文所要讨论的该篇相关内容，径以宽式释文列之如下：

1 富而分贱，则民欲其富之大也，贵而能让，则民欲其贵之上也。反此道也，民必因此重也以复之，可不慎乎？……2 是故欲人之爱己也，则必先爱人；欲人之敬己也，则必先敬人。3 君子衽席之上，让而受幼；朝廷之位，让而处贱，所宅（度）不远矣。4 小人不逞人于刃，君子不逞人于礼。5 津梁争舟，其先也不若其后也；6 言语穷之，其胜也不若其已也。

从学派归属上看，《成之闻之》篇明显是儒家文献，这是没有疑义的。我们这里提到的这一段，其实最主要的意思就是讲礼的辞让精神，如所谓"能让""衽席之上，让而受幼""朝廷之位，让而处贱"

---

* 此文原刊于《中华文化论坛》2020年第6期。
① 单育辰：《郭店〈尊德义〉〈成之闻之〉〈六德〉三篇整理与研究》，科学出版社，2015年。

由郭店简《成之闻之》篇申说《老子》思想的礼学背景

"其先也不若其后也"(不争"先",也是辞让)等等,可以说都是这种意思。即"欲人之爱己也,则必先爱人;欲人之敬己也,则必先敬人"所云,其实也与礼学有关,这一点,下文还会有详论。《礼记·祭义》说"天下之礼,……致让也",《礼记·坊记》谓"夫礼者,所以章疑别微,以为民坊者也。……则民有让",都强调能"让"才是礼的精髓。笔者于前述《礼》文中已经指出,《老子》所艳称的"不争",其实就是"礼"的能"让"。《左传·昭公二年》:"卑让,礼之宗也。"这里"让"不但是"礼之宗",还加上了一个"卑"字,而卑弱、处下可以说又是《老子》思想的标签。郭店简《成之闻之》这样一段讲礼学辞让精神的内容,其实又多与《老子》处下、退守的思想密相关联。如"受幼""处贱""不逞""其先也不若其后"云云,恰与《老子》强调低调、不争、退处的思想密合。兹将这段文字析分为六节,逐一疏论之。

1. "富而分贱,则民欲其富之大也;贵而能让,则民欲其贵之上也"

"富而分贱""贵而能让"结果却都很好,这种表达与上博简《君子为礼》"贵而能让,斯人欲其长贵也;富而(分贱),斯人欲其(饶)富也"非常接近。① 另外,《礼记·坊记》的"君子辞贵不辞贱,辞富不辞贫"——崇尚"贫""贱",但却都有好的结果,可以说也是类似意思。《君子为礼》这些话明属孔子之言,《坊记》也说是"子云",过去学者对《子思子》中的"子云""子曰"是否出诸孔子有怀疑(《荀子·非十二子》),但由《君子为礼》一篇看,或可信。《成之闻之》这两句中的"能",原字形作"罷",是楚文字的独特形体,从音理上看目前有"能"与"一"两种释法,直到晚近,学者于此两者间,似乎犹存犹疑。② 笔者认为,这两句是讲富贵者如能主动地礼让、分财,反而更能得到民众的拥护。如此,则其中之"罷"显然以释"能"为长,它是强调富贵者要主动(能动)地礼让、分财,才能有好的结局,释"一"则

---

① 释文参侯乃峰:《上博楚简儒学文献校理》,第253页。
② 参见单育辰:《郭店〈尊德义〉〈成之闻之〉〈六德〉三篇整理与研究》,第134页。

辞义尽失矣。① 顺便说一句,此前学者于文献中检索出不少与此两句意思相近者,如《说苑·杂言》、《韩诗外传》卷八、《孔子家语·六本》、《说苑·善说》,他们或作"富而能富人""贵而能贵人",或作"贵而下贱""富而分贫",或作"其富分贫""其贵礼贱"。虽然第一组犹存"能"字,但其他两组无有,这可能干扰了学者释"能"的信心。更重要的是,即便是存"能"的句式:"富而能富人""贵而能贵人",这种"富—富人"与"贵—贵人"的格式虽然意思上与《成之闻之》的"贵而能让"意思上大体一致,但就字面上来总不如"贵而能让"之"贵—让"格式对比明显。其实,我们在其他文献中还是能找到用"能",但文字对比较之"富—富人"与"贵—贵人"格式更为明显的例子:

(1)《左传·襄公二十二年》:"吾闻之,生于乱世,**贵而能贫**,民无求焉,可以后亡。"

(2)《左传·定公十三年》:"**富而能臣**,必免于难。上下同之。戌也骄,其亡乎!富而不骄者鲜,吾唯子之见。骄而不亡者,未之有也。"

(3)马王堆帛书《易传·缪和》:"君子之所以折亓身者,明察所以貌人者□纽,是以能既致天下之人而有之。且夫《坤》者,下之为也。故曰'用涉大川,吉。'子曰:'**能下人若此**,亓吉也。不亦宜乎?舜取天下也,当此卦也。'"

(4)马王堆帛书《易传·缪和》:"**能盛盈而以下**。"

上举《左传》中的"贵而能贫""富而能臣"与《成之闻之》篇的"贵而能让"极为接近。尤其是在强调主动性礼让、分财这一点上,《左传》所见二例较之学者所搜辑《说苑》《孔子家语》等书,无疑更为接近。

---

① 另外,《礼记·表记》有云:"圣人之制行也,不制以己,使民有所劝勉愧耻,以行其言。"这是说圣人制定规则,标准不能太高,要利于百姓的实施。所以下文又说:"礼以节之,信以结之,容貌以文之,衣服以移之,朋友以极之,欲民之有壹也。"其中之"壹"历来多解为"专心"或"专一",文义总嫌晦涩。我们怀疑此字本当如楚简作"罷",读为"能","欲民之有能也",从"利于百姓的实施"之角度来说,可谓文从字顺。

这也再次说明《成之闻之》的"翟"确当以释"能"为是,释"一"则文义尽失。第3例中的"能下人",比况的是"舜取天下",舜之贵为人君但却"能下人",如此的甘居人下,同样是主动性的。第4例中的"能盛盈而以下","能"居"盛盈"之前,但其实它真正要强调的意思是"盛盈而能下",即虽然有"盛盈"之威势,却能主动地甘居人下。准此,则3、4两例所述与《成之闻之》的"贵而能让"意思也是一致的。有人可能会说,即便这些句式与《成之闻之》相近,能说明什么问题呢?实际上,上述《左传》襄公二十二年、定公十三年中的两条例子,正是《礼》文中提及的,而笔者在《礼》文中即曾指出"富"与"礼"经常"如影随形"。试看下列文献的记载:

《国语·晋语八》:"富而忘礼,吾惧不免。"

《礼记·曲礼上》:"富贵而知好礼,则不骄不淫。"

《礼记·坊记》:"子云:'……富斯骄;……骄斯乱。'礼者,因人之情而为之节文,以为民坊者也。故圣人之制富贵也,使民富不足以骄,……富而好礼。"

《礼记·表记》:"富而有礼。"

"富而忘礼",人一旦富贵就容易"忘礼",所以《礼记》的"富贵而知好礼""富而好礼""富而有礼"可以说总是念念不忘地对"富"用"礼"加以约束,《坊记》所谓"为之节文",更说明不能一味地"富"。《左传·昭公二十年》叔孙昭子评价宋国的戴、桓之族"汰侈无礼已甚",也是说明"汰侈"与礼制的对立,而"汰侈"正是"富"的同义语。《老子》对汰、侈的态度同样与《左传》一致,所谓"是以圣人去甚、去奢、去泰"(29章),"泰"即"汰",而"奢"与"侈"同义也。因此,就《老子》排斥汰、侈的态度看,仍然是与礼制原则相契合的。《左传·哀公五年》说郑驷秦"富而侈",他的身份本来是"嬖大夫"(即下大夫),但却"常陈卿之车服于其庭",结果被杀。也就是说一旦富、侈,无疑对原有的尊、卑礼序构成了破坏,也就没有好下场,后面子思引诗评价他说"不守其位",以及"僭""滥"等,也都是从礼制角度着眼的。尤其要提到的是,《左传·襄公二十八年》崔氏授晏子邑而晏子不受,其解释说"非恶富",即并不是一味反对富,实是"恐失富",即失掉更大的东西,因此主张对"富"要"为之制度",要"幅利"(即限值"利"),"不敢贪多",其实就是要用礼制规范"富",不能过制。这也道出春秋之时有识之士排斥"富"的原因:在旧的等级制度下,财富与身份、等阶相关联,彼此对应,因此任何人聚敛财富,必然撑破旧有体制,导致对礼的僭越,从而带来社会动乱。正因为"富"或"聚敛"与"礼"相矛盾,才会形成主动谦让、分贱、减损的价值观。《成之闻之》的"贵而能让"之"让",以及上举《左传》中的"贵而能贫"之"贫","富而能臣"之"臣",以及帛书《易传·缪和》中的"能下人"(前面还有"折其身")之"下人","能盛盈而以下"的"以下",都是这种主动谦让、减损之价值观的体现。帛书《易传·缪和》甚至还说:"夫圣君,卑膝屈貌以舍孙,以下亓人。"其中的"卑膝屈貌",可谓极尽谦恭、处下之能事。正由于此,所以《礼记·表记》才会说:"信让以求役礼,<u>不自尚其事,不自尊其身</u>,俭于位而寡于欲,<u>让于贤</u>,<u>卑己而尊人</u>。"下文又说:"是故君子<u>不自大其事,不自尚其功</u>……彰人之善而美人之功,以求<u>下贤</u>。是故君子<u>虽自卑,而民敬尊之</u>。"所谓"不自尚(大)其事""不自尊其身""不自尚其功",均指屈身能让。类似表述,《老子》同样有见,如"不自见故明,不自是故彰,不自伐故有功,不自矜故长。夫唯不争,故天下莫能与之争"(22章),"自见者不明,自是者不彰,自伐者无功,自矜者不长"(24章)。再者,上举帛书《易传·缪和》篇庄但与先生讨论《易·嗛》之初六"嗛嗛君子,用涉大川,吉",先生明确说:"夫务尊显者,亓心有不足者也。君子不然,吻焉<u>不自明也,不自尊也,故能高世</u>。"所谓"不自明""不自尊",与《表记》的"不自尚其事,不自尊其身"以及《老子》22、24章所言无论就句式还是精神气质上看,都是一致的,他们都是强调不要自伐其功,屈身能让。而且,正是由于"让",才能"役礼",即服务于礼,合于礼。"让于贤"与"下贤"义同,即今语"礼贤下士"之义。如何"下"呢?其中的"卑己""自卑"云云,可以说已经把主动的谦让、卑处说得很清楚了。至于"能贫""能臣""能下"式的主动退让、减损,不正是《老子》一书刻意强调的吗?《表记》下文甚至还说"俭于位而寡于欲","寡欲"之说,如果不明上下文,我们说不定还会径指为道家思想呢。顺便说一下,《成之闻之》"富而分贱……贵而能让"

由郭店简《成之闻之》篇申说《老子》思想的礼学背景

两句下面是"反此道也,民必因此重也以复之"句,"复"应当作"报复"讲,就是说如果不能做到"富而分贱""贵而能让",百姓就会因此报复统治者(所谓"出乎尔者,反乎尔者也"①),这当然是从反面说的。有意思的是,这种臣"复(报)"之于君,《礼记·坊记》中还有从正面说的:"故君子信让以莅百姓,则民之报礼重。"所谓"报",即"复"也,"君子信让",然后就能"民之报礼重",明确点出以"礼""报",这种正面的诠释可以说把"让"与"礼"之关系说得就更为清楚了。

另外,如上所见,帛书《易传·缪和》中弟子与"先生"讨论礼让、退守多涉《易》之《谦》卦。说到《老子》思想的礼制背景,笔者还想以《周易·谦卦》为例专门谈谈这一问题。《谦卦》的核心思想是要谦退、不争,尤其是此卦《象传》的所谓"天道亏盈而益谦……"等著名的"一谦而四益",可以说把谦退的好处已经说得非常透彻了。就其强调谦退、不争来看,《谦》卦确实与《老子》思想暗合,无怪乎《汉志》总结道家思想时就曾指出其"合于尧之克攘,《易》之嗛嗛","攘"即"让","嗛嗛"即谦下也,应该说是抓住了老子学说的精髓。但此与"礼"何干?请注意,《系辞传》中明确说:"《谦》以制礼",为何"谦"能"制礼",历来学者解释这简单的四个字多不得要领。其实说白了,《谦》卦是讲谦恭、退让的,而如前所述,"让"不正是"礼"的核心要素吗?因此强调"让"、主张减损的"谦"卦才能"制礼"。② 实际上,《谦》卦不只揭示了《老子》思想的礼学背景,还给出了具体的方法、门径。与我们上文提到的主动减损相关,《谦》卦象传也明确说"尊而光"(《系辞下》此三字重见)。对于这三个字,传统上多将其中的"尊"理解为"尊贵"之"尊",如正义所谓"德益尊",但此与象

---

① 《孟子·梁惠王下》引曾子语。
② 《正义》谓"性能谦顺,可以裁制于礼",隐约以谦顺的人容易受礼的规约,这是不准确的。高亨谓"制礼"犹"从礼"(高亨:《周易大传今注》,齐鲁书社,1979年,第585页),亦嫌模糊。黄寿祺、张善文则云:"制,犹言'控制',指《谦》卦之用,可以控制礼节、谦虚待物。"(黄寿祺、张善文:《周易译注》,上海古籍出版社,2001年,第596页)所谓"控制礼节",如果指《谦》卦的礼让、减损才是"制礼"之门径,则犹为近之。

传下文的"卑而不可逾"以及后面的"《谦》以制礼"逻辑上是不谐的。至清王引之始主张其中的"尊"当读为"撙节退让"之"撙",①"撙"有贬损、减损义,此说堪称凿破混沌。也就是说,《谦》卦象传的"尊(撙)而光,卑而不可逾","尊(撙)"与"卑"正相对应。这两句其实说的是越减损越光明,越卑下越高不可攀,它所揭示的手段与结果间的鲜明落差,其实与《成之闻之》的"富而分贱,则民欲其富之大也;贵而能让,则民欲其贵之上也",以及帛书《缪和》说"折其身"却能"致天下","夫君人者,以德下亓人,人以死力报之",以及舜、禹等"能下人",却最终"取天下"语义逻辑显然都是一致的。这也与《老子》的"无为而无不为"思想暗合(本书下编专门有文讨论)。另外,《礼记·曲礼上》说"是以君子恭敬撙节退让以明礼","撙节退让"即减损、谦让才能"明礼",正是"《谦》以制礼"的最好注脚。联系到《谦》卦全经所体现的谦让、卑处之思想,益知所谓"《谦》以制礼"其实即意在说明"制礼"的原则就是谦让、卑处,而"卑处"就意味着能处"下",此不唯与上述《左传》《国语》等书所载实例一致,亦与《老子》思想强调卑弱、处下的特点完全契合,再次证明了《老子》思想的礼学背景。

2."是故欲人之爱己也,则必先爱人;欲人之敬己也,则必先敬人"

对于这几句话,当初好像是廖名春先生最早指出与《晋语四》的如下内容最为接近:"《礼志》有之曰:'将有请于人,必先有入焉。欲人之爱己也,必先爱人;欲人之从己也,必先从人。'"其实类似的话我们上文也有引到,那就是《左传·昭公二十五年》,被赶出国的鲁昭公听闻齐侯将要来慰问他,积极地"先至于野井",而且说:"将求于人,则先下之,礼之善物也。"所谓"将求于人……"云云与《晋语四》的"将有请于人……"意思一致,都是讲礼制原则下的恭自为先,尤其还非常强调主动性。巧合的是,《成之闻之》篇还有"<u>上苟身服之</u>,则民必有甚焉者",或言"君子之<u>求诸己也深</u>",或言"古之用民者,<u>求之于己为亟</u>",或言"君子之莅民也,<u>身服善以先之</u>",可以说都

---

① 王引之:《经义述闻》,江苏古籍出版社,2000年,第42页。

由郭店简《成之闻之》篇申说《老子》思想的礼学背景

反复强调从自己做起,此与这里的"欲人之……,(己)必先……"所云正合。当然,我们之所以说这种从自己做起的恭自为先是"礼制原则"下的要求,因为《晋语四》明云出自《礼志》,而《左传》也说这种恭自为先是"礼之善物也",明显都与"礼"有关。那么,这种礼制原则下的恭自为先与《老子》思想有何关系呢?这就不能不提《老子》书中一系列"欲取反予"的著名论述:

> 故大国以下小国,则取小国;小国以下大国,则取大国。故或下以取,或下而取。……夫两者皆得其欲,大者宜为下。(61章)
> 以其善下之,故能为百谷王。(66章)
> 是以欲上民,必以言下之。(66章)
> 善用人者为之下。(68章)
> 将欲歙之,必固张之。将欲弱之,必固强之。将欲废之,必固兴之。将欲取之,必固与之。(36章)

上述61、66、68章的"大者宜为下""善下之""善用人者为之下",屡言处"下",正是《老子》思想的标签。而且,《老子》的这种处"下",还每每是在"大"与"小"或统治者与"民"之间所做出的策略性选择。过去言老子思想者,对于这些表述颇多从阴谋、权术立论,甚至从兵法的角度解读,其实都未中肯綮。联系到《左传》中所在多有的"处下"态度,这本来就是礼制原则下的自然选择,本没有什么不可告人的"阴谋"。将此讲成"阴谋"或"权术",实昧于礼学大义。当然,从61、66、68等章的犹存鲜明礼制原则的"大者宜为下""善下之""善用人者为之下"到36章的非常整饬的"将欲……必固……"句式(此与《晋语四》《左传·昭公二十五年》的句式最为接近),还是体现了一种思想的凝练和提升。但如果细加分析,36章这种思维方式脱胎自礼制原则下的恭自为先,还是很容易辨明的。顺便要提到,《左传》中对"处下"反而得益的记载,最有名的恐怕要属昭公七年孔子先祖正考父鼎铭,其语谓:"一命而偻,再命而伛,三命而俯。循墙而走,亦莫余敢侮。"此语又见《孔子家语·观周》、《庄子·列御寇》、上博竹书《彭祖》篇(参前文)。其中最值得注意的是,正考父其人随着官阶的"一命""二命""三命"逐渐隆升,其处世的态度反而是"偻"—"伛"—"俯",更趋谦下。所谓"莫余敢侮"说明,只要依礼"处下"而为,就能在与人的交往中趋利避害。这种"反向思维"与《左传·襄公二十四年》程郑的非常得宠但却自求"降阶"可以说有异曲同工之妙。当然,《左传》中正考父这则材料仅仅言"处下"还没有什么特别,更重要的是,它是放在孟僖子欲学礼,尤其是孔子作为圣人之后于礼学有精专的背景下来说的。这再次说明卑恭、处下是礼制原则下自然的价值选择,无关什么"欲取反予"的阴谋、权术。

3."君子衽席之上,让而受幼;朝廷之位,让而处贱,所宅(度)不远矣"

对于这几句,早在郭店简公布之初,即有多位学者指出它们与《礼记·坊记》如下内容关联密切:"衽席之上,让而坐下,民犹犯贵;朝廷之位,让而就贱,民犹犯君。"①当然,尽管《坊记》此篇也引到了"衽席之上……朝廷之位"这样的礼制原则,但"民犹犯贵""民犹犯君"的论述表明,它要讲的其实是相反的情况,这一点与《成之闻之》这几句还是微有不同。只不过,它们都是拿"衽席之上……朝廷之位"这样的礼制原则作为背景罢了。

其实,除了《坊记》,《礼记·表记》所引孔子语"朝廷不辞贱"的意思也与《成之闻之》的记载接近:所谓"不辞贱",就是不厌恶"贱",更具体地说就是以"贱"为尚。正义解释《表记》此句谓"此广明为臣事君之礼",明确提示这种以"贱"为尚是"礼"的原则,此与《成之闻之》《坊记》"衽席之上……朝廷之位"这样的礼制背景也是相合的。礼制原则下以"贱"为尚该作何解?其实还是本文一再强调的礼让精神:低调、谦恭,《成之闻之》的"让而处贱",《坊记》的"让而就贱",都离不开一个"让"字。这样的语义背景,其实也决定了前面"让而受幼"的释读。对于"受幼",当初学者从字形和音理角度提出"容幼"或"受次"等多种释法,但其实只有"受幼"最为恰且:形式上既要满足与"处贱"的对举,意思上又要符合这里的以"贱"为尚。顺便说一下,学者引《坊记》,往往自"衽席……"以下,其实前面

---

① 参见单育辰:《郭店〈尊德义〉〈成之闻之〉〈六德〉三篇整理与研究》,第139页引李家浩、廖名春、刘乐贤诸家之说。

还有"觞酒豆肉让而受恶",由"受恶"一语可知,"容幼"之释无论如何是不合适的。说到这里,学者可能已经看清楚,这里的以"贱"为尚又是与《老子》思想密相关联的。因为"处贱"实与"处下"同义,这正是"人往低处走"(李零语)的《老子》格外强调的。由此我们也应该反思:不能一看到卑弱、处下的思想,就以为是袭自《老子》(道家)或《老子》(道家)的"专利",并将其与儒家的关系视若冰炭、水火。实则礼制原则下同样是强调谦让、处下的,这一点正是《老子》思想的大背景。礼学又是儒家的根底性学问,既然《老子》思想以礼学为大背景,那也意味着无论儒还是道,总体上讲其实都是西周官学(包括礼学)下的衍生之学,是一根藤上结的瓜。就此而言,早期儒、道之间实多有相通之处,这与战国中晚期以降两家的势同水火并不一样。

4."小人不逞人于刃,君子不逞人于礼"

此两句中的"逞"无疑有争强好胜之义。至于"小人"和"君子"为何有"不逞人于刃"和"不逞人于礼"的分野,诸家之说中,窃以为要以颜世铉和廖名春先生最为近是。颜说谓:"就'君子不逞人于礼'而言,在古代,礼仪主要是士阶级以上的贵族而制定,也为其所熟习,《礼记·曲礼上》'礼不下庶人',可以说习礼仪是古代贵族的专利。简文说君子(相对于平民而言)不以其娴熟礼仪而向人逞强(本来就是你的本分和义务——笔者按)……'小人不逞人于刃'是说:小人不以其持有刀刃之兵器向人逞强。"[1]廖说谓:"……颜说是。君子以礼名,小人以力闻。"[2]颜、廖二家将此两句解为"小人"与"君子"有不同的操习是很准确的。这种讲法,其实也类乎"劳心"与"劳力"之分。过去说此者常言必称孟子。殊不知,《左传·襄公九年》知武子即云:"君子劳心,小人劳力,先王之制也。"看来古人对

---

[1] 参见单育辰:《郭店〈尊德义〉〈成之闻之〉〈六德〉三篇整理与研究》,第144页所引颜说。

[2] 不过,廖先生谓:"所以,此是说小人不与君子在勇力上较量,君子也不与小人在礼义上较量",其实此处不是强调"小人"与"君子"两者之间的比较,而只是强调他们各自不能以自己的本分(该干的)来逞强。廖说可参单育辰:《郭店〈尊德义〉〈成之闻之〉〈六德〉三篇整理与研究》,第145页。

于"小人"与"君子"之间的操习分野早有共识。因此,《成之闻之》此处所强调的"小人"与"君子"的"不逞人",其实意思是说"小人"与"君子"在各自的操习范围内都不要"逞",不要"争",实则是对"小人"与"君子"都提出了礼让的要求。另外,文献中还多见"逞志""逞愿""逞欲"之类说法,其实也多是指欲望太强,不知以礼加以节制。《左传·僖公二十三年》说"淫刑以逞",《国语·周语下》云"以逞淫心",《左传·成公二年》语"逞无疆之欲",无论是"淫"还是"无疆",都是指欲望太大、不加节制,最终也就会走向违礼越制。《左传·昭公四年》又说:"楚王方侈,天或者欲逞其心。""侈"与"逞"并举,而如前所言,"富"与"侈"又是同义语,而且还每每与礼相冲突,在在可知《成之闻之》此处对"小人"与"君子"所提出的"不逞人",也当是强调礼让精神的。

《老子》思想中对于逞强争胜持明确的否定态度。42章"强梁者不得其死",《金人铭》中甚至还有后半句"好胜者必遇其敌","强梁"与"好胜"都是逞强争胜的意思,它们都是没有好下场的。另外,76章:"故坚强者死之徒,柔弱者生之徒。是以兵强则不胜,木强则兵。"68章:"善为士者不武,善战者不怒,善胜敌者不与,善用人者为之下。是谓不争之德。"81章"圣人之道,为而不争"。76章所谓"坚强者死之徒",其实与42章"强梁者不得其死"义同。而68章"善为士者不武,善战者不怒……善用人者为之下",最后又归结为"不争之德",这与81章德"为而不争",其实都是强调不要逞强争胜,这与《成之闻之》两句中的"不逞人"意思上也是相合的。

5."津梁争舟,<u>其先也不若其后也</u>"

"其先也不若其后也",强调不争、退处、居后的礼让精神,此与《老子》思想也完全一致,试看《老子》一书之表述:

> 是以圣人<u>后其身而身先</u>。(7章)
> 是以圣人欲上民,必以言下之。<u>欲先民,必以身后之</u>。(66章)
> 不敢为天下先。(67章)
> 舍后且先,死矣。(67章)

《庄子·天下》篇总结关尹、老聃学派的特点,专门强调这一点,一则

由郭店简《成之闻之》篇申说《老子》思想的礼学背景

云"未尝先人而常随人",再则云"人则取先,己独取后","未尝先人"与"己独取后"正是上述《老子》退处、居后思想的写照。这种退处、居后的处事原则,其实同样是合于礼制的。《礼记·坊记》云:"君子贵人而贱己,先人而后己,则民作让。""贱己"和"后己"与《成之闻之》的"其先也不若其后也"、《老子》的"后其身""以身后之"显然是一致的。当然,我们上举第 2 条中讨论礼制原则下的恭自为先时,还提到《成之闻之》篇有这样的说法:"君子之莅民也,身服善以先之",所谓"身服善以先之"似乎与《老子》的"后其身""必以身后之"相矛盾,实则不然。需要明确的是,《成之闻之》此处的"津梁争舟,其先也不若其后也",强调处"后",只是在"争舟"这种具体的事情上主张礼让、处后,从而与《老子》思想一致,而其后文的"君子之莅民也,身服善以先之"则是从宏观的国家统治角度考虑。国家统治角度为何要"身服善以先之"? 其实《成之闻之》篇前面还有"是故威服刑罚之屡行也,由上之弗身也""上苟身服之,则民必有甚焉者",都强调"君子"要"身先"之,即从自身做起。这其实与上举帛书《易传·缪和》中"先生"说"君子"如果能"折其身""能下人"(可不就是"身先"吗),就最终都能"致天下"或"取天下"(舜)完全一致。《缪和》篇还提到"禹(劳)其四枝,苦亓思虑,至于手足骈胝,颜色(黎黑),□□□□□□□□而果君(天)下",禹之劳可谓事必恭亲,身先服之,但最终却"君(天)下",禹、舜这些圣君的"折其身""能下人",且身服劳苦,不正与《老子》的卑弱、处下以及"居众人之所恶"相合吗? 当然这只是手段上的,而结果却非常光明。如《成之闻之》说如能"身服善以先之",那么就"民孰弗从"。这一点其实与《国语·周语中》的一处记载也相合:"故王天下者必先诸民,然后庇焉,则能长利……","王天下者"虽然"先诸民",但这种"先"恰恰是先民服劳苦、甘居人下,此虽与"津梁争舟"的那种不讲辞让的"争先"有异,但却同样与《老子》之退处、甘居人下的思想相通。顺便说一下,即《老子》书中的那些"处后"与"居先"其实也体现了手段与结果的辩证统一:7 章的"后其身而身先",66 章的"欲先民,必以身后之","身先""欲先民"才是最终目的,而所谓"后"只是手段,这与《易传·缪和》《成之闻之》所讲手段"卑处"、结局光明之间的鲜明落差，其实也是一致的，正所谓"无为而无不为"。最后，上举《国语·周语中》还云："夫人性，陵上者也，不可盖也。……故圣人贵让"，所谓"圣人贵让"，不但再次昭示这种卑弱、退处思想的礼让背景，而以"圣人"为标杆，同样与《老子》相合：上举《老子》7、66章也是屡言"圣人"的："圣人后其身而身先"，"（圣人）欲先民，必以身后之"。

6."言语穷之，其胜也不若其已也"

"言语穷之"的"穷"，原隶作"搴"，学者间有"狎""较""嚼""噪""鞠"等多种读法，唯张新俊读作"穷"，而张氏正是从《成之闻之》这一段总体语境把握的："细绎《成之闻之》这段话，显然含有'争端''争执'这样的意思在其中……'穷'往往有通过辩难使对方无言以对这层含义。"①学者评价："从语感上看，张新俊读法较佳。"②我们认为也是公允的。《成之闻之》这两句无疑是说巧舌如簧地逞其口辩，即便胜了其实还不如干脆不去争，宣扬的其实还是谦让、不争的精神。不逞口辩以争胜，《老子》亦有类似表述，其5章云："**多言数穷**，不如守中。"尤其是这里的"穷"，足证学者释"搴"为"穷"至确。另外，此处"其胜也不若其已也"，最接近的辞例此前学者都未检出，我们认为恰恰在《老子》一书，其9章云："持而盈之，不如其已"，"不如其已"与"不若其已"非常接近，都是指"不如不去做"的意思。《老子》9章的"持而盈之"是指追求满盈的状态，意思上也与《成之闻之》的"言语穷"而争"胜"接近。顺便要提到，在上举马王堆帛书《易传·缪和》篇弟子张射与先生讨论谦卦卦辞"嗛，亨。君子有终"时说"自古至今，天下皆贵盛盈"，语见"盛盈"，其实意思上与《成之闻之》的"胜"，《老子》9章的"盈"，都是非常接近的

---

① 参见单育辰：《郭店〈尊德义〉〈成之闻之〉〈六德〉三篇整理与研究》，第148页所引张说。由此处对"搴"和前面对"翟"的释读看，当前的出土文献研究，如能从总体上把握一段话的语境，则无疑会使文字的释读少走些弯路，少出些异说。文字的释读必须服从宏观语境的约束，不顾宏观语境，考释文字时把字形和读音上的各种可能性尽情列列，理解局促于有限的语义空间，很多时候并不利于问题的解决。

② 单育辰：《郭店〈尊德义〉〈成之闻之〉〈六德〉三篇整理与研究》，第149页。

由郭店简《成之闻之》篇申说《老子》思想的礼学背景

概念。

由上述所论看,郭店简《成之闻之》篇以上六句,可以说都体现了礼让原则。而且,从上面的论证读者可能已经看出,我们频频引《礼记·坊记》《表记》这两篇内容与之相参。《礼记》这两篇,传统上多认为出自《子思子》,郭店简《五行》(包括更早的帛书《五行》)、《缁衣》、《性自命出》,以及上博简《缁衣》《性情论》发现以后,更证明这种看法是可信的。鉴于《成之闻之》内容上多与《礼记》上述两篇相应,现在一般认为此篇亦当与子思子有关,我们亦认为有理。当然,《礼记》上述两篇与《成之闻之》对应最多者又要属《坊记》篇。笔者觉得这恐怕也从侧面证明了《成之闻之》上述言论的礼学背景。《坊记》一篇,其体例上非常整饬,前人谓其每章都是:"先言礼的规范行为,而推及于让、孝、敬,以至推利,防淫之事……"① 故所谓"坊",不过是以"礼"来"坊",即如本篇自道"君子礼以坊德""夫礼,坊民所淫",因此《成之闻之》篇有上述那么多内容体现出礼让原则也就不足为奇了。这种礼让原则,从具体做法看,或曰"分贱",或曰"能让",或曰"处贱",或曰"不逞人",或曰"其先不若其后",或曰"其胜不若其已",其中所体现的退处、甘居人下的思想又与《老子》如出一辙,我们认为这再次证明了《老子》思想的礼学背景。

当然,诚如《礼》文所述,说《老子》思想以礼学为背景,最大的障碍就是其书38章的"夫礼者,忠信之薄而乱之首"。历来主张老子守礼者,每每对此句作灵活理解。② 笔者以为,从我们上文所举礼学与老子思想一些基本取向的相通来看,说老子反礼是不可想象的。我们认为此句绝非老子所能道,当非故书之旧。前举汉志对道家思想的归纳是"克攘""嗛嗛",暗合礼学之谦让、不争,但《汉志》又说:

---

① 王梦鸥:《礼记今注今译》,新世界出版社,2011年,第454页。
② 像当初吕思勉先生即认为"知礼乃其学识,薄礼乃其宗旨,二者各不相干"(吕著《先秦学术概论》,第28页)。晚近主老子守礼者特别是从礼之"文""质"二分法角度为38章此句打圆场的学者大多类此,可参陈鼓应:《先秦道家之礼观》,《哲学门》第1卷(2000年),第2册;张松辉:《论老子礼学思想》,《中国哲学史》2005年第2期;梅珍生:《论老子的礼学观》,《文化中国》季刊(加拿大)2004年第1期。

"及放者为之,则欲绝去礼学,兼弃仁义……"这里的"放者",显然已非老学之旧。"放者"才欲去仁、义、礼,言外之意,老子本来应该并不如此。刘向说战国之时是"捐礼让而贵战争,弃仁义而用诈谲"①,将捐弃仁、义、礼定位在战国,这同样昭示汉志所谓"放者"的年代学痕迹。我们认为,无论从孔子问礼于老子这样的历史记载还是从思想的内在逻辑看,礼学应该是《老子》学说最基础的知识背景,由此也决定了其思想的一些基本倾向,故其书只可能产生于礼学尚有浓厚影响的春秋时代。

---

① 刘向《战国策书录》。顾炎武《日知录》"周末风俗"条,对此有近似看法。

由《左传》所载史实论《老子》中
大、小国关系的年代学特征*

　　大国者下流。天下之交,天下之牝。牝常以静胜牡,以静为下。故大国以下小国,则取小国;小国以下大国,则取大国。故或下以取,或下而取。大国不过欲兼畜人,小国不过欲入事人。夫两者皆得其所欲,大者宜为下。——《老子·六十一章》

　　《老子》此章有的传世版本在语句顺序及个别文字上有讹误,一度影响了语意的理解,马王堆帛书本出来之后,很多问题涣然冰释。① 前几年公布的北大汉简本,进一步印证了帛书本的正确和传世本的讹误。② 此章讲大、小国之间的交往之道、相处原则,历来无疑义。但要说此章讲的是春秋还是战国时代的大小国相处之道,则恐怕就有分歧了,而春秋与战国之异,无疑事关此章写成的年代学判断。学者或以笼统的"春秋战国"或"东周"来有意无意回避这个问题,显然不够严谨。其实,早在20世纪20年代,张岱年先生就从时代大势着眼,认为战国只以吞并为能事,不可能有这样大、小国互相谦下的思想,实属卓识。此后,高亨、张松如、古棣、周英、尹振环、徐志钧等都不同程度地引春秋时期大、小国交往史实以申张说。如高亨先生提到"春秋时代,大国常常灭亡小国",针对《老子》此章之"兼畜人";"春秋时代,小国也要独立",针对《老子》此章之"入事人"。③ 张松如先

---

* 此文曾与赵争合署发表于《上海大学学报》2017年第2期。
① 高明:《帛书老子校注》,中华书局,1996年,第121—126页有详尽分析。
② 如汉简本在"天下之牝,天下之交也"这样的语句顺序,及"或下以取,或下而取"这样重要表述上,均同帛书本。参北京大学出土文献研究所编:《北京大学藏西汉竹书(二)》,上海古籍出版社,2012年。
③ 高亨:《老子注译》,清华大学出版社,2010年,第98页。此本为后来重印,高氏此书初版于1980年(河南人民出版社),故我们列于最前面。又按,高氏虽以春秋时事解老子此章,但将此章之"兼畜"解为"兼并",以(转下页)

生认为"这种大小国间的关系,只存在于春秋时代",①古棣、周英先生也认为此章反映了春秋时期的伯政,即霸政,②尹振环先生则直接以春秋时期的列国关系指称其事,③徐志钧先生也认为此章是"春秋社会国家关系的现实"。④ 但上举各家之说多出自对《老子》一书的训诂,限于体例,未能充分展开论证,证据使用也不够充分。本文拟从《左传》中反映的列国关系史实出发,指出此章所设计的大国与小国之间的交往之道,只能是春秋中后期盟主政治下盟主与其他国家关系的写照,而不可能是战国之世。⑤

一、春秋盟主政治下大、小国的力量对比

熟悉春秋史的学者都知道,自春秋晋文称霸以降,晋、楚轮流主导会盟(后期才轮到吴、越),当时天下的基本形势就是霸主们各自

(接上页)下文的讨论看,是不对的。高氏并云今本之"人事人"当作"不事人",今以帛书本、汉简本证之(高氏著此书时已参酌帛书本,但于此犹有失),亦不确。

① 张松如:《老子校读》,吉林人民出版社,1981年,第340页。张氏后来在《老子说解》(齐鲁书社,1998年)等书中基本坚持了最初的看法。
② 古棣、周英:《老子通》(上),吉林人民出版社,1991年,第535—536页;《老子通》(下),第122页。
③ 尹振环:《帛书老子释析》,贵州人民出版社,1998年,第144—145页。
④ 徐志钧:《帛书老子校注》,学林出版社,2002年,第89页。依笔者愚见,晚近诸家解老者,以古棣、周英之《老子通》及徐著在参酌春秋史实以解老方面用功尤深,所获亦多。
⑤ 本文中"春秋"和"战国"的时段划分系相对概念,不宜要求过细。以"春秋"而论,传统以孔子绝笔于获麟(B.C. 481年)为春秋下限,但《左传》记事尚远越此限,而本又多用《左传》材料讲《老子》此章"春秋"的年代学特征,我们所指"春秋"基本上还是指获麟之前。至于战国,其始年即颇为纷纭(有B.C. 475、B.C. 468、B.C. 453、B.C. 403年等不同说法),但笔者论《老子》此章非战国时写成,主要还是针对传统太史儋作此书以及此书与庄子之间的纠葛。此二人已届战国中期,不要说与任何一家战国始年之说已大有距离,且如下文所论,即《墨子》书中所述大小国之间关系已与春秋时明显不同,依孙诒让对墨子行年的考订(参孙诒让《墨子间诂》后所附《墨子传略》),其人约当B.C. 468—B.C. 379年间,大体当战国早期。其时大、小国关系已与春秋时明显不同,遑论其后?

由《左传》所载史实论《老子》中大、小国关系的年代学特征

纠合依附自己的小国,形成同盟与对方抗衡。从诸小国的角度上说,那就是要认清形势,谨慎抉择,到底自己是依附于哪一方(有时国内对此也产生严重分歧)。尤其是靠近大国或居于大国之间的中小国家(如郑、陈、蔡等),此一问题就尤显迫切和具有现实性。其实,当时能称得上霸主的国家毕竟是很少的(春秋中期的很长一段时间内其实就是晋、楚两国),而更多的是中小国家(小是相对的,郑虽然不小,但相对晋、楚,仍是小国)。因此当时的天下或者说"国际关系"的压倒性话题就是"站队"问题,即加入哪个集团或与哪个霸主搞好关系是每一个中小国家都绕不开。随便翻检《左传》,这种着眼于处理好大国与小国之间关系的言论是随处可见的。比如《老子》该章言小国如何"入事人"的问题,而《左传》自文公至哀公世,这样的记载是很多的:

或言"小国之事大国"(文公十七年、昭公六年)

或言"小所以事大"(襄公八年、襄公二十二年、哀公七年)

或言"小事大"(襄公二十八年、昭公三十年)

或言"君小国事大国"(襄公二十八年)

或言"小能事大"(襄公三十年)

凡此种种,都说明这是那个时代突出的主题。有学者可能会说战国之世同样存在大、小国之别,因此小国如何"事"大国的问题可能也会存在。但《老子》此章涉及的另外一个问题是,它不光强调小国如何在大国那里取得信任,更为特别的是,他还认为大国在小国那里也要谦下守礼,这话讲给战国雄主们听,简直是痴人说梦。我们认为老子此章对大小国关系如此设计,特别是大国也要谦下以待小国,正是春秋时期大、小国力量对比的反映。

春秋、战国时期虽然都是大、小国杂处,但大小国之间的力量对比已经明显不同。春秋时期,虽然晋、楚这样的巨头雄为霸主,但小国的势力也并不是无足轻重的。有时大、小国之间的冲突,甚至小国也让大国大吃苦头,因此大国常有"国无小"的感叹。这在战国之世是不可想象的。如僖公二十二年,鲁、邾两国交恶,鲁僖公自恃大国,轻视邾国,"不设备而御",臧文仲劝谏说:

53

> 国无小，不可易也。无备，虽众不可恃也。……先王之明德，犹无不难也①，无不惧也……君其无谓邾小。蜂虿有毒，而况国乎？

鲁僖公没把臧文仲的劝谏当回事，结果鲁师大败，连鲁僖公的头盔都被邾人缴获，可见狼狈之状。有人可能觉得鲁国不是霸主，但鲁大、邾小却是事实，而此战鲁却败于邾，且终春秋之世，鲁面对邾国的这种"窝囊"表现还不止一次。这都说明其时小国的势力还是不容小觑的。再如襄公三十年郑国子皮欲授子产政，子产推辞说："国小而逼，族大宠多，不可为也。"而子皮开导子产说：

> 子善相之，国无小，小能事大，国乃宽。

子皮的话不但同样提到"国无小"，而且提到小国的生存之道，即"小能事大，国乃宽"，这与老子此章的"小邦以下大国，则取大国"何其相似！子产应该牢记了子皮的告诫，所以我们注意到昭公十八年他面对晋国的威势，主张积极防御，而且也说：

> 国之不可小，有备故也。

而且，同年楚人面对郑国也说：

> 土不可易，国不可小。

直到春秋晚期的哀公二年，赵简子还在感叹"国无小"，对小国犹存忌惮。须知，楚国以及赵简子主政的晋国可是当时的所谓霸主，他们都不约而同地持"国无小"的认识，都说明彼时大、小国的力量对比还没到一边倒的地步，小国的力量并不是无足轻重的。但至战国之世，实力已经变成王道，大国们都务在"战胜攻取"，小国的生存环境已经危如累卵了。像整理《战国策》一书的刘向就指当时的潮流是诸强们"并大兼小"，连大国都要被兼并，小国还在话下吗？在"以攻伐为贤"的时代潮流下，这时的大国如何能屑于在小国面前"低三下四"地"大国以下小国"？一个例证是，战国之世的《孟子》书曾提到小国之君滕文公曾经问他："滕，小国也；竭力以事大国，则不得免焉，如之何则可？"老子此章不是强调小国要谦下"事大国"吗？现在

---

① 辞例上，此处与今本《老子》63章"是以圣人犹难之，故终无难"绝类。

的情况则是无论你怎么"竭力"去"事",都"不得免",正所谓:"强者善攻而弱者不能自守。"①这正昭示此时小国在大国面前已经是无足轻重的。春秋、战国时小国处境的差异,是我们理解《老子》此章"小国"之生存策略的很好参照。

二、春秋盟主政治下周礼 犹存时的大、小国关系

当然,春秋时期小国实力不可小觑,这只是大国尤其是霸主不敢像战国时那样对小国肆意兼并的一个原因。另一方面,可能也是更重要的原因,则是春秋之时旧的周礼传统犹有浓厚的影响,这是束缚住大国乃至霸主们手脚甚至对小国也要礼数周全的主要因素,而战国的雄主们则早已无此羁绊。

春秋自齐桓开始的霸主政治其实在相当长的一段时期内犹秉周礼,而且维护周的法统和礼序。②关于这一点,传统上,学者总习惯认为霸主是对周王权体制的挑战,这种看法其实是不全面的,也并非"霸(伯)主"一词的本来涵义。首先,霸主并非春秋时期的新生事物,而是古已有之的,如《国语·郑语》提到"昆吾为夏伯,大彭、豕韦为商伯","伯"即"霸"也,这说明所谓霸主夏、商时早已有之。其次,所谓霸主,从理论上说,都是应该得到周天子策命才能名副其实的。《周礼·春官·大宗伯》记载周天子会根据诸侯功劳的大小,进行等级化的赏赐,所谓"一命受职,再命受服,三命受位,四命受器,五命赐则,六命赐官,七命赐国,八命作牧,九命作伯",从这里来看,所谓霸(伯)主,不过是受赏最隆重的诸侯罢了。这从法理上也进一步确认了"霸主"虽名称强悍,其实从体制上说他依然是从属于王权体制的。所以我们看到城濮之战虽然晋国获胜,取得霸权,但仍然需要天子策命这样一个程式(践土之会)。正因为霸主仍然是从属

---

① 《战国策·赵策三》"秦攻赵于长平"章。
② 关于这一点,晁福林先生曾有详尽举证,可参其著《春秋战国的社会变迁》(商务印书馆,2011年)第四章第四节之论述。

于周代王权体制的,所以在春秋相当长的时间内,霸主不唯尊事周天子,即所谓"天子之命,犹有所行"①,而且,霸主及所行会盟很多时候还起到宣示旧章、维持礼制秩序之作用。如:

僖公元年:"凡侯伯,救患、分灾、讨罪,礼也。"

僖公七年:"臣闻之,招携以礼,怀远以德,德礼不易,无人不怀。"

成公八年:"大国制义,以为盟主。是以诸侯怀德畏讨,无有贰心。"

襄公四年:"我德则睦,否则携贰。……诸华必叛。"

襄公二十七年:"诸侯归晋之德只,非归其尸盟也。子务德,无争先!"

由上述记载看,小国能够尊事盟主,很多时候因为盟主就代表王权,因此也代表周礼传统下的德、礼、义。而且,"救患、分灾、讨罪"这样扶危济困的功能还表明,在春秋乱世王权式微的情况下,维护周礼的霸主无疑还是古道热肠的,这也和战国以降专以兼并攻取为业的大国们明显不同。襄公二十八年子产提到大国到小国去有"五美",即"宥其罪戾,赦其过失,救其灾患,赏其德刑,教其不及。小国不困,怀服如归。"所谓"小国不困,怀服如归",说明这种情况下小国对大国有突出的归属感。襄公十九年鲁国季武子对晋的范宣子也说:

小国之仰大国也,如百谷之仰膏雨焉。若常膏之,其天下辑睦,岂唯敝邑?

我们觉得,季武子的话并非全出于辞令。因为在这种周礼传统尚有强劲影响的盟会体制下,霸主所主导的盟会本身往往还有安定和庇护小国的功能,正如昭公十三年子产云:

诸侯修盟,存小国也。

昭公十一年当晋国面对楚接连灭陈、亡蔡时无动于衷,晋荀吴对执

---

① 刘向:《战国策书录》。

政的韩宣子大表愤慨:

> 为盟主而不恤亡国,将焉用之。

僖公二十一年鲁僖公之母成风说:

> 崇明祀,保小寡,周礼也。

鲁国虽非霸主,但成风的话表明,扶助弱小,确实是周礼传统下大国对小国的责任。其中齐桓主盟时复卫、救邢可为明证。即使是晋之文、襄以下,同样不乏频频为小国筑城的善举和热肠。当然,大国对小国有安定和庇护的责任,小国对大国也同样有特定的义务,比如要定期向大国行聘献和职贡之礼。如宣公十四年孟献子说:

> 臣闻小国之免于大国也,聘而献物,朝而献功。

再如襄公八年郑国的子驷也说:

> 敬共币帛,以待来者,小国之道也。牺牲玉帛,待于二竟,以待强者而庇民焉。

除此之外,小国还要恪守盟会之约,谨守礼仪,对于大国诚信不欺。如成公十八年鲁国的臧武仲说:

> 事大国,无失班爵而加敬焉。

襄公八年郑国子展也说:

> 小所以事大,信也。小国无信,兵乱日至,亡无日矣。

又如襄公二十二年晋国的栾盈因国内倾轧出亡,欲奔齐,晏婴建议齐侯不要接纳他,因为不久前的晋、齐在商任之会上有约定,违反了就不道德:

> 小所以事大,信也。失信不立,君其图之。

这些都说明小国"事"大国有道,那就是恪守信义。再如襄公二十六年郑伯出访晋国回来后又赶紧让子西到晋国聘问,子西到晋国说的话备极谦恭:"寡君来烦执事,惧不免于戾,使夏(即子西——引者按)谢不敏。"用今天的话说就是:我们国君来麻烦执事了,担心有

57

什么罪过,特地让我过来就礼节不周到的地方表示歉意。其实,郑伯上次是和齐侯一起去的晋国,主要是为被晋囚禁的卫侯说情,而且说情的方式也非常委婉而文雅——宾主皆赋《诗》言志,最终皆大欢喜:晋释卫侯,而且晋之叔向还对郑伯的随从子展评价很高。应该说晋并没有什么不满意,但郑伯回国依然让子西回去聘问,而且备极谦恭,因此《左传》的"君子曰"评价说:

> 善事大国。

也就是说郑国善于和大国相处。怎么样"善于"呢?杜注谓"将求于人,必先下之,言郑所以能自安"[①]。所谓"必先下之",与《老子》此章"小国以下大国,则取大国"惊人一致。郑国对盟主晋国执礼甚恭而最终受到好评,这同样昭示《老子》此章相关设计的年代学痕迹。另外,襄公二十三年齐侯拟趁晋国栾氏之乱而伐晋。当时的齐国,早已不复齐桓之时的威势,所以崔杼劝谏说:

> 臣闻之:"小国间大国之败而毁焉,必受其咎。"

襄公十九年,鲁国季武子用从齐缴获的兵器作林钟以表功,臧武仲劝谏说:

> 小国幸于大国,而昭所获焉以怒之,亡之道也。

此两例都说明小国不能钻大国的空子而投机取巧,这等于从反面对小国的行为进行了规范,而且,崔杼的话用了"臣闻之",说明这在相当的程度上已成为当时的"共识"。

另外,襄公二十八年蔡侯路过郑国,郑伯尽心招待,但蔡侯"不敬",联系到上次蔡侯过郑时郑人善待之但其人"傲",子产评价说:

> 君小国事大国,而惰傲以为己心,将得死乎?

所谓"惰傲",即怠惰、傲慢之意。蔡这样的小国,其君却如此无礼,无疑是取死之道。有意思的是,上博竹书《曹沫之阵》亦载"小邦"与"大邦"的相处之道,其一则曰:"小邦处大邦之间,敌邦交地不

[①] 尹振环文亦注意到此则材料,但所引杜注作"将求于人,必先下之,然后自安",并不准确。参尹著第144页。

可以先作怨。"表明"小邦"在与"大邦"为邻时应谨慎自守,实即上文的不能"幸于大国";其二又主张小国"因纪(系)于大国,大国亲之……"①,这是主张小国要结援大国以自重,也与春秋时很多小国因参与齐桓、晋文等的会盟声势日隆相仿佛。②

上述春秋时期盟主政治下大、小国之间的双向义务,时人还经常用一个词概括,那就是"事大字小":一方面小国要尊事大国,但同时大国又要慈爱小国。③ 如昭公十六年子产说:

侨闻为国非不能事大字小之难,无礼以定其位之患。

再如昭公三十年郑国的游吉提到:

诸侯所以归晋君,礼也。礼也者,小事大,大字小之谓。字小在恤其所无。

按照"礼"的要求,一方面要"小事大",即小国服事大国,但另一方面大国也要对小国慈爱,尤其还强调"字小在恤其所无",这种古道热肠对于战国时势的大国来说也是不可想象的,却倒是非常符合《老子》此章所讲的大、小国之间要彼此互敬互让。类似言论还见于春秋晚期的哀公七年,鲁国季康子欲伐邾,征求大夫们的意见,子服景伯劝谏说:

小所以事大,信也;大所以保小,仁也。背大国,不信。伐小国,不仁。……禹合诸侯于涂山,执玉帛者万国。今其存者,无数十焉,唯大不字小,小不事大也……

子服景伯的话把大、小国之间彼此的义务说得更为明晰:小国事大国要秉之以信;大国同时也要保护小国,这则是仁。而且,他还把从禹之时诸侯万国的盛况到当时存者"无数十"的演进轨迹,归结为大、小国之间这种双向义务的废弃,所谓"唯大不字小,小不事大

---

① 《曹沫之阵》释文参王青:《上博简〈曹沫之阵〉疏证与研究》,北京师范大学出版社,2017年,第308、311页。
② 学者判断《曹沫之阵》的底本形成于春秋时期,是有道理的,参王青:《上博简〈曹沫之阵〉疏证与研究》,第332页。
③ 《左传·成公四年》:"楚虽大,非吾族也,其肯字我乎?"杜注:"字,爱也。"

也"。循此我们再来读《老子》此章的"大国以下小国,则取小国;小国以下大国,则取大国",不正是有强烈针对性的治世设计吗?顺便要提到,与《老子》这种强调大、小国之间的双向义务类似,《周礼》一书也多有其说。如《夏官·形方氏》云:"使小国事大国,大国比小国",前一句"小国事大国"这与《老子》所云及上举《左传》比比皆是的记载一致,而"大国比小国",郑玄注:"比犹亲也。"也就是说大国要亲比小国。《夏官·大司马》之职还说"比小事大以和万邦",学者以为此"比小事大"即《形方氏》之"小国事大国,大国比小国"的概括,而《职方氏》之"大小相维"亦属此义,①是很正确的。《周礼》的这些记载,说明大、小国之间也是有着双向义务关系。唐贾公彦对于《周礼》这种"比小事大"的关系,曾引春秋时史实为证:"按《春秋》,有小国朝大国,大国聘小国。故郑云使大国亲小国,释经比小;小国事大国,释经事大。"②贾疏以春秋史实比况《周礼》的记载还是很有眼光的。《周礼》一书的成书年代向为聚讼纷纭之问题,但晚近以来对此问题学者间已渐趋取得共识,那就是它虽然成书于战国,但应该离春秋时较近,或者说对春秋或更早时期的史实还比较谙熟,③因此可视为对彼时历史的摹写。准此,则其中大、小国关系记载的年代学特征,不是很明显的吗?

正是由于春秋盟主政治下大、小国间存在上述双向义务,而且彼时周礼传统犹存,所以即使是晋、楚这样贵为霸主的大国,也并不能为所欲为。当小国不归附时,主流的舆论不是要求大国炫耀武力,而是修德、行礼等柔性手段。这其实正是老子此章所讲的大国也要"下小国"。如襄公九年晋与郑盟,晋国盛气凌人,士庄子直接

---

① 孙诒让:《周礼正义》,中华书局,1987年,第2701页。
② 孙诒让:《周礼正义》,第2284页。
③ 如刘起釪先生向以"疑古"为职志,但也承认《周礼》一书"至迟必成于春秋前期"(《古史续辨》,中国社会科学出版社,1991年,第642页),沈长云等先生亦认为《周礼》成书当在春秋末期或战国前期,总之离春秋时世极近(《春秋官制与〈周礼〉比较研究——〈周礼〉成书年代再探讨》,《历史研究》2004年第6期)。最新的研究则有郭伟川的《〈周礼〉制度渊源与成书年代新考》(国家图书馆出版社,2016年),主《周礼》成书于战国早期魏文侯之时,总之离春秋也很近。

由《左传》所载史实论《老子》中大、小国关系的年代学特征

在载书中要求郑国"唯晋命是听",但郑国的公子騑针锋相对,巧妙地将载书之辞修饰为郑国要听命的是"有礼与强可以庇民者",突出"礼"。晋国的荀偃当然不满意,竟然要求郑国改载书。连晋国的知䓨都觉得他的要求无礼,因此劝谏说:

> 我实不德,而要人以盟。岂礼也哉?非礼,何以主盟?姑盟而退,修德、息师而来,终必获郑,何必今日。

知䓨的话表明,当时作为盟主的大国,仅有威势还不行,"德"与"礼"同样重要,无此甚至都不能"主盟"。另外,襄公四年还记载陈叛楚,楚本可以讨伐,但听闻陈国有丧(陈成公去世),立马息兵。但陈国人依然不思悔改,臧武仲评论说:

> 大国行礼焉,而不服,在大犹有咎,而况小乎?

臧氏话的逻辑是,大国如果能够守礼,那简直是不可抵挡的,连大国都不在话下,何况小国呢?此与上一例讲晋"修德"才能"获郑",精神显然是一致的。晋、楚为南北两大霸主,而一要"修德",一要"行礼",这只有在旧的周礼传统犹有浓厚影响下才是可能的。① 前揭徐志钧先生提到当时大小国的相处原则,很多都属"礼"的范畴,② 可谓卓有洞见。另外,宣公十二年晋之随会也说:"柔服,德也";襄公二十二年子产批评晋人跋扈,而且拿楚国作对比说:"楚人犹竞,而申礼于敝邑"——尽管楚国很强大,但依然对我们用礼(不用强硬手段),所以郑国才愿意归附。凡此与《老子》此章所讲的"大国以下小国,则取小国"的精神也是一致的。

正因为此时舆论认同大国主盟应该多用德、礼等柔性手段,因此无故伐小国、恃强凌弱也是不道德的,所谓"强以克弱而安之,强

---

① 古棣、周英也注意到春秋时期列国关系多言"礼",但认为此时"礼"多为虚文和停留在口头上,是不符合事实的。不过,他们下文也引顾炎武关于"周末风俗"的议论承认"春秋时代的人们和战国时代的人们对于周礼的态度,是有很大不同的"[参见古棣、周英:《老子通》(下),第111页]。这等于委婉承认其时周礼对霸主们的行动确实是有实质性牵制的。
② 徐志钧:《帛书老子校注》,第89页。

不义也"①,《逸周书·武穆》甚至专门说"小国不凶不伐",陈逢衡注"小国不凶不伐,字小也"②,此"字小"即用上举《左传》"事大字小"之义。因此,趁他国有丧而去讨伐也为社会舆论及礼俗所不容。关于前一点,如襄公十九年提到诸侯督扬之盟的主要议题就是:"大毋侵小"。甚至直到春秋晚期的哀公七年子服景伯还说:"伐小国,不仁"。关于后一点,上举襄公四年楚因陈之丧而止伐即是一例。再如襄公十九年,晋士匄侵齐,但"至谷,闻齐侯卒,乃还"。这种情况要放在战国,同样会被指为迂腐。战国推崇的是"地广而兵强,战胜攻取"③,早已没有对"侵小"的忌惮。司马错说秦王时甚至说"故拔一国而天下不以为暴;利尽西海诸侯不以为贪"④,已经是彻头彻尾的强权和实用主义:成王败寇,实力才是王道。此较之上举"强以克弱而安之,强不义也"的话,真的是恍若隔世了,也确实凸显出春秋、战国之世对于强权、实力不一样的价值认识。

三、春秋中晚期大小国关系的变化

上述子服景伯劝谏季康子事在春秋末期,他的话其实还暗示:当时"大不字小,小不事大"的事其实已经不少了。这说明霸主政治也在发生变化。尽管我们上文说霸主政治一开始或在一定时期内,还是从属于王权体制、维护旧的周礼传统的,但春秋中期以后,随着霸主势力的进一步膨胀,以及诸小国的更趋式微,旧的礼制已渐渐不能束缚、节制住霸主们的手脚。这其实也是霸主政治发展的必然结果。如文公十七年郑国子家的话就说:

小国之事大国也,德,则其人也;不德,则其鹿也。……居大国之间,而从于强令,岂其罪也,大国若弗图,无所逃命。

在"小国之事大国"这个事情上,如果大国有"德",则还能把小国当

---

① 《左传·昭公元年》叔向评价楚令尹子围语。
② 黄怀信、张懋镕、田旭东:《逸周书汇校集注》,第327页。
③ 《战国策·秦策一》"苏秦说秦王曰"章。
④ 《战国策·秦策一》"司马错与张仪争论于秦惠王前"章。

"人"看,如果大国"不德",则小国就形同供人宰割的麋鹿走兽。这话不唯昭示盟主政治下大、小国之间和谐关系的脆弱性,也说明盟主政治滑向强权政治的必然性。以曾经充满温情的"事大字小"双向义务原则衡之,春秋中期以后却是大国侵陵小国之事时有发生,而小国因此对大国多生厌憎和猜忌,故而多有离心。比如上面提到,原来在盟主体制之下,小国对大国要有职贡义务,但职贡的数量尚受礼制限制,而且更多是形式上的。但后来大国贪欲无厌,职贡遂越来越重,甚至成为小国的负担。襄公二十二年,郑子产就曾对己国对霸主所承担的过重义务发牢骚:

不朝之间,无岁不聘,无役不从。以大国政令之无常,国家罢病,不虞荐至,无日不惕,岂敢忘职?

所谓"无岁不聘,无役不从"正可见郑国被晋国这样的霸主折腾得焦头烂额,无怪乎当时中小诸侯对盟主们都有轻"币"的呼吁。[1]《左传·昭公三年》郑国游吉曾比较霸主政治的前后不同:"昔文、襄之霸也,其务不烦诸侯,今诸侯三岁而聘,五岁而朝,有事而会,不协而盟。"一方面道出原来的霸主尚多守礼义,另一方面也说明后来的霸主则多"烦诸侯"。昭公十六年当子产面对晋国事无巨细,连一小小的玉环都要来索要时,更是忍无可忍:

夫大国之人,令于小国,而皆获其求,将何以给之?……大国之求,无礼以斥之,何餍之有?

另外,春秋时所行聘礼其实是双向的:小国的确要职贡于大国,但作为礼仪规范,大国同样要回馈小国。但春秋后期,这种情况也发生了变化。如昭公六年季孙宿如晋,晋侯享之,笾豆有加,季氏受宠若惊,推辞说:

---

[1] 《左传》襄公二十四年:"范宣子为政,诸侯之币重。郑人病之。二月,郑伯如晋。子产寓书于子西以告宣子,曰:'子为晋国,四邻诸侯,不闻令德,而闻重币,侨也惑之。'"

>小国之事大国也，苟免于讨，不敢求贶。①

季氏的话虽然不乏外交辞令的意味，但所谓"苟免于讨，不敢求贶"，确实反映了当时大、小国之间力量渐趋失衡的现状。

有人可能会说，战国之世自列国变法图强，特别是七雄特出之后，才充分挤压小国的生存空间，而战国前期则未必如此。果真如此否？我们试以《墨子》一书为例，墨子其人生卒年代尽管迄无定论，但其恰当战国之初是没有问题的。墨子所见大国对小国是否还有上述的"古道热肠"呢？回答是否定的。像《兼爱下》就明确说：

>天下之害，孰为大？曰：若大国之攻小国也，大家之乱小家也，强之劫弱，众之暴寡，诈之谋愚，贵之敖贱，此天下之害。

所谓"大国之攻小国""强劫弱""众暴寡"，较之上举春秋之时盟主们的"崇明祀，保小寡"简直给人一种恍如隔世的感觉，无怪乎墨子称为天下最大的"害"，这昭示历史潮流已有了明显差异。再如：

>《非攻下》篇屡言"天下好战之国""好攻伐之君"；

>《节葬下》篇反复探讨"欲以禁止大国之攻小国"；

>《天志》篇反复申述"天之意"即是"不欲大国之攻小国也，大家之乱小家也……"

>《非乐上》同样痛斥"有大国即攻小国，有大家即伐小家，强劫弱，众暴寡……"

>《鲁问》篇更指出："大国之攻小国也，是交相贼也，过必反于国。"

由上可见，"大国攻小国"几乎成了墨子书中的"关键词"，这侧面也说明了那个时代主要的社会现象和问题（他本人卖力地宣扬"非攻"就绝非偶然）战国之初尚且如此，更遑论后来七雄兼并的时代。顺便说一下，最近公布的清华简《治邦之道—治政之道》②有云"今之

---

① 尹振环氏还举《左传》此年尚有"小不事大，国所以亡"以及"大国会，小国安"云云，今检《左传》，并无此两句，不知尹氏何本。

② 《治邦之道》《治政之道》分属清华简第八、九辑，第九辑出版时整理者认为他们本属完整的一篇，今从之。

由《左传》所载史实论《老子》中大、小国关系的年代学特征

王公以众征寡,以强征弱,以多灭人之社稷,削人之封疆,离人之父子兄弟,取其马牛货资以利其邦国……",从其中的"以众征寡,以强征弱"看,与上举《墨子》屡见的"大国攻小国"近似,有明显的战国特征,故其年代也不会太早。因此,老子此章所提出的大、小国之间温恭有礼,彼此谦下的相处原则,绝不可能是战国之世的写照。另外,既然墨子目睹"大国之攻小国"猖狂如此,我们感兴趣的是,墨子所开列的治世药方是否也如老子般主张彼此谦下呢?墨子非攻寝兵一说广为学者熟知,但此说其实主要是针对不安分的"大国"说的。那墨子对小国又有什么样的建议呢?《墨子·节葬下》说:"凡大国之所以不攻小国者,积委多,城郭修,上下调和,是故大国不耆攻之。"也就是说真正能让大国不敢轻举妄动的,并非像《老子》此章所讲的小国要一味地谦下,而是要自己"积委多,城郭修",丢掉幻想,自强才能图存。① 再如《墨子·备城门》篇,当禽滑厘问"吾欲守小国,为之奈何"时,墨子给出的同样是实实在在、真刀真枪的御城之法。这些让小国也要武装到牙齿的建议,与老子此章所讲及春秋盟主政治下小国的生存策略是显然有别的。另外,我们都知道主仁义、尚王道的孟子学说在战国之世是"迂远而阔于事情"、不周世用的,但孟子也并非绝对的昏聩、冥顽不灵之辈,他对当时的时局还是有清醒的认识。当滕文公问他:"滕,小国也,间于齐、楚。事齐乎?事楚乎?"在大国间如何取舍呢?号称迂腐的孟子这时倒非常现实:

是谋非吾所能及也。无已,则有一焉:凿斯池也,筑斯城也,与民守之,效死而民弗去,则是可为也。②

所谓"凿斯池也,筑斯城也",同样是丢掉幻想、自强图存之举。顺便说一句,孟子对于大、小国之间的相处原则,还有两说比较知名,那就是:

---

① 有意思的是,《左传》襄公三十年子产预言陈国没什么前途,原因之一竟与墨子此处类似,即"聚禾粟,善城郭",也就是说战国之世认可的自强之举,春秋时却不被认同。子产认为陈国要解决的根本问题是"公子侈,太子卑",这种乱象无疑是僭越,恰说明在子产那里对礼制的遵守才是首要之务。
② 《孟子·梁惠王下》。

> 惟仁者为能以大事小……惟智者为能以小事大。①
>
> 天下有道,小德役大德,小贤役大贤;天下无道,小役大,弱役强。②

"仁者"才能"以大事小",但战国诸强之君谁是这样的"仁者"呢?倒是如前所述当春秋之时周礼传统犹存,当霸主们尚深受柔性的"德""礼""义"影响的时候,这才是可能的。而周礼传统犹存,风雅朝聘尚盛,不正是相对的"有道"之时吗?而"小役大,弱役强"这样弱肉强食、恃强凌弱的现象也正是战国之时的写照。犹记司马迁论孟子学说的不周世用时曾有段精辟的话:

> 当是之时,秦用商君,富国强兵;楚、魏用吴起,战胜弱敌;齐威王、宣王用孙子、田忌之徒,而诸侯东面朝齐。天下方务于合从连衡,以攻伐为贤,而孟轲乃述唐、虞、三代之德,是以所如者不合。③

此处对秦、楚、魏、齐等大国所追求的东西与孟子学说之间的矛盾有精炼的概括。一句"所如者皆不合",已足以说明战国之世雄主们所竞尚的早已非盟主政治下仅存的那种温恭、谦让。关于春秋、战国时期周礼风尚存废之异,近世学者多艳称顾炎武的"周末风俗":"春秋时犹尊礼重信,而七国则绝不言礼与信矣;……春秋时犹严祭祀重聘享,而七国则无其事矣。"④其实,刘向整理《战国策》时早已对此有深切体会,他说春秋之时,"犹以义相支持,歌说以相感,聘觐以相交,期会以相一,盟誓以相救。天子之命,犹有所行;会享之国,犹有所耻。小国得有所依,百姓得有所息";而战国之时,则是"礼义衰矣……捐礼让而贵战争,弃仁义而用诈谲,苟以取强因而矣。……遂相吞灭,并大兼小,暴师经岁,流血满野;父子不相亲,兄弟不相亲,夫妇离散,莫保其命,湣然道德绝矣"。⑤ 细心的读者可能注意到,刘氏讲春秋、战国之时周礼风尚的存废之异,其中还专门提到"小国"的生存状态,

---

① 《孟子·梁惠王下》。
② 《孟子·离娄上》。
③ 《史记·孟子荀卿列传》。
④ 顾炎武:《日知录》卷十三。
⑤ 刘向:《战国策书录》。

春秋时是"小国得有所依",而战国时小国完全像待宰羔羊,以此反观老子此章之设计,其属于何时代,不是很明显的吗?

四、关于《老子》大、小国"不过欲"的理解问题

既明了春秋、战国之时大、小国关系的上述差异,我们还想谈一下《老子》此章中"大国不过欲兼畜人,小国不过欲入事人"两句的理解问题。传统上,学者大多在"过"与"欲"之间断句,将"不过"理解成今之"无非",隐有"仅此而已"之义。[①] 另外,对于大国的"兼畜",学者或理解为"兼有",或直接理解成战国之世的"兼并",因此将此句翻译成"大国无非是想兼并别人"——这简直匪夷所思!难道大国兼并别人还是正当的?而且,既主张大国要谦下,那"兼并别人"怎么还能算谦下?这明显矛盾。就笔者所见,关于老子此两句的意蕴,唯有张松如先生的理解最符老子本义。张氏将此两句翻译成"大国不过分贪求兼并别人,小国不过分追求顺从别人"[②]。也就是说,此处大小国的两个"不过欲",不应该理解为"不过—欲",而应该理解为"不—过欲",即大、小国虽各有诉求,但不能追求过度、过分!而且,以《老子》一书自证求之,其多言"无欲""不欲""寡欲",均强调对"欲"的克制。郭店楚简本相当今本46章甚至说"罪莫大于甚欲"[③],"甚欲"与"过欲"同义。《老子》此章是说大、小国都"不—过

[①] 理解成"无非"的有任继愈(《老子绎读》,第336页)、尹振环(《帛书老子释析》,第146页)。另外,陈鼓应(《老子注译及评介》,第302页)解成"不过要",古棣、周英《老子通》(上)(第533页)解成"不过是",张松辉(《老子译注与解析》,第188)亦同。高亨翻译成"子男附庸之邦,但求能事大国不被吞并而已"(《老子正诂》,第92页),"但求……而已",明显也是理解成"无非"。学者如此理解可能受王弼影响,王弼此注作"小国修下,自全而已,不能令天下归之。大国修下,则天下归之。""自全而已"云云,依稀与"无非"义同。

[②] 张松如:《老子说解》,第331页。

[③] 今本"甚欲"作"可欲",学者已经指出,"可"与"甚"在战国文字中字形相近,"可"乃"甚"之形讹。参禤健聪:《〈老子〉"罪莫大于可欲"校读》,《中山大学学报》2021年第5期。

欲",即双方都要控制欲望,不使恣意发展,这样才能"各得其欲"。

那如何理解老子所主张的大国不能"过欲""兼畜"别人,小国不能"过欲""入事"别人呢?笔者觉得这仍然是春秋时期盟主政治的反映。盟主政治的实质关键在于"合诸侯",也就是大国把一些中小国家邀集过来,参加己方的同盟集团,进而附属于自己。但问题是,当可以做"霸主"的国家不止一个或者大国之间势均力敌的时候,这就难免陷入争夺:霸主们都希望拉拢更多的国家归附自己。联系齐桓公以后的春秋史,晋、楚争霸可以说是春秋史的主旋律,两国都希望有更多国家参加自己主导的会盟,尤其是处在两国之间小国如宋、郑、陈、蔡、许等更常在争夺之列。与此相应,当原属一方的小国倒向另一方,小国往往要受到讨伐。襄公八年,郑国内部对从晋还是从楚产生分歧:子驷、子国、子耳欲从楚,子孔、子蟜、子展欲待晋,最终从楚的一方占了上风,"乃及楚平"。但郑国也深知得罪晋国的后果,因此必须要把倒向楚国的理由给晋人一个合理的解释,遂派王子伯骈到晋人那里大施外交辞令:

(楚)焚我郊保,冯陵我城郭。敝邑之众,夫妇男女,不遑启处,以相救也。翦焉倾覆,无所控告。民死亡者,非其父兄,即其子弟,夫人愁痛,不知所庇。民知穷困,而受盟于楚,狐也与其二三臣不能禁止。不敢不告。

王子伯骈把被迫与楚平的缘由说得悲悲切切。但晋国知武子一眼就看穿郑国的虚伪,派行人子员回复说:

君有楚命,亦不使一介行李告于寡君,而即安于楚。君之所欲也,谁敢违君?寡君将帅诸侯以见于城下,唯君图之!

所谓"将帅诸侯以见于城下",晋国之强硬可谓跃然纸上,简直是对郑倒向楚的赤裸裸武力威胁。果不其然,第二年晋国就纠合鲁、宋、齐、卫、曹、莒、邾、滕、薛、杞、小邾等十一国讨伐郑。郑国大恐,乃与晋行成,反过来又招致楚的讨伐。又如昭公三年:"郑罕虎如晋,贺夫人,且告曰:'楚人日征敝邑,以不朝立王之故。敝邑之往,则畏执事其谓寡君而固有外心。其不往,则宋之盟云。进退,

由《左传》所载史实论《老子》中大、小国关系的年代学特征

罪也。'"所谓"进退,罪也",生动地昭示小国夹在霸主间进退两难的生存状态。诸如此类,我们甚至可以说,春秋盟主时代的战争很多都是由于霸主们争夺小国而引起的,此是天下动荡的根由。盟主们都希望争夺更多国家从属于自己,动辄纠合十数国会盟,甚至颐指气使地频频向一些中小国家"征会""征朝",如对方不顺从则同样讨伐之。按之《左传》,这种因争夺与国而导致的战争可以说俯拾皆是:

僖公三十年:"九月甲午,晋侯、秦伯围郑,以其无礼于晋,且贰于楚也。"

僖公三十三年:"晋、陈、郑伐许,讨其贰于楚也。"

文公九年:"郑及楚平。(鲁)公子遂会晋赵盾、宋华耦、卫孔达、许大夫救郑,不及楚师。……夏,楚侵陈,克壶丘,以其服于晋也。秋,楚公子朱自东夷伐陈,陈人败之,获公子伐。陈惧,乃及楚平。"

宣公十年:"郑及楚平。诸侯之师伐郑,取成而还。"

成公九年:"秋,郑伯如晋。晋人讨其贰于楚也,执诸铜鞮。"

成公十一年:"晋人以(鲁)公为贰于楚,故止公。公请受盟,而后使归。"

襄公五年:"冬,诸侯戍陈。(楚)子囊伐陈。十一月甲午,会于城棣以救之。"

昭公十三年:"(鲁)公不与盟。晋人执季孙意如,以幕蒙之,使狄人守之。"

上述晋、楚等大国都务求争夺更多中小国家,希望更多中小国家附属于自己,晋、楚为此遂争斗不息,这应该就是《老子》此章"过欲""兼蓄人"之所指。

大国之"不过欲"即如上述,那小国之"不过欲""入事人"又是何指呢?揆诸春秋晚期的史实,我们认为,这等于是告诫小国:不能一味满足大国的无厌贪欲,过于倒向某一大国,尤其把己之存亡系之大国就更不可取,要始终保持自己的相对独立性。文公十七年晋侯因为怀疑郑国与楚国勾结,故意不见郑伯,郑国子家派人送信到晋国说:

69

《老子》探源与古义新证

> 在位之中,一朝于襄,而再见于君。夷与孤之二三臣相及于绛,<u>虽我小国,则蔑以过之矣。今大国曰:'尔未逞吾志。'敝邑有亡,无以加焉</u>。

子家的话满腹牢骚,尤其是道出郑国"服事"盟主晋国的屈辱与不易:"一朝于襄,而再见于君。夷与孤之二三臣相及于绛。"郑国于晋简直是服服帖帖,仆仆于道路,实在是可怜。但即使这样,晋国仍然不满意,所谓"未逞吾志",那这样的话,郑国只有灭亡一途了,所谓"敝邑有亡,无以加焉"。这种冷酷的现实愈加说明,对大国的欲望是不能一味满足,即"过欲""入事人",屈辱是换不来尊重与和平的。另外,前举子产拒绝晋国索玉环一事,同样提到"大国之求,无礼以斥之,何餍之有?"即不能无限制地满足大国的贪欲,否则又是"过欲""入事"的问题。此外,关于小国不能过度依赖、服事大国,昭公元年还有一则生动的事例。此年楚国的公子围和伍举到郑国聘问,且公子围准备娶郑国公孙段家女子为妻。但既然娶妻楚人就要入郑都城行"亲迎"之礼,而公子围又带着手持武器的兵众,所以子产非常担心楚人没安好心,会趁入城的机会趁机取郑。因此派人捎话不许楚人入城,而是让楚人临时在城外清理出一块埻以行礼仪。此种做法让楚人很是生气,专门派伯州犁质问,而郑国行人子羽的回复可谓一针见血:

> <u>小国无罪,恃实其罪。将恃大国之安靖己,而无乃包藏祸心以图之</u>。小国失恃而惩诸侯,使莫不憾者,距违君命,而有所壅塞不行是惧!

所谓"小国无罪,恃实其罪",也就是说对于小国来说,最大的威胁和问题就是过于仰恃大国。因为愿望与现实有时是存在距离的,"将恃大国之安靖己,而无乃包藏祸心以图之",对大国太过"交心",即老子所谓"过欲入事人",有时反被包藏祸心的对方趁机吞并。子羽的话应该准确地道出了双方的心态。有意思的是,这事最后的收场方式是:"伍举知其有备也,请垂櫜而入。""垂櫜而入"即向郑人展示装武器的袋子都空着,也就是不携带武器。这样郑人才放心让其入城。这说明郑行人子羽的话直指楚人要害,而楚人也确实没安好

70

由《左传》所载史实论《老子》中大、小国关系的年代学特征

心。所谓"将恃大国之安靖己,而无乃包藏祸心以图之",多么精彩的分析! 然则大国安可"恃",安可"过欲入事"乎? 我们觉得此一例很好地诠释了老子此章为何说小国不要"过欲入事人"的问题。因此,《老子》此章的"不过欲兼畜人""不过欲入事人"对于春秋时盟主政治下的大、小国是有强烈针对性的:大国不能欲望无已,汲汲于纠集更多盟国遂致引起争端;小国在与大国的交往中,也要坚持一定原则,不能一味"入事"而反遭鱼肉。准此,则《老子》此章下文的"皆得其欲",当可理解为"其欲皆得",依古音学"得""中"互训之例,①实即"其欲皆中",即指大、小国的欲望都要适可而止,而一旦"过欲",于大国则会引起纷争,于小国则会丧失独立性,不但自己的安全无法保障,同时也会助长大国的"兼畜人"。又,《逸周书·武称》开篇云"大国不失其威,小国不失其卑",对大、小国双向的告诫与《老子》此章略近,学者解为"秉德不黩武则不失威,以礼事大则不失卑"②,所谓"以礼事大则不失卑"与《老子》此章为小国设计的"不过欲入事人"即强调小国的独立性正可互相发明。

从《礼记·曾子问》来看,老聃与孔子并时而年辈略长,令孔子扼腕的春秋乱世,老聃自然也不能无感。老聃作为周守藏室之史,对过去周礼犹存时盟主们古道热肠的掌故旧闻肯定非常谙熟,他由春秋晚期霸主跋扈不守周礼、对小国多有侵陵之事实,回想当初盟主政治下大小国和睦相处的温馨,遂有此章大小国和谐相处之设计,应该是顺理成章的。相反,战国之世,小国的实力已无足轻重,且时代风尚也是以"攻伐为贤",视仁义、王道为迂腐,如此境况,怎么能要求大国再对小国谦下、礼让? 有鉴上述,笔者以为《老子》此章所反映的只可能是春秋时代,而不可能是战国之世。

---

① 参钱大昕:《十驾斋养新录》,江苏古籍出版社,2000年,第109页。
② 黄怀信、张懋镕、田旭东:《逸周书汇校集注》,第85页。

早期文献中的"老成人"言与《老子》思想的渊源

——兼说《金人铭》《老子》的文本性质及思想关联问题

晚近出土文献特别是清华简中大量先秦佚籍的公布,大大拓宽了我们的先秦文献视野,从而使此前一些悬而未决的问题获得了继续推进的契机,像《老子》一书的文本性质和年代学的问题就是如此。《老子》一书虽然此前亦有马王堆帛书(甲、乙本)、郭店楚简本以及晚近的北大汉简本,但这些出土古本其实更多地是解决《老子》一书"相对年代"问题,比如此书的形成过程以及近代一度有学者主张的此书"晚出"。至于其书"绝对年代"的研究能够利用的材料其实很有限,学者利用较多的《庄子》以下文献与《老子》还存在明显的时序落差,其对于《老子》年代研究的说明力无疑是要打折扣的。这正彰显出土材料的重要价值:这些出土文献不仅文体多样,内容丰富,而且其时序从语言艰涩的西周"书"类文献到文风相对明晓流畅的诸子文献都有所涵盖,尤其是其中还不乏久已佚失的珍贵典籍,这无疑给推进包括《老子》在内的传世文献的研究提供了难得的契机。本文关注这些出土文献中的"老成人"言,即"老成人"所说的话,我们认为这些"老成人"言,不唯措意于儆戒、忧患的精神气质与《老子》每多相类,即文体形式也多有近似处,这对于我们思考《老子》一书的文本性质、思想渊源和年代学特征都是极有价值的。

一、周代儆戒、箴训类文献及其内容要素

清华简第三辑收录了《芮良夫毖》《周公之琴舞》两篇珍贵佚籍,内容非常重要,自公布以来,颇受各方学者重视。我们感兴趣的是这两篇文献的功用及精神气质。《周公之琴舞》因与《周颂》接近,目

前多数学者将其归入"诗"类,但《芮良夫毖》目前究竟是归入"诗"类还是"书"类,学者间还有不同意见。不过,我们认为两篇在功用及精神气质上是十分相近的。所谓"功用"就是它们都意在儆戒,所谓"精神气质",就是它们都有强烈的忧患意识。关于儆戒的功用,李守奎先生当初在讨论《周公之琴舞》时即已指出:"儆毖是就诗的内容特点和功能作用而言,其内容主要是自戒或戒人,惩恶劝善,有所作为。"并论与此篇接近之《敬之》,毛传以为"群臣进戒嗣王也"。嗣王为成王,古今无异说,"群臣进戒"不一定正确,但诗意在"戒"则是对的。"总之,儆戒是周初文献中最常见的内容,这种内容的颂诗很可能就称作'毖'或'儆毖'。"①我们称其功能为儆戒,李文则称其为"儆毖"。有意思的是,《芮良夫毖》本身即称"毖"。关于"毖"之文体,整理者赵平安先生曾经有过很好的分析,其引王念孙解"毖"为"皆戒敕之意也",且引《周颂·小毖》"予其惩,而毖后患"(今之"惩前毖后"),均意在说明"毖(毖)"这样一种文体②其功用主要在劝勉、规诫。《芮良夫毖》文中甚至直接说"道读善败,卑匡以戒""谋猷惟戒",屡言"戒"。其中又云"凡维君子,尚监于先旧","监"亦"戒"也。也就是说,尽管对于《芮良夫毖》是入《诗》还是入《书》,迄无定论,但要说这两篇的功用主要措意于儆戒恐怕是没有疑问的。至于两篇的忧患意识,《周公之琴舞》篇有云:"訖(迄)我佣(夙)夜,不兔(逸)敬(儆)之""严余不解(懈),业业畏载(忌)"。③《芮良夫毖》篇也有:"天猷威矣""尚桓桓,敬哉!顾彼后复""恪哉毋荒!畏天之降灾,恤邦之不臧""寇戎方晋,谋猷维戒""天犹威矣,舍命无成""呜呼畏哉,言深于渊,莫之能测""民多艰

---

① 李守奎:《清华简〈周公之琴舞〉与周颂》,《文物》2012年第8期。以下凡引李说均见该文。
② "毖"字,赵平安先生说《尚书》多用"毖",且引《酒诰》"封,汝典听朕毖",并认为"毖应是一种新见的《尚书》体式"。参赵平安:《〈芮良夫毖〉初读》,《新出简帛与古文字古文献研究续集》,商务印书馆,2018年,第260页。
③ 李学勤主编:《清华大学藏战国竹简(三)》,中西书局,2012年,第133页。释文又可参李守奎:《〈周公之琴舞〉补释》,《出土文献研究》第十一辑,中西书局,2012年,第5页。

难,我心不快"。① 或言"俩(夙)夜不解(懈)","弼(弗)敢亢(荒)才(在)立(位)",或言"天猷威矣""顾彼后复",或言"畏天之降灾,恤邦之不臧",或言"言深于渊,莫之能测",等等。他们都强调对邦家治理要夙夜不懈,或措意于居安思危或"天命"难知,但其中所凸显的忧患意识无疑是一望可知的。

其实,周代像清华简《周公之琴舞》《芮良夫毖》这样意在儆诫、饱含忧患之思的文体,传世文献中也是很多见的。前揭李守奎先生文即指出,今《尚书》《逸周书》中多篇即有这种特征:"《周书》中大多数是周公对不同人的儆诫,如周公所作《多士》,是对殷多士的训诫,此处所作的'多士敬毖',应当是对周多士之训诫。《逸周书》中像《皇门》之类周初劝诫之作也多有所见。"《芮良夫毖》本篇中即要求"凡惟君子"对时王应该"胥训胥教,胥箴胥诲",其中"训""教""箴""诲"即多承担劝谏、规诫之功能。与之类似的例子,我们可以看传世文献的下面三则记载:

《左传·襄公十四年》:"史为书,瞽为诗,工诵箴谏,大夫规诲、士传言,庶人谤,……官师相规,工执艺事以谏。'"②

《国语·周语上》:"故天子听政,使公卿至于列士献诗,瞽献曲,史献书,师箴,瞍赋,矇诵,百工谏,庶人传语。近臣尽规,亲戚补察,瞽史教诲,耆艾修之,而后王斟酌焉,是以事行而不悖。"③

《国语·晋语六》:"故兴王赏谏臣,逸王罚之。吾闻古之王者,政德既成,又听于民,于是乎使工诵谏于朝,在列者献诗,使勿兜。风听胪言于市,辨祆祥于谣,考百事于朝,问谤誉于路,有邪而正之,尽戒之术也。"④

这三处记载非常典型,它们把周代名目繁多的儆戒文体进行了

---

① 李学勤主编:《清华大学藏战国竹简(三)》,第145—146页。释文又可参王瑜桢:《〈清华大学藏战国竹简(三)·芮良夫毖〉释读》,《出土文献》第六辑,中西书局,2015年,第184页。
② 杨伯峻:《春秋左传注》,第1017—1018页。
③ 徐元诰:《国语集解》,中华书局,2002年,第11—12页。
④ 徐元诰:《国语集解》,第387—388页。

一个非常详尽的总结：诗、书、箴、诵、诲、谏、谤、谣等等，其中即包括《芮良夫毖》提到的"教""箴""诲"（"工诵箴谏，大夫规诲""师箴……瞽、史教诲"）。虽然名称各异，但诚如《晋语六》所云："尽戒之术也"——其劝诫、规训的功能则是一致的。① 正是由于在儆戒、规训的功能上的趋同性，它们在形式上的分类有时又是相对的，彼此之间时相混用。如《芮良夫毖》虽言"毖"（毖），但学者又以"书"体目之。清华简《周公之琴舞》云"周公作多士儆毖"，亦言"毖"，而学者反多以"诗"视之，这方面最现实的参照就是其中有与今毛诗《敬之》对应的内容。清华简《摄命》篇载时王对伯摄的"毖教"（所谓"朕毖朕教"），体裁却又是册命文体。周代于儆戒之辞的繁富及形式的灵活性，文献中还有两个登峰造极的例子。《国语·楚语上》记载"卫武公年数九十有五矣，犹箴儆于国"，要求臣下"必恭恪于朝，朝夕以交戒我；闻一二之言，必诵志而纳之，以训导我"。所谓"箴儆"及"交戒""训导"云云，其主动接受规诫的"积极性"可见一斑。《楚语上》更称他对规诫的要求几乎达到"如影随行"的地步：

　　在舆有**旅贲之规**，位宁有**官师之典**，倚几有**诵训之谏**，居寝有**亵御之箴**，临事有**瞽史之导**，宴居有**师工之诵**。史不失书，矇不失诵，以训御之，于是乎作《懿》诗以**自儆也**。②

卫武公对儆戒之辞的要求，触目可及，可以说衣、食、住、行无处不在，且其形式中"诵训之谏""亵御之箴"，同样与《芮良夫毖》的"训""箴"相合。而且，卫武公所作的《懿》今天学者多已公认实即《大雅·抑》，最后又被选入《诗》中。无论就上举《周语上》的"列士""献《诗》"，还是就《左传·襄公十四年》的"瞽为《诗》"而言，卫武公的身份似乎均有龃龉，其实不过表明就形式或体裁来讲，它们的区分只是相对的，重要的是其儆戒的功能。与卫武公要求儆戒"如影随行"的登峰造极类似，《大戴礼记·武王践阼》篇也记载武王为"戒书"，于居所遍设"铭"：不只于席之四端为铭，甚至机、鉴、盥盘、楹、

---

① 从这些记载我们也可以看出说周代的规训已经达到很高的制度化，楚国甚至还有"箴尹"之官，专司其职。
② 徐元诰：《国语集解》，第501—502页。

杖、带、履屦、觞豆、户、牖、剑、弓、矛等器用之物都遍设铭，同样是触目可及，无处不在。就其内容来看，则与前述儆戒之辞类似，都是足资鉴戒的话语。① 尤其是，《武王践阼》篇为"戒书"的结果是于居所遍设"铭"，与"箴"无异，这再次说明此类儆戒之辞的形式是"相对"的，而其功能才是"绝对"的，那就是儆戒、敬慎。周人的这种儆戒、敬慎意识孕育出数量庞大、忧患之风浓郁的文体。这类文体，以《逸周书》涉及的篇章最多，也最为集中。比如，以篇名言之，既有"三训"（《度训》《命训》《常训》），又有《文儆》《寤儆》《武儆》《大戒》之类，所谓"训""儆""戒"，其措意于规训、儆戒是显而易见的。有些篇名虽不显，但依书序及篇中所述，同样是此类内容。如《大开》《小开》二篇，《周书序》云："文启谋乎后嗣以修身敬戒。"②同样措意"敬戒"，其中内容如"八儆""五戒"，且反复言"儆我后人""戒我后人"（《大开》），均是显例。《成开》篇书序云"武王既没，成王元年，周公忌商之孽，训敬命"③，强调"夙夜之勤""敬人畏天"。《殷祝》言"征前事以戒后王"④，《周祝》"慎政在微"⑤。《程典》篇本文载"诚在往事""于安思危，于始思终……无违严戒"⑥；《大开武》篇本文说"明戒是祇""夙夜战战"⑦；《大匡》篇本文云"在昔文考战战，惟时祇祇""官戒有敬"⑧。或言"戒"，或言"敬"，其措意于儆戒的目的是很明

---

① 上述卫武公、武王设箴儆之辞的目的主要是自戒，这也印证了前述李守奎先生所云此类儆戒之辞兼"戒人"与"自戒"的功能。再如《左传·昭公三年》叔向引《谗鼎之铭》曰："昧旦丕显，后世犹怠。"此器本属鲁，后归齐，但晋叔向引之，说明其铭一定程度上已经成为"公共知识"（杨伯峻先生在明晓此器在鲁、齐间播迁的情况下，以叔向能引怀疑晋亦有此鼎，其实是未明很多著名的器铭在当时的知识界已经广为流布，实际上已经成为"公共知识"。杨说参其《春秋左传注》，第1237页）。而且，所谓"昧旦丕显，后世犹怠"的话，鉴戒、忧患之风甚浓，与下文将要提到的《金人铭》甚至《老子》语都极类。
② 黄怀信、张懋镕、田旭东：《逸周书汇校集注》，第1124页。
③ 黄怀信、张懋镕、田旭东：《逸周书汇校集注》，第1130页。
④ 黄怀信、张懋镕、田旭东：《逸周书汇校集注》，第1136页。
⑤ 黄怀信、张懋镕、田旭东：《逸周书汇校集注》，第1137页。
⑥ 黄怀信、张懋镕、田旭东：《逸周书汇校集注》，第168、181页。
⑦ 黄怀信、张懋镕、田旭东：《逸周书汇校集注》，第261、270页。
⑧ 黄怀信、张懋镕、田旭东：《逸周书汇校集注》，第368、369页。

显的。另外,晚近清华简《保训》中有"日不足惟宿不详"一语,李学勤先生指出"日不足"应该参酌《诗·小雅·天保》的"维日不足",而且指出《逸周书》中多有此语,如《大开》"戒后人其用汝谋,维宿不悉日不足",《酆保》《小开》"后戒后戒,宿不悉日不足",《小开武》"日正余不足",《寤儆》"后戒,维宿",《文儆》"后戒后戒,谋念勿择",李先生并且认为这些语言"不难看出是训戒文体的习用语"①,点出这类语言乃"训戒"文体的常用语,是非常正确的。而且,毛诗的《小雅·天保》与《逸周书》中这些语词都有出现,也再次说明承担儆戒功能的文体之区别有时只是相对的。

鉴于周代文献中如此丰富的儆、戒内容,学者指出周代有所谓的"训诫"文化传统,②所谓"训诫""儆戒",其义一也。关于上述劝谏、规诫的箴训文体上的特点,学者曾经有过概括:"箴训之辞的内容主要是规诲箴谏,语言多是格言,句式多是以数为纪,风格多是口语。"③除"风格多是口语"外,其他都大体可信。而且,"多是格言","句式多是以数为纪",主要就其形式而言;至于所谓"规诲箴谏",则主要说的是这类文体的功能和精神气质,即它们大多宣扬的是要恭敬、谨慎,慎守勿纵、不能安于逸乐。兹以《芮良夫毖》为例,将其内容总结为五个方面:

1. 要恭敬、谨慎,有强烈的忧患意识。篇中反复言"敬之哉""恪哉无荒""心之忧矣""天犹威矣""民多艰难,我心不快";

2. 告诫君臣不能耽于逸乐,所谓"毋自纵于逸,以遨不图难";

3. "慎言"观念:"言深于渊,莫之能测";

4. 前人经验或格言的引述,所谓"殹先人有言,则畏虑之。或因斩柯,不远其则,毋害天常,各当尔德""民亦有言:谋无小大,而器不再利""天之所坏,莫之能支……";

5. 以史为鉴,知所行止,所谓"彼人不敬,不监于夏商"。④

---

① 李学勤:《三代文明研究》,商务印书馆,2011年,第154页。
② 张怀通:《〈逸周书〉新研》,中华书局,2013年,第353—357页。
③ 张怀通:《〈逸周书〉新研》,第357页下注释1。
④ 《左传·昭公二十六年》引佚《诗》"我无所监,夏后及商。用乱之故,民卒流亡"与此相类。

以《芮良夫毖》上述五点为参照,下面我们将传世及出土文献中一些篇目列出对比,以观察他们之间在内容上的关联。

文献篇目	内容类别				
	1. 敬慎/忧患	2. 戒逸乐	3. 慎言	4. 成语格言	5. 以史为鉴
清华简《保训》	敬哉,毋淫	翼翼不懈		日不足,唯宿不祥	昔前人传宝舜旧作小人微假中于河
清华简《周公之琴舞》	敬之敬之严余不懈,业业畏忌惟克小心夙夜不懈	不逸弗敢荒在位弗敢荒德		昼之在视日,夜之在视晨……(清华简《说命下》同)	叚哉古之人……
清华简《祭公之顾命》	敬恭之汝其敬哉	汝毋湛湛康康,厚颜忍耻		汝毋以戾兹皋睾,无时远大邦。汝毋以嬖御塞尔庄后,汝毋以小谋败大虑,汝毋以嬖士塞大夫、卿士,汝毋各家相乃室	监于夏商之既败,不则无遗后
清华简《皇门》	朕寡邑小邦,蔑有耆耇虑事、屏朕位敬哉,监于兹	弗恤王邦王家,维偷德用		譬如戎夫……譬如梏夫之有媚妻……譬如舟主舟……	我闻昔在二有国之哲王……
《逸周书·芮良夫解》	敬思以德,备乃祸难,难至而悔,悔将安在惟以贪谀为事,不勤德以备难	尔执政小子不图善,偷生苟安	贤智箝口,小人鼓舌我闻曰:以言取人,人饰其言以行取人,人竭其行。饰言无庸,竭行有成。惟尔小子,饰言事王	我闻曰……古人求多闻以监戒,不闻是惟弗知	商纣不道,夏桀之虐,肆无有家

早期文献中的"老成人"言与《老子》思想的渊源

续　表

文献篇目	内　容　类　别				
	1. 敬慎/忧患	2. 戒逸乐	3. 慎言	4. 成语格言	5. 以史为鉴
清华简《郑文公问太伯》	戒之哉	孚淫媱于康,获彼荆宠,为大其宫		古之人有言曰:为人臣而不谏……	吾若闻殷邦,汤为语而受亦为语
《逸周书·寤儆解》	戒乃不兴,忧其深矣……监戒善败,护守勿失	不骄不吝		余闻曰:维乃予谋,谋时用臧	奉若稽古维王……余维与汝监旧之葆
《逸周书·和寤解》	敬之哉!无竞惟人,人允忠惟事惟敬,小人难保			绵绵不绝,蔓蔓若何,豪末不掇,将成斧柯①	
《大雅·荡》	疾威上帝,其命多辟。天生烝民,其命匪谌曾是莫听,大命以倾		流言以对	人亦有言:颠沛之揭,枝叶未有害,本实先拨	殷鉴不远,在夏后之世虽无老成人,尚有典刑
《大雅·抑》	敬慎威仪,维民之则天方艰难,曰丧厥国。取譬不远,昊天不忒。回遹其德,俾民大棘	颠覆厥德,荒湛于酒。女虽湛乐从,弗念厥绍	慎尔出话,敬尔威仪,无不柔嘉。白圭之玷,尚可磨也;斯言之玷,不可为也莫扪朕舌,言不可逝矣。无言不仇,无德不报	人亦有言:靡哲不愚,庶人之愚,亦职维疾。哲人之愚,亦维斯戾	

---

① 《战国策·魏策一》亦载:"《周书》曰:'绵绵不绝,缦缦奈何?豪毛不拔,将成斧柯。'"与此接近。

79

续　表

文献篇目	内　容　类　别					
	1. 敬慎/忧患	2. 戒逸乐	3. 慎言	4. 成语格言	5. 以史为鉴
《大雅·桑柔》	忧心殷殷，念我土宇		听言则对，诵言如醉	人亦有言：进退维谷 维此圣人，瞻言百里。…… 匪言不能，胡斯畏忌	
栾武子之言（《左传·宣公十二年》所记）	训之于民生之不易，祸至之无日，戒惧之不可以息……无日不讨军实而申儆之于胜之不可保	民生在勤，勤则不匮		先大夫子犯有言曰："师直为壮，曲为老。"	纣之百克，而卒无后。训以若敖、蚡冒，筚路蓝缕

我们可以对表中各篇言论关涉的人物或背景略作分析。清华简《保训》为周文王晚年向武王口授治国"宝训"的记录（是否为拟托，姑置不论）。《周公之琴舞》不少内容是周公等臣工对成王的"敬毖"，这一点与《皇门》类似，此篇据《周书序》乃"周公会群臣于闳门，以辅主之格言……"①主要也是周公的言论。清华简《祭公》（亦见《逸周书》）主要内容系老臣祭公临终对穆王的谆谆告诫，这一点与清华简《郑文公问太伯》也类似。此篇据整理者说乃"太伯临终时告诫郑文公的言辞"（"太伯有疾，文公往问之"）。《逸周书·芮良夫解》《大雅·桑柔》，一般都认为是芮良夫的作品，而芮良夫作为周室之重臣也是公认的。《瘠儆》篇据《周书序》，乃"武王将起师伐商，瘠有商儆，作《瘠儆》"②，篇中后段其实还有周公的话。《和瘠》篇据《周书序》，乃"武王将行大事乎商郊，乃明德□众，作

---

① 黄怀信、张懋镕、田旭东：《逸周书汇校集注》，第1131页。
② 黄怀信、张懋镕、田旭东：《逸周书汇校集注》，第1127页。

早期文献中的"老成人"言与《老子》思想的渊源

《和寤》"①,则主要是武王的话。《大雅》之《抑》系"卫武公刺厉王,亦以自警也",它的箴儆意义前文已有论及。至于《荡》之作,则系"召穆公伤周室大坏也。厉王无道,天下荡然无纲纪文章,故作是诗也"②,而召穆公同样为周室之重臣。晋国的栾武子(书)乃晋国名臣,历仕景、厉、悼三公,乃晋国栾氏崛起之重要人物。由此可以看出,上述篇目、言论或出自奋发有为之君,或系之老臣或重臣(考虑到"摄政"的背景,周公的身份实兼"君"与"臣"),他们多阅历丰富,谋略深远。就内容上看,诸篇之间尽管在五大类内容上时有参差,但总体上讲还是有着很大共性。比如它们都不约而同地强调"敬慎""戒惧",形式上对成语及格言也多有利用,并且对历史经验往往非常重视。再比如对"言"的问题也都予以重点关注:或者主张要出言谨慎,所谓"慎尔出话";或者主张对"言"要加以鉴别,所谓"以言取人,人饰其言",而其中凸显的谨慎、敬戒的思想则又是一致的。至于《左传·宣公十二年》所载栾武子的话则尤值得玩味。其时尚处晋、楚邲之战之时,栾书主要陈述晋国不当与楚战的理由,这源于他对楚国长期以来奋发图强的观察:"楚自克庸以来,其君无日不讨国人而训之于民生之不易,祸至之无日,戒惧之不可以怠。在军无日不讨军实而申儆之于胜之不可保……"栾书所述,事起仓促之间,形式上可能与表中涉及的《皇门》《祭公》,甚至《荡》《抑》《桑柔》等篇明显有异——它并非为某事布局命篇——但其所述却又与上述儆、戒类文献多有相合:五存其四,其中所言楚人谨慎戒惧的忧患意识尤为显豁。其中像"纣之百克,而卒无后"又系"以史为鉴";所谓"民生在勤,勤则不匮",其实意在告诫不能耽于逸乐。尤其是,其中既称"训",又称"戒",而"民生在勤,勤则不匮"又系"箴之曰",再一次说明这类文献就其形式或体裁来说是相对灵活的,③而其

---

① 黄怀信、张懋镕、田旭东:《逸周书汇校集注》,第1127页。
② 孔祥军点校:《毛诗传笺》,第409页。
③ 学者曾总结先秦志书源流,认为其体例主要是类似《逸周书·史记》的两段式,即"格言、警句+历史故事"(参张海波先生两文:《先秦志书源流考辨》,《中国典籍与文化》2015年第4期;《先秦志书篇名、体例问题补证》,《中国史研究》2016年第4期),这里的两段式与我们总结的儆、(转下页)

81

措意于儆、戒之功能则是相通的。

二、儆戒、箴训类文献的"老成人"言本质及其与道家思想的关联

上述早期文献中的儆戒、规训之类内容，如果要给他们一个统一的名称的话，我们认为很多都可称为"老成人"言，即"老成人"所说的话。关于"老成人"，《诗》《书》中即已多见。《尚书·盘庚上》："汝无侮老成人，无弱孤有幼。"[1]另外，《尚书·康诰》亦云："汝丕远惟商耇成人，宅心知训"，"耇"即"老"也，故"耇成人"即"老成人"。这句的意思是说"并求商之遗老贤人，亦不远，汝心度量，可以知道矣"[2]。江声："商老成人，商之遗贤，若所谓殷献民也。"[3]学者认为"《史记·卫世家》'必求殷之贤人君子长者，问其先殷所以兴所以亡，而务爱民'，正释此义"[4]，良是。另外，《诗·大雅·荡》亦以商为例，说："虽无老成人，尚有典刑。"郑笺云："老成人，谓若伊尹、伊陟、臣扈之属。"《正义》进一步说："于厉王则周、召、毛、毕之伦也。"如前所言，《荡》之作是"召穆公刺厉王无道"，然则《荡》之篇其实也

（接上页）戒类文献实多有交集，且《逸周书》无论是"志"体还是儆、戒类文献本就最夥。但至于志书体例是否一定是这样的两段式（张氏此说实承王晖先生，其文有交代），鄙意以为未可必也。且本书前文在讨论先秦私家著作问题时已经指出，学者将古书中所谓"前志""礼志""军志""仲虺之志""史佚之志"等都视同一律，也过于泛化，它们其实还是多有差别的，如此，径谓它们都是两段式恐就更成问题。

[1] 学者证以汉、唐石经及郑注，主前一句本当作"汝无老侮成人"（顾颉刚、刘起釪：《尚书校释译论》，第947页），但"老侮成人"甚为不辞，就以郑注的"老、弱并轻忽之意"来说也很难讲通。其实，此处足利本作"女亡老侮老成人"，前面一"老"显系误衍，而后面"老成人"则是，故阮元以足利本为是（顾颉刚、刘起釪：《尚书校释译论》，第947页），确属有见。有意思的是，学者一方面谓前面当作"汝无老侮成人"，但又认为此句的意思"就是见老人而轻侮之"（顾颉刚、刘起釪：《尚书校释译论》，第947页），其实还是"侮老成人"的语序逻辑，亦证其中"老成人"确不可易。

[2] 孙星衍：《尚书今古文注疏》，第361页。

[3] 顾颉刚、刘起釪：《尚书校释译论》，第1311页。

[4] 曾运乾：《尚书正读》，第170页。

可以说是召穆公这个"老成人"之言。有此参照,其实像前述祭公、芮良夫、卫武公甚至身处周初动荡时局的周公等人,都可算"老成人"。特别应该指出的是,《逸周书·芮良夫》载芮良夫的话屡称"尔执政小子",完全是长辈教训晚辈的口吻,即便对方身居"执政"这样的显赫位置,但在芮良夫看来依然是"小子",愈加凸显芮良夫"老成人"的身份、角色。且《逸周书·皇门》载周公的话:"'呜呼!下邑小国,克有耇老据屏位。"清华简本作:"呜呼!朕寡邑小邦,蔑有耆耇虑事、屏朕位。"孔晁注:"耇老,贤人也。"与简本之"耆耇"义同,应该就是本文所说的"老成人"。而且,简本的"蔑有耆耇虑事、屏朕位",更能突出"耆耇"即"老成人"的重要作用。尤其是,周"蔑有""耆耇"或"老成人",亦证前述《尚书·康诰》的"汝丕远惟商耇成人",并非客套、辞令之语,而是出自实情。《逸周书》还曾有"耆德"(今亡)一篇,①学者谓"成人有德,故论之,指殷旧臣也",又或谓"耆指商室旧臣言"。② 从早期文献的记载来看,这些"老成人"或"老成人"言在早期的国家治理中起到非常重要的作用,有下面文献为证:

1.《尚书·召诰》:"今冲子嗣,则无遗**寿耇**,曰其稽我古人之德";
2.《尚书·酒诰》:"汝大克**羞耇老**惟君";
3.《尚书·立政》:"桀德,惟乃弗作**往任**(老成人),是惟暴德,罔后";
4.《尚书·秦誓》:"尚猷询兹**黄发**,则罔所愆";
5.《诗经·小雅·正月》:"召彼**故老**,讯之占梦";
6.《诗经·小雅·十月之交》:"不慭遗**一老**,俾守我王";
7.《诗经·小雅·采芑》:"方叔**元老**,克壮其犹";
8. 清华简《周公之琴舞》:"**黄耇**维程";
9. 清华简《子犯子余》:"犹叔是闻**遗老**之言,必当语我哉";
10.《国语·周语上》云:"肃恭明神,而敬事**耇老**。赋事行刑,必问于**遗训**而咨于**故实**,不干所问,不犯所咨";

---

① 《周书序》中误为"考德"。
② 以上参见黄怀信、张懋镕、田旭东:《逸周书汇校集注》,第1129页所引潘振、陈逢衡说。

11.《国语·晋语八》:"吾闻国家有大事,必顺于典刑,而**访谘于耇老**,而后行之";

12.《逨盘》:"天子其万年无疆。者(诸)黄耇,保奠周邦,谏乂四方"。①

上述文献之"寿耇""耇老""黄发""故老""黄耇""元老""遗老"云云者(清华简《子产》还提到"老先生"),都当是"老成人",而所谓"遗训""故实"云云,则当是"老成人"所言内容。他们受人尊敬("敬事"),是治国理政经验之所取资——所谓"问于遗训,而咨于故实""访谘于耇老,而后行之"即其显例。此外,《礼记·文王世子》云:"凡祭与养老、乞言、合语之礼……命乞言。"郑注:"养老乞言,养老人之贤者,因从取善言可行者也。""养老"以"乞言",可以说把"老成人"及"老成人"言的重要性已经说得很清楚了。无怪乎《逸周书·大匡解》云:"法人惟重老,重老惟宝。"以国老为国之"宝"。类似观念《国语·楚语下》亦有见,该篇记王孙圉曾称观射父、左史倚相二人为国之"宝"。原因是观射父其人"能作训辞,以行事于诸侯,使无以寡君为口实",而左史倚相其人则是"能道训典,以叙百物,以朝夕献善败于寡君,使寡君无忘先王旧业",所谓"训辞""训典"均当与本文所说的儆戒、箴训之辞有关。② 因为此二人"能作""能道",故堪为国之"宝",他们其实即是上述诸"老"或"老成人"。另外,《晋语一》记载:"郤叔虎曰:'既无**老谋**,而又无壮事,何以事君?'"既与"壮事"相对,这里的"老谋",也当是与"老成人"言类似之深谋良策。另外,《左传·哀公十一年》:"季孙欲以田赋,使冉有访诸仲尼。"仲尼曰:"丘不识也。"对方不理解:"子为国老,待子而行,若之何子之不言也。"亦可见孔子作为"国老""老成人"是执政者"问于遗训""咨于故实"的重要取资。无怪乎,当夫子去世时,

---

① "者",学者多以为系"耆"字之误,以"耆黄耇"为同义复指。其实,此字当读为"诸",修饰"黄耇"——"诸位黄耇""保奠周邦"——突出"黄耇"的辅政作用,非常合适,可参拙文《说逨盘铭文的"耆黄耇"》,待刊。
② 左史倚相道训典的目的是"朝夕献善败于寡君",而《楚语下》下文即称"人求多闻善败,以监戒也",此语与《逸周书·芮良夫解》"古人求多闻以监戒"雷同,均重在"监戒"。

《左传·哀公十六年》载哀公诔夫子之文称:"旻天不吊,不慭遗一老。"(当化自《诗·小雅·十月之交》的"不慭遗一老,俾守我王")此虽不乏辞令色彩,但"一老"之称应该与"国老"一样,表明孔子同样是时人尤其是国之执政者心目中之"老成人"。

由上述论证看,"老成人"在商、周的治国理政中具有举足轻重的地位。① 当然,其地位之所以重要,还不仅仅在于他们本人多是国之重臣或老臣,关键是与他们有关的儆戒之类文献与"成人"之间的关联。然则,何谓"成人"呢?《大雅·思齐》云:"肆成人有德,小子有造。""成人"的"有德",对应"小子"之"有造",毛传:"造,为也。"郑笺解为"造成"。②《礼记·文王世子》:"乐正司业,父师司成。"③"父师"的"司成",应该就是为了把"小子"培养为"成人",则"父师"当多系"老成人"或耆老。这说明"成人"需要相当的德行修为。像《左传·昭公二十五年》子太叔对赵简子之问礼,说:"礼,上下之纪,天地之经纬也,民之所以生也,是以先王尚之。故人之能自曲直以赴礼者,谓之成人。"④这里一则强调"礼"有经纬上下、天地之大用,然后说"人之能自曲直以赴礼"即人如果能"委屈其情"而求合于"礼",才能算"成人",同样是很高的要求。更为大家熟悉的则是《论语·宪问》所载的"子路问成人",孔子回答说:"若臧武仲之知,公绰之不欲,卞庄子之勇,冉求之艺,文之以礼乐,亦可以为成人矣。"⑤由此可见,"成人"需要在"知""勇""艺""礼乐"等几方面有特别的德业修为和历练,而具有这些综合素质的一大标志就是能儆戒。《国语·晋语六》曾记韩献子之言云:"戒之,此谓成人。"下文还引张老的评价说:"韩子之戒,可以成。"⑥他们都是把能"戒"看成是

---

① 本文成文较早而迄未发表,近来又注意到不少学者也关注到"老成人"或"耆老"在商周治国理政中的重要作用。可参刘巍:《中国式法治——中国治理原型试探》,《史学理论研究》2020年第5期;代生:《咨政耆老与先秦治国理政》,《暨南学报》2020年第10期。
② 孔祥军点校:《毛诗传笺》,第368页。
③ 王文锦:《礼记译解》,中华书局,2001年,第275页。
④ 杨伯峻:《春秋左传注》,第1459页。
⑤ 杨伯峻:《论语译注》,中华书局,1980年,第149页。
⑥ 徐元诰:《国语集解》,第388页。

"成人"或"老成"的标志,而如前所述,儆、戒之类的文献一个典型特征就是"惩前毖后",措意于"戒"的。无怪乎前述儆、戒文献的相关者如周公、祭公、芮良夫等多为国之重臣或耆老。他们"历观成亡祸福之道"(后世所谓"历览前贤、国与家"),用《芮良夫毖》中的话说,就是"道读善败,卑匡以戒"①(此语与《逸周书·寤儆解》"监戒善败,护守勿失"近之),从而积累了大量的有关立身、治国的格言、规训(芮良夫就是这样的人),而行为方式则体现为战战兢兢、谨小慎微,故而常常以己之阅历和经验来劝诫时王或人君。这里要特别提到的是,清华简第九辑还收有《成人》一篇,主要内容为"成人"对君王(后)与"典狱""司正"等人有关刑狱的箴戒。其中对"四辅不辅""司正失刑""狱用无成""民多不秉德"等乱象充满忧患,有些话与上述儆戒类文献多有相合。如"吉凶不易,恪哉毋怠,毋败朕刑"等。由此看来,其人称"成人",恐有深义。② 还要指出的是,由儆、戒这一核心要求看,可称"老成人"的未必都是"老人"。《国语·周语下》解释《周颂·昊天有成命》之"成王不敢康,夙夜基命宥密"时说:"成王不敢康,敬百姓也。……始于德让,中于信宽,终于固和,<u>故曰成</u>。"③所谓"不敢康""敬百姓"与前述箴戒类文献强调的谨慎、儆戒,不敢耽于逸乐如出一辙,而这样才能"成"。可见,即便是年轻人如果能经过儆戒、自持的主动修为,也是可以"少年""老成"的。因此,决定"老成人"或"老成人"言的主要还在于其克自儆戒的精神气质。

上述凝练人生和治国经验、重在儆戒的"老成人"言,特别是其多用格言、成语,句式整齐、排比的特征,最容易使我们想到的,就是《金人铭》。前文曾提及武王、卫武公于居所遍设箴铭,而《金人铭》

---

① 《国语·晋语九》中也有近似的话,如"朝夕诵善败而纳之"。"善败"云云者,可以说是铭语中常用词汇或主题。
② 我们怀疑此"成人"恐是拟托,指的可能是泛称的"一类人",即于资政多有襄助的"老成人"。颇疑此篇称"成人"与清华简《殷高宗问三寿》的"三寿"(少寿、中寿与彭祖)、上博楚简《彭祖》称"狗(耇)老"近同,都是标志性的拟称或泛称。而且,无论是"三寿"对殷高宗所讲的话,还是《彭祖》篇"狗(耇)老"与彭祖所说,其实也多是"老成人"言。
③ 徐元诰:《国语集解》,第104页。

早期文献中的"老成人"言与《老子》思想的渊源

恰恰也是刻于金人之背的"铭",就形式及功能来讲,他们同样不乏共性。就内容来讲,《金人铭》中的话同样与上述"老成人"言多有相合。比如,它也反复言及"敬戒":"古之慎言人也,戒之哉","安乐必戒,无所行悔"。关于"慎言",它也是三复斯言:"无多言,多言多败","口是何伤,祸之门也"。至于"温恭慎德,使人慕之","勿谓何伤,其祸将长;勿谓何害,其祸将大;勿谓不闻,神将伺人;焰焰不灭,炎炎若何。涓涓不壅,终为江河。绵绵不绝,或成网罗。毫末不札,将寻斧柯。诚能慎之,福之根也"。① 同样是主张敬慎,且充满忧患意识。其中多有祈使、戒令意味的话如"无多言,多言多败;无多事,多事多患","无多言……无多事……",告诫的意图极强。而上举清华简《祭公之顾命》篇中祭公的话:"汝毋以戾兹皋辜,无时远大邦。汝毋以嬖御塞尔庄后,汝毋以小谋败大虑,汝毋以嬖士塞大夫、卿士,汝毋各家相而室。"②这种"汝毋……汝毋……"的排比句与"无多言……无多事……"非常接近,劝戒的意味极浓,也充分凸显了"老成人"的良苦用心。尤其是,其中的"绵绵不绝……"等句与上举《逸周书·和寤解》的话"绵绵不绝,蔓蔓若何,豪末不掇,将成斧柯"无论就形式还是内容来说都颇多雷同,表明它们有共同的思想来源。

不过,晚近学者对于《金人铭》有新的研究,其认为《金人铭》最初可能只有"慎言"部分的内容,其他和"慎言"无关的内容,可能都系后来陆续加进去的。③ 对此,我们有不同看法。其实,根据上文我

---

① 其中有些话与《武王践阼》非常接近。从性质上来讲,《武王践阼》中所提到的居所各处所设的"铭",我们也可以视为各种"老成人"言的集合,它们大多具备我们前面表格中所列的五类内容。其中言谨慎如"毋曰何伤,或将长;毋曰恶害,祸将大",言戒逸乐如"安乐必戒",言慎言如"皇皇惟谨口",用成语如"与其溺于人,宁溺于渊",言以史为鉴如"所谏(鉴)不远,视而(尔)所弋(代)"。此处《武王践阼》文用上博楚简本,释文参侯乃峰:《上博楚简儒学文献校理》,上海古籍出版社,2018年,第312页。
② 释文参李学勤主编:《清华大学藏战国竹简(一)》,中西书局,2010年,第174—175页。简本异体字、通假字尽量以通行字转写。"大虑"之"虑"的释读参下编《郭店楚简〈老子〉"绝伪弃诈"证说》一文。整理者当初参考今《礼记·缁衣》篇所引读为"作",其实是不对的。
③ 参邬可晶:《〈孔子家语〉成书考》第一章之第四节"出土文献、传世古书中的有关内容与《家语》金人铭章的比较",中西书局,2015年,第113页。

们总结的以《芮良夫毖》为代表的箴训文献内容上的要点,所谓"慎言"的内容,本来就只是"老成人"言的内容之一。而且,学者不但认为今本《金人铭》之驳杂系后来累积而成,即便是在其看来所谓的"原本"《金人铭》也只有"慎言"内容的文本,形成的时间也不会太早。其说谓:"在战国中晚期至秦的文献中,强调'慎言'的箴语十分普遍。"①并以《武王践阼》篇为例,主"原本"《金人铭》创作于战国中期。我们认为这把《金人铭》形成的时间估计太晚。其实,即便我们承认其说"原本"《金人铭》只有"慎言"内容,但"慎言"之类观念的流行也并非要晚到战国中期。比如我们上文就指出,强调"慎言"本来就是早期"老成人"言的固有内容,像《芮良夫毖》本篇即言"言深于渊,莫之能测"。清华简《说命中》载:"且惟口起戎出羞。"《说命下》:"厥其祸亦罗于口?"另外,《小雅·正月》云:"好言自口,莠言自口。忧心愈愈,是以有侮。"《大雅·板》云:"上帝板板,下民卒瘅。出话不然,为犹不远。"《大雅·抑》云:"慎尔出话,敬尔威仪,无不柔嘉。白圭之玷,尚可磨也;斯言之玷,不可为也。"上博楚简《凡物流行》:"能寡言吾(乎)?能一吾(乎)?夫此之謂小成"("寡言"即可"小成",此与'老成'可成对照)。"寡言"的主张与"慎言"近同。我们下文将会提到,清华简第九辑所收《迺命》两篇也非常突出"慎密言语"的思想。另外,《国语·晋语一》有云:"且夫口,三五之门也,是以谗口之乱,不过三五。"此与《金人铭》的"口是何伤,祸之门也"②非常接近。这些记载说明,关于"慎言"的观念,古人早已有之,说战国中期才有失之太晚。其实,从上述我们所列"老成人"言常见的五类内容来看,此类箴训之辞本来就是不纯粹的。以此反观《金人铭》,它内容上的驳杂其实也是正常的。而且,其他部分虽不

---

① 邬可晶:《〈孔子家语〉成书考》,第131页。
② 此句《说苑》本"口"作"曰",上揭邬氏引裘锡圭先生说,以《说苑》本"曰"字为是(参邬著第116页),恐非。其实邬文已注意到宋本《说苑》即作"口",而且《家语》亦作"口"。裘先生意见指"口是何伤"语不可通,其实此句意在指出口易招祸,此与《晋语》的"且夫口,三五之门""谗口之乱"云云非常接近。而如果作"曰"的话,则"曰是何伤?祸之门也"则有主语无法落实的嫌疑。

88

言"慎言",但总体上又都是强调恭谨、恪敬的忧患意识,这其实与箴训之辞的核心主旨又是一致的。

另外,上述《晋语一》"谗口之乱"的话系郭偃针对骊姬说的。值得注意的是,郭氏后面的话还提到:"商之衰也,其铭有之曰:'嗛嗛之德,不足就也,不可以矜,而祇取忧也。嗛嗛之食,不足狃也,不能为膏,而祇罹咎也。'"这段铭语无论句式还是儆戒、忧患的精神气质,都与《金人铭》绝类,而其时代竟是"商之衰也",可谓非常之早。《吕氏春秋·应同》亦载:"《商箴》云'天降灾布祥,并有其职',以言祸福人或召之也。"①前面郭偃的话称"商铭",此处又云"商箴",看来此类箴铭之辞商代即已多见,②《礼记·大学》篇更载:汤之《盘铭》曰:"苟日新,日日新,又日新。"亦可证。与上举"慎言"之事相关,殷墟卜辞还屡见"乍(作)口""多口""至口"等语,据学者研究,这些词语涉及的辞例是指"由口舌议论所引起的祸患的事类"③。这不仅与上述作为"商书"的《说命》中的"且惟口起戎出羞""厥其祸亦罗于口"相应,也侧面说明商代存在"慎言"之类的箴铭是毫不奇怪的。另外,《逸周书·文传解》两次引到《夏箴》,语句也多有儆戒之义。虽然《金人铭》所载未必系孔子"观周"的实录,但就周代箴训文化的背景看,要说孔子时代就有《金人铭》类似之铭语,应该是完全可能的。《吕氏春秋·谨听》云:"《周箴》曰:'夫自念斯学,德未暮。'"④即明云"周箴"。《左传·襄公四年》记载魏绛的话:"昔周辛甲之为大史也,命百官,官箴王阙。于《虞人之箴》曰:'芒芒禹迹,尽为九州,经启九道。民有寝庙,兽有茂草,各有攸处,德用不扰。在帝夷羿,冒于原兽,忘其国恤,而思其麀牡。武不可重,用不恢于夏家。兽臣司原,敢告仆夫。'《虞箴》如是,可不惩乎?"⑤辛甲所引

---

① 王利器:《吕氏春秋注疏》,巴蜀书社,2002年,第1292页。
② 张怀通教授指出箴训之词商代或商代之前就已存在,应该是可信的。参张怀通:《〈逸周书〉新研》,第357页。
③ 王贵民:《试释甲骨文中的乍口、多口、殉、葬和诞字》,《古文字研究》第二十一辑,中华书局,2001年,第122页。
④ 王利器:《吕氏春秋注疏》,第1321页。
⑤ 杨伯峻:《春秋左传注》,第938—939页。

（句式整齐，多有用韵，且以"在帝夷羿……忘其国恤"为史鉴，此均与前举儆戒类文献之内容要素相合），仅为《虞人之箴》，但依照"命百官，官箴王阙"的记载，可知这样的箴铭之辞应该是很多的，然则由此浓郁的箴训文化背景下孕育出类似《金人铭》那样的东西，有什么可奇怪的呢？顺便说一句，通览前举《晋语一》郭偃的话，开头讲"三季王之亡也宜"，其乱象如"民之主也，纵惑不疚，肆侈不违，流志而行"，中间又提到"谗口之乱""商之衰也，其铭有之曰"云云，最后还引士蔿对郭氏之言的回应"诫莫如豫，豫而后给。夫子诫之……"不但强调"诫"，而且要"豫"，韦注云"备也"，意在凸显谨慎敬戒的忧患意识，此与前述《芮良夫毖》以及今《大雅》之《抑》《桑柔》等诗体或"老成人"言的要素构成均一致。总之，如果把上述信息综合来看，相信对于铭语与箴训文化之间的有机联系不难有一个深切的体会。

还要提到的是，20世纪70年代发现的马王堆帛书有《称》篇，学者注意到其内容多系汇集告诫世人的人生格言或谚语，李学勤先生曾经指出帛书《称》篇的这种形式或内容其实与《逸周书·周祝》非常接近。①《周祝》的有些话其实同样与措意于儆戒、忧患的"老成人"言非常类似。比如：

  ……故曰：文之美而以身剥，自谓智也者故不足。角之美，杀其牛，荣华之言，后有茅。凡彼济者必不怠，观彼圣人必趣时。石有玉而伤其山，万民之患在口言。时之行也勤以徙，不知道者福为祸。时之徙也勤以行，不知道者以福亡。故曰：费豕必烹，甘泉必竭，直木必伐。②

《周祝》的上述内容不但与帛书《称》篇接近，其基本思想与《金人铭》《老子》（参文后附录）所载其实也多有相合，那就是趋利避害，措意于戒。而且，帛书《称》篇乃其中《黄帝书》的一部分，李学勤先生指出其与《周祝》的关联，也是从探讨黄老道家思想渊源的角度

---

① 李学勤：《〈称〉篇与〈周祝〉》，《简帛佚籍与学术史》，江西教育出版社，2001年，第297页。下引李说均见是文。
② 黄怀信、张懋镕、田旭东：《逸周书汇校集注》，第1051—1054页。

立论的,暗示《老子》思想与这些文献之间实多有交集。① 李学勤先生在讨论《称》篇与《周祝》关联时,虽未提到《金人铭》,但曾专门就《逸周书·周祝》一篇的定名有过讨论。在李先生看来,此篇之定名实与周代"祝"职关系密切。李先生举《周礼》祝官即有大祝、小祝、丧祝、甸祝、诅祝等,并指清人朱右曾即注意到《仪礼》有所谓"殷祝""周祝",而且说"祝的职守在于文辞"(《左传·桓公五年》"祝史正辞"),"他们在工作之中,积累辑集一些格言谚语,正是其职业的需要"。李先生的这些看法都极具卓识,这不但对我们认识《周祝》这样的文献性质多有启发,对理解《金人铭》以及上述《吕氏春秋》所载《周箴》的性质同样如此。简而言之,它们都应该是"郁郁乎文哉"的周文化特别是箴训文化的产物,②某种意义上也都可视为"老成人"言。西周乃至春秋时代,这样的箴训文献积累应该是非常可观的,《金人铭》《周祝》《周箴》以及前举《逸周书》中为数众多的儆戒类篇目其实都不过是"冰山"一角。当然,由于战乱及秦火,这类文献大多散佚了,今天倒是在出土文献中偶露真容。除了帛书《称》篇,现在我们又有更多的出土文献可以证明周代箴训文化的文献累积是非常可观的。像与上举《芮良夫毖》《周公之琴舞》同收在清华简第三辑的就有《祝辞》一篇,文风古奥,颇多用韵,应该就属于"周祝"之"辞"。清华简第九辑又收有《迺命一》《迺命二》两篇和《祷辞》,特别是《迺命》两篇,其内容多是先人告谕后人的"禁戒之辞",如《迺命一》主要内容为"诫命群臣忠君勤事、言语谨慎,勿强取豪夺"③,《迺命二》内容则为"诫训同宗子弟戮力同心、相收相保、忠君勤事、慎密言语,勿强取豪夺,以保全宗室"④。其内容其实与前述"老成人"言的五个特征也多有相合,如强调敬慎,对待言语要谨慎,常怀

---

① 李学勤先生之《简帛佚籍与学术史》还收录有《范蠡思想与帛书〈黄帝书〉》一文,专门论及此一问题,读者可以参看。另,过常宝先生《〈老子〉文体考论》,对此问题特别是《老子》与祝的职业关联续有探讨,亦可参看。
② 学者将《逸周书》的《周祝》与《武称》《王佩》视为一类,定位为"格言谚语的集粹",参俞志慧:《古"语"有之:先秦思想的一种背景与资源》,第23—25页。
③ 黄德宽主编:《清华大学藏战国竹简(玖)》,中西书局,2019年,第170页。
④ 黄德宽主编:《清华大学藏战国竹简(玖)》,第175页。

忧患之思等。特别值得注意的是,语言上这两篇最大的特色就是用了大量的"毋或"以引出禁戒之事,整理者已经指出,这种语言形式"与《左传》《侯马盟书》等所载盟誓相似",但却并没有"有如河""有如日""明神殛之"等背盟诅辞。① 没有"有如河""有如日""明神殛之"等盟誓套语式的话,说明这显然不是盟誓之词,但"毋或"的高频率使用却又与盟誓之词存在交集,这其实说明作为"老成人"言,它们之间存在共性。像《迺命一》开头云"朕唯箴汝于兹",明言"箴",那其体裁是"箴"吗? 显然也未必。这再次说明作为"老成人"言,其具体表现出的体裁可能是非常灵活和多样的,像本文开头所举《左传·襄公十四年》和《国语·周语上》的诗、书、曲、箴、诵,以及后面的铭、《周祝》等形式都可能成为"老成人"言的载体。像《迺命》两篇除了标志性的"毋或",还有如"汝毋……""毋……"引出禁戒之辞,这不禁让人想到前举清华简《祭公之顾命》的"<u>汝毋</u>以戾兹皋辜,无时远大邦;<u>汝毋</u>以嬖御塞尔庄后,<u>汝毋</u>以小谋败大虑,<u>汝毋</u>以嬖士塞大夫、卿士,<u>汝毋</u>各家相乃室",而前面我们也提到其中排比式的"汝毋……汝毋……"与《金人铭》的"无多言……无多事……"非常接近,劝戒的意味极浓,《迺命》两篇这种"毋或"句式明显也应与它们归为一类,都是长者训诫后辈的语气。如果说"毋或……""汝毋……"云云都是侧重从反面告诫的话,其实类似的箴诫用语同样也有从正面说的。上博楚简有《彭祖》一篇,乃黄老道家文献,此篇有"余告汝人纶(伦)……余告(汝尤)……余告汝祸……余告汝咎……"这样一组排比,相对于"毋或……""汝毋……",②这无疑是从正面训告,但其措意于儆诫的意思则是一致的。这既说明《祭公》《金人铭》《迺命》甚至《彭祖》等篇所记确实多为"老成人"言,而"老成人"言就其形式及载体来讲又是非常多样的。

  再回到《金人铭》文本性质的话题。就内容来讲,《金人铭》除了

---

① 黄德宽主编:《清华大学藏战国竹简(玖)》,第 170 页。
② 释文可参林志鹏:《楚竹书〈彭祖〉校释》,《宋鈃学派遗著考论》,复旦大学出版社,2018 年,第 53—54 页。《彭祖》篇有些话与我们这里讨论的《金人铭》非常接近,如"戒之毋骄,慎终保(葆)劳"等,由此可见箴训文体在语言和内容上的"交集"。

早期文献中的"老成人"言与《老子》思想的渊源

前述学者指出的比较芜杂外,更为人熟知的是其与《老子》思想之间的关联,特别是其中卑弱、处下的思想,一度还有学者以为是袭用《老子》。像其中"强梁者不得其死,好胜者必遇其敌",主张不能逞强。其他如"盗憎主人,民怨其上",①"君子知天下之不可上也,故下之;知众人之不可先也,故后之","执雌持下,人莫逾之。人皆趋彼,我独守此。人皆或之,我独不徙。内藏我智,不示人技。我虽尊高,人弗我害,谁能于此?江海虽左,长于百川,以其卑也。天道无亲,而能下人,戒之哉",主张卑弱、退守、处下的思想是一望可知的,其中有些话与《老子》的表述非常接近。如何看待这个问题,学者间分歧非常大。比如有学者据此说《老子》袭《金人铭》,而晚近学者则认为系《金人铭》袭《老子》,并据以论证其所主张的今本《金人铭》系后来累积而成,而与《老子》相关部分又是后来加进去的观点。其实,在笔者看来,学者在《金人铭》与《老子》间下非此即彼的因袭判断,可能都系受一种"冰山"推理错觉的误导。具体来说,上述两种截然相反的相袭模式,都意味着被袭一方才是相关思想的"原创",类似思想均是"袭"之而来。晚近由于出土文献的大量发现,使我们认识到早期文献流传到今天的其实只是极少的一部分。在这样有限的文献中,当出现两个文献高度相似时,学者经常在其间作不恰当的"亲缘"联想。后来由于新发现的文献大量增加,我们才知道相关思想或表述本来所在多有,只是由于散失的原因,致使它们的关联在现存文献中才如露出水面的"冰山"般突出、醒目,因之不恰当的"亲缘"联想也就容易形成,这其实都是错觉或假象。现在由前举帛书《称》、清华简《迺命》等篇来看,这个问题就更容易明白了。而且,我们前面也提到当初李学勤先生关注《称》与《周祝》的关联,同样也注意到它们与道家思想多有相合。具体到《金人铭》与《老子》之间的关系,我们甚至不需要借助出土文献就可以轻易击破上述非此即彼的相袭推理,这只需要我们把文献考察的范围适度放大即可。比如,论者提到的《金人铭》后半部分刻意强调卑弱、处下的思

---

① "强梁……"与"盗憎主人……"两句,其实还是化用格言、成语,这又是《金人铭》与"老成人"言共用思想资源的证据。

想,其实既非《金人铭》的原创,也非《老子》所独有。前文我们曾以《左传》《国语》二书为例,详细举证在周代的礼制原则中,强调卑弱、处下本来就是其一贯的要求,时人关于这方面的言论非常多,它们都远在《老子》书之前。① 这里只举一最典型的例子。《左传·襄公二十二年》年记载郑国公孙黑肱临终有一系列的自贬、退处之举,如"归邑于公""黜官、薄祭。祭以特羊,殷以少牢""尽归其余邑"。而且还说:"吾闻之,生于乱世,贵而能贫,民无求焉,可以后亡。敬共事君,与二三子。生在敬戒,不在富也。"所谓"贵而能贫"与《老子》的卑弱、处下简直有异曲同工之妙。顺便说一句,《左传》"君子曰"对公孙黑肱的评价说:"善戒",而且引《诗》"慎尔侯度,用戒不虞",而此处引诗正出自《大雅·抑》,而此诗如前所言又是卫武公"刺厉王,用以自警"。关于公孙黑肱的"善戒",其实他自己都说:"生在敬戒",如前所述,谨慎、敬戒恰是"老成人"言的典型特征。《左传》"君子曰"引卫武公的诗表彰此人,说明他们都系"老成人"之言,而其中卑弱、处下之论又多与《老子》思想相合,我们能说这种思想是《老子》原创吗? 周代文献中又常见"懿德"一词,学者最近结合新材料认为传统解"懿德"为"美德"过于笼统,主张"懿德"当读为"抑德",而"抑德"即为"抑戒之德",②强调谦抑、克制和敬戒,而谦抑、克制与《老子》的卑弱、退处可谓不谋而合。这再次说明《老子》思想与周代箴戒文化之间的深刻渊源。由此还要提及思想史上另一著名论题,那就是范蠡思想与《老子》的关系。《国语·越语下》中所载范蠡思想多有与《老子》相合者。如"天道盈而不溢,盛而不骄,劳而不矜其功"③,此与《老子》9章的"富贵而骄,自遗其咎"④,22章的"不自伐故有功,不自矜故长"、24章的"自伐者无功,自矜者不长"、30章的"果而勿矜,果而勿伐,果而勿骄",思想均相一致。其又云:

---

① 参本书所收《由〈左传〉〈国语〉所载史实论〈老子〉思想的礼学背景》一文。
② 参沈培《由清华简〈四告〉申论周人所言"懿德"的内涵》,复旦大学出土文献与古文字中心网站:http://www.gwz.fudan.edu.cn/Web/Show/4707,2020年12月5日。
③ 徐元诰:《国语集解》,第575—580页。
④ 本文《老子》除非特别注明,一般以王弼本为准。

早期文献中的"老成人"言与《老子》思想的渊源

"兵者,凶器也;争者,事之末也",对兵事的谨慎也与《老子》30章的"以道佐人主者,不以兵强天下",31章的"夫佳兵者不祥之器"意思相近;其中又云"柔而不屈,强而不刚",此与《老子》36章的"柔弱胜刚强",52章的"守柔曰强",76章的"故坚强者死之徒,柔弱者生之徒。是以兵强则不胜,木强则兵。强大处下,柔弱处上",78章的"弱之胜强,柔之胜刚",几乎如出一辙。《越语下》又云"强索者不祥",此与《老子》42章"强梁者不得其死"亦非常接近。范蠡之说还非常强调"时",所谓"得时不成,反受其殃……得时无怠,时不再来",而《老子》对"时"同样重视,其8章谓"动善时"。古人评道家之学亦谓其"与时迁移,应物变化""有法无法,因时为业……'圣人不朽,时变是守'"①,然则,范蠡与《老子》之间亦存在相袭关系乎?显然没这么简单。实际上范蠡言论同样是箴训文化影响的结果,或者说也是"老成人"言,我们看《越语下》中还记范蠡引"先人有言曰:'伐柯者其则不远'"②,这话又与前举《逸周书·和寤解》和《金人铭》中的相关表述接近,可知范蠡的话其实与《老子》一样,都是箴训文化的"流",并不是非此即彼的简单相袭关系。

另外,前举学者还说《金人铭》后面"天道无亲,常与善人"(说苑本)与所谓"处卑""处弱"的道家思想"明显脱节",并因此说《家语》本的"而能下人"是修饰的结果,但"天道无亲"与"而能下人"之间的"逻辑关系十分牵强,基本上没有成立的可能"③。其实,《家语》本的"天道无亲,而能下人"句言说的重点明显是在后面的"而能下人"(而非"天道无亲"),即处下才能得"天道"的眷顾。这一点,学者也是承认的。另外,即便是《说苑》本的"常与善人"也并非如学者所言与"处卑""处弱"的思想(非道家专利)"明显脱节"。这只需要看看早期文献中"善人"的行事风格就可以知道了。篇幅所限,我们在此只举两个最典型的例子。《左传·僖公二十四年》提到晋文公上台成功后,介之推"不言禄",并批评那些接受赏赐的人是"贪天

---

① 《史记·太史公自序》。《史记·老子韩非列传》载老子之言:"君子得其时则驾,不得其时则蓬累而行。"亦强调"时"。
② 徐元诰:《国语集解》,第587页。
③ 邬可晶:《〈孔子家语〉成书考》,第120页。

之功以为己力",最后的结局是"遂隐而死"。晋侯对此的补救措施是"以绵上为之田",而且说:"以志吾过,且旌善人。"介之推既然是"善人",我们看他的行事风格:批评"贪天之功以为己力",这不就是《老子》的"功成而弗居""功成、事遂,天之道"吗?甚至其最后的"隐而死"也与号称"隐君子"的老子行事方式一致。另一则关于"善人"的例子需要讨论及澄清的问题颇多,那就是晋国伯宗其人的遭际。伯宗的例子更攸关《金人铭》中"善人"能否与所谓《老子》处下、谦退思想合拍的问题。《左传·成公十五年》记伯宗被杀,韩献子称其为"善人",并追述伯宗其人"好直言",其妻曾屡次告诫他:"'盗憎主人,民恶其上',子好直言,必及于难。"关于"民恶其上"一句,前人多有误解。本书有专文对此进行澄清。① 我们认为"民恶其上"之"上"不当解为君上、官长,"上"当理解为动词性的陵越、凌驾,"民恶其上"即指百姓都讨厌那些逞强争胜,喜欢出人一头的人。如此,伯宗好"陵人"的特点就与《金人铭》下文所述密合。下文称"君子知天下之不可上也,故下之;知众人之不可先也,故后之",所谓"下之""后之"不正是反对凌驾于别人之上吗?另外,《国语·晋语六》亦载伯宗"言于朝"且沾沾自喜,因为诸大夫都说他"智似阳子(处父)",但其妻却指出"阳子华而不实,主言而无谋"。伯宗窃喜的"智",在其妻看来是"华而不实",联想到《老子》对"智"也多有排斥(3章"常使民无知无欲,使夫智者不敢为也",19章"绝圣弃智",27章"虽智大迷",65章"民之难治,以其智多。故以智治国,国之贼。不以智治国,国之福"),而且力倡朴拙(19章"见素抱朴",28章"复归于朴",32章"朴虽小,天下莫能臣也",37章"化而欲作,吾将镇之以无名之朴",57章"我无欲而民自朴"),以"华而不实"为忌。看来伯宗之事,能与《老子》相合之处实不在少。这一来意味着《金人铭》此处称"善人",下文言论又多与《老子》相关其实并无不妥;二来也说明在《老子》之前,主张谦下退处、以陵越别人为忌的思想观念本已非常流行,也就是说《老子》思想是有广阔的社会及思想背

---

① 参本书下编《"盗憎主人,民恶其上"正诂——兼说〈金人铭〉与〈老子〉的相关问题》一文。

早期文献中的"老成人"言与《老子》思想的渊源

景的,我们不能动辄又以为是老子的"原创"。《左传·昭公七年》还记孔子先祖正考父鼎铭,其语谓:"一命而偻,再命而伛,三命而俯。循墙而走,亦莫余敢侮。"①(《庄子·列御寇》、上博楚简《彭祖》篇亦有与此类似的话)此铭讲正考父其人随着官阶的"一命""二命""三命"逐渐隆升,其处世的态度反而是"偻"—"伛"—"俯",越来越趋于退处、谦下。这种"反向思维"与《老子》书中所宣扬的"不争""处下"可以说同样有异曲同工之妙,而其时代又远在《老子》前。依本文讨论的"老成人"言来看,我们认为此鼎铭可视为正考父这位"老成人"所推崇的人生经验的总结。顺便说一句,《左传》中伯宗妻指其"好直言",《晋语五》其妻也以阳子为例把"主言而无谋"视为"华而不实",无疑都强调"慎言"观念,这不但与学者所谓《金人铭》中的"慎言"部分相一致,同样也是我们前面提及的"老成人"言中的重要内容。

金人铭、正考父鼎铭中这些主张"不争""处下"的儆戒思想提醒我们,对于《老子》这样的书同样也应该放在早期箴戒文化的大背景下去认识。② 学者曾比观《金人铭》《老子》上博竹书《彭祖》等文献,并指出"……道家咸取箴铭'规谏御过'之思想,于人世之论多尚敬慎,并擅长编缀格言以说理"③,确属洞见。换言之,堪为《老子》思想标签的"不争""无为""处下"等思想,其实同样可以看作对世人趋利避害的劝戒,因此,《老子》一书不过是老子这位"老成人"的人生经验总结而已。说《老子》思想可视为"老成人"言,同样于文献有征。《庄子·山木》篇云:"昔吾闻之**大成之人**曰:'自伐者无功,功成者堕,名成者亏。'孰能去功与名而还与众人!"所谓"大成之人"实即"老成人",而其所说的"自伐者无功,功成者堕,名成者亏"则亦与《老子》思想多合(22章"不自伐故有功",24章"自伐者无功",45章"大成若缺")。再者,《汉志》"诸子略"载有《老成子》十八篇,属道

---

① 杨伯峻:《春秋左传注》,第1295页。
② 可参过常宝《〈老子〉文体考论》一文。过氏从春秋时期"语"类文献的勃兴及祝的职业性角度揭示《老子》成书的大背景(春秋),其实无论是"语"类文献,还是祝史之职都不是自春秋始。
③ 林志鹏:《宋钘学派遗著考论》,第90页。

家。《列子·周穆王》篇也提到"老成子学幻于尹文先生",尹文先生告老成子之言曰"昔老聃之徂西也,顾而告予曰"①云云,然则亦属托之老聃的道家一派。《汉志》所载《老成子》虽亡,但颇疑"老成子"之名,当亦系取"老成"持重之义而托名焉,而其内容亦当以"老成人"言为主,汇集了关于成败祸福的总结和思考。另外,马王堆竹书又有《十问》篇,此乃言道家房中之书,其内容为托名黄帝、盘庚等古帝王问享寿养生之道。值得注意的是,这些古帝王所问享寿者除彭祖外,还有"耇老""大成"等人,②他们明显是拟托之名,而"大成"又居其中,再次说明其为道家文献常见之拟托角色。

三、清华简《芮良夫毖》与 《老子》思想关联举证

上文的讨论我们既已指出周代箴训文献与《老子》思想及精神气质之间的内在关联,③下面就以清华简《芮良夫毖》为例,就其思想、语词与《老子》的诸多联系略作发覆。

1. 对"满盈"、欲望的控制与警惕

《芮良夫毖》中王说不能"满盈",芮良夫"毖"王与重臣时又提到如果"满溢",就是"曰余未均",下文还批评臣下们"莫称厥位,而不知允盈"的现象,其对"满盈"的排斥与否定可见一斑。《老子》对"盈"的态度同样如此,如《老子》4 章言"道冲而用之或不盈",9 章言"持而盈之,不如其已"(下文尚有"金玉满堂莫之能守","满堂"与前面之"盈"恰是"满盈"之分疏),15 章言"保此道者不欲盈,夫唯不盈,故能敝不新成",45 章言"大盈若冲,其用不穷",凡此均与《芮良夫毖》对"满盈"的否定绝类。《国语·越语下》也有"持盈"之说,

---

① 杨伯峻:《列子集释》,中华书局,1979 年,第 99 页。
② 裘锡圭主编:《长沙马王堆汉墓简帛集成》第 6 册,中华书局,2014 年,第 141 页。
③ 过常宝先生曾指出《老子》文本内容的三个要素,即格言、解释、训诫,这些要点与本文所说的箴训文献的常见的五类内容也多有交集。过说参其《〈老子〉文体考论》,《首都师范大学学报》2011 年第 2 期。

早期文献中的"老成人"言与《老子》思想的渊源

甚至还说"兵者,凶器也"①,过去学者总以为袭于《老子》,这都是"冰山"一角的思维;同理,《金人铭》中"江海百谷王"之类也不一定是袭自《老子》,他们其实只是有共同的知识背景而已。

人之所以"满盈""满溢",就在于贪婪、对欲望不加控制,对此《芮良夫毖》也提到"毋惏(婪)贪",即对贪婪提出批评。《老子》虽未见直接批评贪婪,但22章说"少则得,多则惑",44章说"甚爱必大费,多藏必厚亡",46章说"祸莫大于不知足,咎莫大于欲得",均显示对欲望无已、不加节制的排斥。关于对欲望无节制的批评,《芮良夫毖》又言"此心目亡极,富而无际""用莫能止欲,而莫肯齐好",其对"心目"之欲的批评,马上又让我们想到《老子》12章的:"五色令人目盲,五音令人耳聋,五味令人口爽,驰骋畋猎令人心发狂,难得之货令人行妨。是以圣人为腹不为目,故去彼取此。"当然,《老子》此章所批评的欲望,"心目"之外尚有"音""味""货"等等(35章也有"道之出口,淡乎其无味"),但两者对此态度无疑是一致的。再者,《老子》49章云"百姓皆注其耳目,圣人皆孩之"②,同样显示对"耳目"之欲的拒斥态度。其实,如果不苛求具体的"心目"之欲,《老子》书中笼统地谈对欲望的拒斥就更多了,如1章云"常无欲,以观其妙",3章言"不见可欲,使民心不乱……常使民无知无欲",19章云"少私寡欲",34章云"常无欲,可名于小",37章云"夫亦将无欲,不欲以静,天下将自定"③,57章云"我无欲而民自朴",64章云"是以圣人欲不欲,不贵难得之货",以上或言"无欲""不欲",或言"寡欲",虽在程度上有所不同,但思想倾向无疑是一致的。另外,《芮良夫毖》还批评"富而无际",对财富的竞逐同样也属于欲望不加节制的一大表现,所以同篇还言"恒争于富,莫治庶难",而《老子》书中对聚敛财富同样持消极或批评态度。像9章云"金玉满堂,莫之能守;富贵而骄,自遗其咎",44章云"多藏必厚亡,知足不辱",33章云"知足者富",81章云"圣人无积:既以为人己愈有,既以与人己愈

---

① 徐元诰:《国语集解》,第576页。
② 今王弼本无"百姓皆注其耳目"一句,前人早已指出属脱漏。参楼宇烈:《王弼集校释》,中华书局,1980年,第130页。
③ 郭店简本"无欲""不欲"均作"知足"。

多"等等,均是其例。

2."莫好安情(静),于可(何)有静(争)"与《老子》的崇"静"和"不争"

整理者解"安情"即安于情,"莫好安情"即没有人喜欢安于情。又谓"可,宜也"。① 王瑜桢则读为"安靖",并认为下文当作"有静"。② 曹建国亦读"有情"为"有静"(其总结说这段是"纷争不已")。网友"ee"则于《清华简〈芮良夫毖〉初读》一文后跟帖指出"'于可又静'应读为'于何有争'",其说甚是。"于可"读为"于何",意思约略与"何其""多么"相近,表示惊讶或感叹。今本毛诗中这样的表达是很多的。《小雅·十月之交》:"此日而食,于何不臧。""于何"即相当于"何其"或"多么"。俞樾谓:"于即吁字。于何不臧,犹云吁嗟乎何其不臧。"③《小雅·菀柳》"彼人之心,于何其臻",郑笺:"幽王之心,于何所至乎?言其转侧无常,人不知其所届。"④《小雅·正月》:"哀我人斯,于何从禄。"亦是其例。"于何"有时又作"云何",如《卷耳》"我仆痡矣,云何吁矣",《小雅·都人士》"我不见兮,云何于矣"。《芮良夫毖》此处的"争",学者或认为系《国语·周语上》"即周厉王与民争利之事",则不免过于指实。鄙意以为此处之"争"实乃泛指,"于何有争",意在感叹世人不能安分守己而驰骋于争逐,此与前面的"莫好安静"亦合。其下文还说"恒争于富",也是看出"争"乃祸乱之源。而且,周人也经常把与"不争"或"静"近似的词并举,或者说"不静"恰在于"争"。《大雅·江汉》:"四方既平,王国庶定。时靡有争,王心载宁。"所谓"平""定",即"安静"也,原因就在于"时靡有争"。《尚书·康诰》"今惟民不静,未戾厥心","民不静"的原因在于"未戾厥心",而"戾"常训"定",亦即"安静"。《逸周书·月令》又云"欲静无躁,止声色,……百官静事无刑",均强调"静"的重要性。金文亦屡见"不静""康静",如"于四方民亡不康静"(师訇簋 集成4342 懿王)、"大哗不静"(毛公鼎 集成2841 宣

---

① 李学勤主编:《清华大学藏战国竹简(三)》,第152页。
② 王瑜桢:《〈清华大学藏战国竹简(三)·芮良夫毖〉释读》。
③ 参林义光:《诗经通解》,中西书局,2012年,第224页。
④ 孔祥军点校:《毛诗传笺》,第338页。

王），"康静"义同"安静"，"不静"则陷于"争"。

上述周人对"静"与"不争"的强调，我们在《老子》中同样可以找到很多的例子。关于"不争"，其说如8章"水善利万物而不争……夫唯不争，故无尤"、22章"夫唯不争，故天下莫能与之争"，66章也有类似说法："以其不争，故天下莫能与之争。"73章亦云："天之道，不争而善胜。"68章还说："善用人者为之下，是谓不争之德。"至于强调"静"，其26章说"重为轻根，静为躁君"，37章说"不欲以静，天下将自定"，45章说"静胜躁……清静为天下定"（此与上举《逸周书·月令》的"欲静无躁"非常接近），57章说"我好静而民自正"，61章说"牝常以静胜牡，以静为下"。其15章还说："孰能浊以静之徐清？孰能安以久动之徐生？保此道者不欲盈。夫唯不盈，故能蔽不新成。"这又是把"静"与上举"不欲盈"结合起来了。

3. "天之所坏，莫之能支；天之所支，亦不可坏。反反其无成，用皇可畏"与"天犹畏矣，豫命无成"

简文"天之所坏，莫之能支；天之所支，亦不可坏"，整理者已经指出其与《国语·周语下》"周诗有之曰：'天之所支，不可败也。其所坏也，亦不可支也'"相近。① 另外，《左传·定公元年》"天之所坏，不可支也。众之所为，不可奸也"，显然亦与此有关。从文义及句式来看，"天之所坏……"云云，颇类彼时谚语。《周语下》说此语出自"周诗"，而且说："昔武王克殷，而作此诗也，以为饫歌，名之曰'支'，以遗后之人，使永监焉。"那要"监"什么呢？其下文又说："夫礼之立成者为饫，昭明大节而已，少典与焉。是以<u>为之日惕，其欲教民戒</u>也。"②又是"惕"，又是"戒"，此与《芮良夫毖》此处的"用皇可畏"近似，都是措意于儆戒和忧患，这与上举"老成人"言的精神气质又是一致的。

当然，《芮良夫毖》这两句更值得注意的是"反反其无成"与"豫命无成"。整理者引《大雅·板》"上帝板板，下民卒瘅"，指"反反"

---

① 李学勤主编：《清华大学藏战国竹简（三）》，第153页。
② 徐元诰：《国语集解》，第130页。

当读为"板板"。① 毛传解"板板"即"反也",孔氏正义解为"邪僻"或"反戾"。然则,如何理解这里的"邪僻"或"反戾"呢?网友"海天游踪"(苏建洲)认为"无成"似乎不能理解为没有成就的意思,此处的"成"可能是指"必也""定也",即"成式""成命""成法"的"成"。"其无成"意思是说老天捉摸不定,所以很可畏。② 同时简15"二启曰:天猷畏矣,豫(舍)命亡(无)成"的"无成"应与本简的"无成"统一解释。③ 这个看法已广为学者接受,我们认为亦确。"无成"即"无定","豫(舍)命无定"即《诗经·大雅·文王》的"天命靡常"或《尚书》中"惟命不于常"(《康诰》)的意思,指天命反复无常,因此才"可畏"。《诗经》中这种对天命靡常、不可测度的抱怨是比比皆是的。《大雅·板》下文还说:"敬天之渝,无敢驰驱。"郑笺云:"渝,变也。"④即指天命变化、反侧无常。另外,清华简《越公其事》第二章:"今我道路修险,天命反仄(侧),岂庸可知自得?"⑤所谓"天命反侧"与"板板其无定""豫(舍)命无成"的意思都是一样的,都是强调天命难知。又,上博楚简《武王践阼》有云"民之反仄,亦不可志"⑥,"反仄"即"反侧","志"的意思与"知"同,这话的意思也是说民反复无常,不可确知。此与上述"天命反侧""上帝板板"等句表达的意思都很接近。就此而言,我们认为上述"反反其无成"之"反"以本字读即可,毛诗的"板板"反而应该是"反反"之假借。《国语·晋语三》"成而反之,不信"⑦,"成"了又"反",此乃"不信","不信"即难知。此条辞例再次说明"反"以本字读即可。顺便要提到的是,《左传·

---

① 李学勤主编:《清华大学藏战国竹简(三)》,第153页。
② 参王瑜桢《〈清华大学藏战国竹简(三)·芮良夫毖〉释读》一文所引此说。
③ "豫命"学者多指出当读为"舍命",此与《郑风·羔裘》的"舍命不渝"之"舍命"同义,"舍"当训"发"(《小雅·车攻》"舍矢如破"),故"舍命"即"发命"或"发号施令"也,相关考证可参季旭昇:《〈郑风·羔裘〉"舍命"古义新证》,《诗经古义新证》,学苑出版社,2001年,第35页。
④ 孔祥军点校:《毛诗传笺》,第406页。
⑤ 李学勤主编:《清华大学藏战国竹简(七)》,中西书局,2017年,第119页。
⑥ 释文可参侯乃峰:《上博楚简儒学文献校理》,上海古籍出版社,2018年,第312页。
⑦ 徐元诰:《国语集解》,第316页。

早期文献中的"老成人"言与《老子》思想的渊源

昭公三十二年》卫彪傒评价晋魏舒所为不法,预言他没有好下场,并没有引"天之所支"句(类似的话是见于下一年即定公元年女叔宽的话:"天之所坏,不可支也。众之所为,不可奸也"),而就是引的《大雅·板》的"敬天之渝,无敢驰驱",这恐怕侧面也说明这几句与"天之所支"意思是差不多的。

《老子》中对这种天意反侧的忧虑也时或有见。像著名的58章云"祸兮福之所倚,福兮祸之所伏。孰知其极?其无正。正复为奇,善复为妖",所谓"孰知其极,其无正",即是对祸福转换不可捉摸的忧虑。"正"与"定"古音相近,常相假借,故"无正"即"无定"也,强调没有定准,不可捉摸。其73章又云"勇于敢则杀,勇于不敢则活。此两者或利或害。天之所恶,孰知其故",所谓"天之所恶,孰知其故"同样是对天意难测的忧虑,而忧虑就要知所儆戒,此又可见《老子》思想与措意儆戒的"老成人"言之间的关联。

4."恤邦之不臧,毋自纵于逸,以嚣(遽)不图难"

"恤邦之不臧,毋自纵于逸",即要恤念国家之败政,不要放纵于逸乐,此与《尚书·康诰》的"无康好逸豫",表达的同样是措意于儆戒。其中的"不图难",即不图念国家之艰难,《逸周书·芮良夫》云"尔执政小子,不图大囏","图大囏"即"图难"也。"囏"与"難"左旁相同,而楚简中"難"字右旁有较多变体,甚至有时就径用"堇"表"難"。当然,这几句更值得注意的是与《老子》的关联,其63章云"图难于其易,为大于其细",正言"图难"。该章下文还称"天下难事必作于易,天下大事必作于细"①,甚至相邻的64章也说"为之于未有,治之于未乱。合抱之木,生于毫末;九层之台,起于累土;千里之行,始于足下",其强调"难"从"易"做起,"大"从"小"做起,积极应对、预作儆戒的精神与《芮良夫毖》此处所言也是一致的。

5."变改常术,而亡有纪纲"

所谓"变改常术"即变乱国家之常法。《国语·周语下》云:"夫子而弃常法,以从其私欲","常法"即"常术",且明显与"私欲"构成

---

① 今本63章的这两处文字未见郭店简本,而帛书本已有。由《芮良夫毖》"图难"一词与之密合看,此两句表达的观念应该也是久有来历的。

103

对反。《老子》对"常"也是非常推崇的。其16章云"复命曰常,知常曰明,不知常,妄作,凶"①,55章也说"知和曰常,知常曰明",都强调"知常"。28章还屡言"常德",52章说要"习常"②,都是对"常术""常法"的推重。对"常"的强调,《老子》中还有另一关键语词,即"自然",64章"以辅万物之自然而不敢为","辅万物之自然"即辅万物之故常也。其23章又云:"希言自然。故飘风不终朝,骤雨不终日。""飘风""骤雨"云者,显然都是"反常"的。甚至相邻的24章也说"企者不立,跨者不行",所谓"企者""跨者"显然也不是"正常"的立行之道,《老子》这一形象的设譬同样表达的是对"常"或曰"自然"的推重。

结　语

上述文献特别是出土文献中大量措意于儆戒、忧患的"老成人"言,对我们思考《老子》一书的性质和年代学问题都是有益的启示。从更广泛的历史背景看,我们认为《老子》一书不过是周代箴训文化的产物,是老聃这位"老成人"的"言"。《老子》一书所推崇的退守、不争、无为以及力戒满盈的思想,其实与参透兴衰成败、祸福转化的"老成人"之言是完全一致的。《汉书·艺文志》说道家是"历记成败存亡祸福古今之道,然后知秉要执本,清虚以自守,卑弱以自持","历记成败存亡祸福古今之道"正是前述箴、邲、诵、谏等儆戒类文体所常有的内容,而正是这样的内容和思想环境才导致了"清虚以自守,卑弱以自持"的主张和选择。《汉志》以道家出史官,本文开头我们举《左传·襄公十四年》:"史为书,瞽为诗,工诵箴谏,大夫规诲、士传言",其中即有"史"职,而老子据信又为守藏室之史,因此其谙熟箴、谏等文体是很自然的。前面我们曾举李学勤先生论周代祝职谙熟于文辞,而祝、史之职又每多交集,学者熟知的《左传·定公四

---

① 16章这几句郭店简本未见,而帛书本有。
② 此未见郭店简本,但帛书本以下皆有。《逸周书·常训》云"民生而有习有常,以习为常,以常为顺",《左传·昭公十六年》亦有"将因是以习,习实为常","习常"似亦是古语。

早期文献中的"老成人"言与《老子》思想的渊源

年》所记"昔武王克商,成王定之,选建明德,以蕃屏周……"等封鲁、卫、晋之原原本本的记载,正出自祝佗的话,其谙熟于久远古史又似史官也。我们认为,谙熟于古史旧事应该是祝史基本的职业素养,否则便不能"历记成败存亡祸福古今之道",而习于文辞则更多是技术、技巧性的要求。汉志所云,主要是强调前者即职业素养,晚近出土文献中大量发现的箴戒类文献则又让我们对祝史于文辞方面的技巧有更直观、更深入的认识。对于《老子》一书的性质,我们同样应该从这两方面去把握。这里要顺便提到,《左传》襄公十四年和三十年曾两引仲虺的话,分别为"仲虺有言曰:'亡者侮之,乱者取之;推亡固存,国之道也'"和"《仲虺之志》云:'乱者取之,亡者侮之;推亡固存,国之利也'",①仲虺的话同样有"老成人"言的箴训特征,而且所谓"国之道也""国之利也"云云,也与《老子》的有些表述非常接近(65章"故以智治国,国之贼;不以智治国,国之福"),这些都昭示《老子》一书鲜明的箴训文献色彩。② 而且,像前举《芮良夫毖》《周公之琴舞》从其古奥艰涩的语言风格来看,时代都比较早。清华简《迺命》二篇用语也每每与《尚书》周初八诰相合,显示时代亦不晚。这些都提示我们,深受箴训文化影响的《老子》不必晚到战国时世。

从上文我们讨论的出土及传世文献中的"老成人"言来看,它们在思想及文风上其实都多有共性。而且,措意于儆戒、趋利避害的"老成人"言,其表述形式又是非常多样的,这也印证《老子》文本背后其实有更广大的知识或观念背景。从这个意义上说,上举出土文献的最大价值就是极大地拓宽了我们的文献视野,从而可以在一个更为完整的知识背景中来校正《老子》这样一部古书的年代学或思想史坐标。换言之,此前由于文献佚失太多,仅据有限的传世文献,很容易形成"冰山"式推理。像学者于《金人铭》和《老子》间所做的非此即彼的相袭判断,其实就是惑于它们部分表述的高度相似性。

---

① 《左传·宣公十二年》记晋随武子云:"仲虺有言曰:'取乱侮亡,兼弱也。'"显然是对这两句的总括。
② 有学者专门探讨《老子》与"箴体"的关联,是独具慧眼的。参见侯文华《老子与先秦箴体》,《中国文学研究》2009年第3期。

现在新发现的文献大量增加,我们才明白相关思想或表述本来所在多有,只是由于散失的原因,才使类似《金人铭》与《老子》之间的关联在现存文献中如露出水面的"冰山"般突出、醒目,因之不恰当的"亲缘"联想或"趋同"判断也就容易形成,这其实都是错觉或假象。① 从这个意义上说,清华简中的儆戒类文献如《保训》《芮良夫毖》《周公之琴舞》,以及虽然非标准的儆戒类文献,但其中又不乏"老成人"言的《祭公》《皇门》《郑文公问太伯》以及《迺命》《成人》诸篇,它们对于《老子》文本性质及年代学研究的价值都是亟待深入挖掘的。

【补记】

文中我们引李学勤等学者指出《逸周书·周祝》不少表述与《老子》关联密切,②这里试略作举证,以见二者的联系。

《周祝》:"文之美而以身剥,自谓智也者故不足。角之美,杀其牛。荣华之言,后有茅……石有玉而伤其山,万民之患在口言……甘泉必竭,直木必伐。……故虎之猛也,而陷于获;人之智也,而陷于诈。曰之美也解柯,柯之美也离其枝;枝之美也,拔其本……人智之邃也,奚何为可测?"

这些表述主旨有二:一曰物自炫其才则必招其害,如此,则含藏之精神与《老子》通(4章、56章皆有"挫其锐""同其尘"之说,20章又谓"我愚人之心也哉");二曰排斥"智",尤其是不能"自谓智",而《老子》曰"民之难治,以其智多"(65章);"不自见故明,不自是故彰,不自伐故有功,不自矜故长"(22章),"**自见者**不明,**自是者**不彰,**自伐者**无功,**自矜者**不长"(24章)。又,其所谓"荣华之言,后有茅",讨厌"漂亮话",《老子》曰"信言不美,美言不信"(81章)、"美言可以市"(62章),而《庄子·齐物论》云"道隐于小成,言隐于荣

---

① 即如前文提到的范蠡言论与《老子》思想多有相合,学者或以为范蠡染于《老子》,参魏启鹏:《范蠡及其天道观》,《道家文化研究》第六辑,上海古籍出版社,1995年,第86页。
② 张怀通先生做《逸周书》研究,亦列"《周祝》与道家思想"一题专门讨论,参氏著《〈逸周书〉新研》,第365页。

华","荣华"一词与此篇合。

《周祝》:"辟召道者,福为祸。……不知道者,以福亡。"

此强调祸、福之间的转化与《老子》"祸兮福之所倚,福兮祸之所伏"(58章)接近。

《周祝》:"故狐有牙而不敢以噬,獭有蚤而不敢以撅。"

这种"有而不敢(用)"的思维方式与《老子》"使有什伯之器而不用,使民重死而不远徙。虽有舟舆,无所乘之。虽有甲兵,无所陈之"(80章)接近。

《周祝》:"势居小者,不能为大。"

此言"不能为大",《老子》亦有"以其终不为大"(34章)、"是以圣人终不为大"(63章)之说。

《周祝》:"故泽有兽而焚其草木,大威将至不可为巧。焚其草木则无种,大威将至不可以为勇。"

此屡言"大威",而《老子》曰"民不畏威,则大威至"(72章)。

《周祝》:"水之流也,固走下。"

此与《老子》"处众人之所恶,故几于道"(8章)接近。

《周祝》:"牝牡之合也,孰交之?"

此言"牝牡之合",而《老子》曰"未知牝牡之合而全作"(55章)。

《老子》"受国之垢，是谓社稷主"观念溯源

一

天下莫柔弱于水，而攻坚强者莫之能胜，其无以易之。弱之胜强，柔之胜刚，天下莫不知，莫能行。是以圣人云："**受国之垢，是谓社稷主；受国之不祥，是为天下王**。"正言若反。——《老子·七十八章》①

该章是《老子》典型的"人往低处走"（李零语）式反向思维，章末甚至专门说"正言若反"。② 另外，《老子》第8章的"上善若水。水善利万物而不争③，居众人之所恶，故几于道矣"，同样是以水取譬，而"居众人之所恶"与78章的"受国之垢""受国之不祥"义同。再如28章的"知其雄，守其雌，为天下谿。知其白，守其黑，为天下式"，也同样表现了这种反向思维，故而《庄子·天下》将其与"受天下之垢"并列为老聃代表性思想。28章的这种表述，常被后人用以讲"欲取反予"，或以退为进的"兵法"，似乎纯粹是一种策略。不过，水之处下甚至"弱之胜强"都是经验世界可观察到的现象，然则，"受国之垢，是谓社稷主；受国之不祥，是为天下王"是否也是经验的呢？如果是经验的，它又反映了什么样的历史经验呢？

前人疏解"受国之垢""受国之不祥"两句，常引《左传·宣公十五年》伯宗的话："川泽纳污，山薮藏疾，瑾瑜匿瑕，**国君含垢**，天之道

---

① 本文《老子》之文，除有重要分歧需讨论外，均依王弼本。
② 北大简本此章与79章合为一章，虽不乏遵本这样的古本依据，但两章主旨相去甚远，各自独立当为故书之旧。
③ 此二字马王堆帛书乙本作"有争"，北大简本同，但这与传世本"不争"正相反，北大简整理者以为本作"有静"，后人妄改，裘锡圭先生重新整理帛书本时以通行本为是（《长沙马王堆汉墓简帛集成》，第46页），这确实符合老子一贯的思想。

《老子》"受国之垢,是谓社稷主"观念溯源

也。"伯宗时肯定无《老子》书(参本书中论"老成人"言及"盗憎主人,民恶其上"二文),只能说明《老子》这种观念久有源头。然则,"受国之垢""受国之不祥"具体是什么情形呢?西汉末严遵的《老子指归》对这两句曾有详细解释:

何谓受国之垢?曰:食民所吐,服民所丑,居民所使,乐民所苦,务在顺民,不遑适己。故民托之如父,爱之如母,愿为臣妾,与之俱死。是以,处寒磬之地,沙石之壤,僻迴之国,厄狭之野,困辱为荣,存其祖宗,变祸为福,长为民主。

何谓受国之不祥?曰:忍民所丑,受民所恶;当民大祸,不以为德;计在丧国,不失天心。虑在杀身,不失民福。①

严遵解释透露出两点信息:其一,君王简直是"受气包",并非好差事,他必须忍辱负重,为国操劳,也就是《左传》伯宗所谓的"受污纳垢";其二,君王如此"憋屈",主要是为民众考虑,说白了就是"民本",只有这样国君才能得民心,才能成王。与此类似的思想还有《左传·庄公十一年》引臧文仲的话说:"宋其兴乎。禹、汤罪己,其兴也勃焉;桀、纣罪人,其亡也忽焉。且列国有凶称孤,礼也。言惧而名礼,其庶乎。"关于桀纣的"罪人",《韩诗外传》卷三以及《说苑·君道》述其事都说桀纣"不任其过",反衬禹汤的"罪己"就是主动"任其过",也就是能"受垢",反而能成王。由此看来,这种观念确实有久远的渊源。理解了这一点,就可知道,《礼记·礼运》所谓"故国有患,君死社稷谓之义"(《礼记·曲礼下》作"国君死社稷"),恐怕亦与这一观念有关。另外,前面我在讨论"老成人"问题时曾举上博简《彭祖》篇有云"三命四俯,是谓百姓之主",所谓"四俯"即极言其甘处卑微、放低姿态,这样反而能为"百姓之主",其中的逻辑与"受国之垢,是谓社稷主"也是一致的。

其实,传世文献中言及国家治理不好,君王要一个人承担的记载还有很多,如:

《国语·周语上》引《汤誓》:"余一人有罪,无以万夫;**万夫有**

---

① 王德有点校:《老子指归》,中华书局,1994年,第115页。

罪,在余一人。"(今《汤誓》无此句)

《盘庚上》:"邦之臧,惟女众。**邦之不臧,惟予一人有佚罚**。"

《秦誓》:"**邦之杌陧,曰由一人**,邦之荣怀,亦尚一人之庆。"

《论语·尧曰》:"(汤)予小子履,敢用玄牡,敢昭告于皇皇后帝:有罪不敢赦。帝臣不蔽,简在帝心。朕躬有罪,无以万方;**万方有罪,罪在朕躬**。……虽有周亲,不如仁人。**百姓有过,在予一人**。"

《墨子·兼爱中》引《传》曰:(武王)"虽有周亲,不若仁人。万方有罪,维**予一人**。"

《墨子·兼爱下》所引《汤说》:"……**万方有罪,即当朕身**;朕身有罪,无及万方。"

《吕氏春秋·顺民》:"昔者汤克夏而正天下,天大旱,五年不收。汤乃以身祷于桑林,曰:'余一人有罪,无及万夫。**万夫有罪,在余一人**。无以一人之不敏,使上帝鬼神伤民之命。'"

《尸子·绰子》篇(《群书治要》引):"汤曰:朕身有罪,无及万方;**万方有罪,朕身受之**。"

这类记载主要的意思也是一致的,那就是讲国家有难或者治理不好时,总是要由王一个人承担,而非什么其他的人。类似观念,西周金文亦有见。宋人著录之塑盨铭文云(集成4469):

……有进退,雩邦人、正人、师氏人,有罪有故(辜),迺协俑即汝,乃繇宕,俾复虐逐厥君、厥师,**迺作余一人怨**①。……勿使暴虐纵狱……

此例周天子同样称"余一人"。此铭前部残缺,且文辞古奥,不易尽晓。其中的"虐逐厥君、厥师",郭沫若径释为厉王奔彘,②过于具体。窃以为杨树达先生于此解说似更洽,杨说略谓:"若对于邦人及长官军旅之部属有罪过者宽纵不治,则彼等将益无所畏忌,进而虐逐其君长,于是乃为余一人之咎过也"③,杨氏所释之"咎",实当

---

① 此字原释"咎",从后面所举四十三年逑鼎来看,当以释"怨"为是。
② 郭沫若:《两周金文辞大系图录考释》(下),上海书店出版社,1999年,第141页。
③ 杨树达:《积微居金文说》,中华书局,1997年,第123页。

释"怨"(见下)。也就是说,此处"逌作余一人怨",当理解为:臣下有过错,国家治理得不好,就会导致对周王的怨恨,这还是表明周王自己要"一个人"承担责任。类似观念还见于眉县杨家村四十三逨鼎,其铭云:

……毋敢𥎶橐,𥎶橐唯有宥从,乃侮(侮)鳏寡,**用作余我一人怨**,不肖唯死。

"余我一人",显系"余一人"的繁构。其中的"怨",学者或释为"咎",但董珊先生释为"怨",裘锡圭先生同之,可从。其实,"作怨"乃古书习语。可资参照者,《尚书·康诰》云:"敬哉!无作怨。"清华简《尹诰》亦云"厥辟作怨于民",整理者以"怨"读如"怨"字,故"作怨"即"作怨",良是。《左传·僖公九年》"三怨将作"及《左传·昭公八年》"怨讟并作",均是本之"作怨"格式,而稍变其结构。益知此铭之"作余我一人怨"及上塱盨之"作余一人怨"均当为"作怨"之稍显繁复的表达。尽管"乃侮鳏寡"前两句相关语词不能确识,但与"乃侮鳏寡"一样,也应该是负面的情况,也就是国家治理得不好。这种情况下,王认为又要自己承担责任:"用作余我一人怨"。类似观念征诸史籍,如《左传》昭公三十二年记载周天子派人去晋国请求晋侯召集诸侯城成周:"其委诸伯父,使伯父实重图之。俾**我一人无征怨**于百姓,而伯父有荣施,先王庸之。"此例周天子自称又是"我一人"。当然,其时周室权威不再,只能仰仗晋国,即所谓"委诸伯父"。但周天子仍然要说"俾我一人无征怨于百姓"(杜注:"征,召也。"),观此口气似乎周王有点狂妄自大,其实,从上举二器的"乃作余一人怨""用作余我一人怨"就可看出来,这种表述其实是渊源有自的。

我们认为,上述铭文及文献中所说如果国家治理不好,对周王来说就是"作余(我)一人怨",正是"受国之垢,是谓社稷主"或"国君含垢,天之道"的观念源头,它们的精神实质都是一致的。

读者可能已注意到,无论是上举传世文献还是金文中,这种反映国家有难或治理不好时首先要"问责"于王的观念,王往往都自称"余一人"(《墨子·兼爱下》《尸子》所云虽未见"余一人",但也说到

111

"朕身")。关于此称,我们知道20世纪胡厚宣先生曾先后有两文集中讨论之,①胡文主要是就卜辞材料立论。上举胡先生的后一文写成于1975年,对当时卜辞的最新资料利用到了小屯南地甲骨(《屯南》726),自那以后,殷墟卜辞虽然有花园庄东地这样的大宗发现,但花东属"子"卜辞,其中却并未见"余一人"之类材料。因此,虽然胡文写成较早,但应该说对于卜辞中"余一人"资料的占有还是相当全面的。② 检视胡文所提到的卜辞中目前所知全部"余一人"用例,我们发现其中有一个有趣的现象,那就是它有多达60%的文例都是属于在"有求"③或其他异象的前提下,卜问是否会对"一人"或"余一人"即商王有什么忧咎。④ 其常见辞例如:

(1) 乙亥贞,有求(咎)……【一】人　　　　　　合集 1067

(2) 乙亥卜,争贞:王朿有求(咎),不于【一】人囚(忧)

合集 4978

(3) 癸酉卜贞,旬有求(咎),不于一人……　　合集 4979

(4) 癸未卜,旬有求(咎),【不于】一人囚(忧),八月　合集 4980

(5) ……亥【卜】贞,旬【有】求(咎),亡于一人……　合集 4983

(6) ……未贞……求(咎)……一人囚(忧)　　合集 34085

(7) ……卯卜贞,……有求(咎),才(在)……不于一人囚(忧)

英藏 1557

(8) 癸巳【卜】告贞……有求(咎),不于一【人】囚(忧),九月

怀特 737

---

① 两文分别为《释"余一人"》和《重论"余一人"问题》,先后载于《历史研究》1957年第1期和《古文字研究》第六辑(中华书局,1981年)。其中后一文又见《四川大学学报丛刊》第十辑,《古文字研究论文集》,1982年。
② 蒋玉斌先生亦提到至目前为止,对于卜辞中"一人"或"余一人"材料,仍以胡厚宣先生搜罗最全。参其博士论文《殷墟子卜辞的整理与研究》,第124页。
③ "求"字过去多释为"祟",后裘锡圭先生专门予以澄清,主张释为"求",读为"咎",可从。参裘锡圭:《释"求"》,《裘锡圭学术文集》第1册,复旦大学出版社,2012年,第274页。
④ 拙文《也论"余一人"问题》(载《历史研究》2018年第2期)对此有详细分析,可以参看。

(9) ……卜贞,……鸣,不……一人囚(忧)? 　　　合集4981

这一类材料最令人感兴趣的是,为何在"有求(咎)"或者异象的前提下,商王首先要问对自己有没有忧咎? 再者,学者还曾讨论卜辞中的"有设",认为一般指自然界的异象,当"有设"出现的时候,也往往引起对王是否吉利的贞问。① 那现在的问题是,为何一旦出现"有求(咎)"或其他异象的情况下,商王首先想到对自己是否不利呢? 换句话说,为何"有求(咎)"或异象的情况只针对商王,或者只有商王"一人"害怕呢? 此前胡厚宣先生在论及此一问题时评论说:"但他作为一国之王,所关心的不是整个国家,不是全国的人民,也不是其他的那一个,而是他自己这独自一个人。用甲骨占卜,其所贞问的仅仅是他自己这一个人会不会有什么灾祸。"胡先生此说是想证成自己所谓商王称"余一人"代表"专制""独裁"义,凡是读过胡先生后一文的学者对此都不会陌生。笔者曾详细梳理卜辞中的所有"余一人"辞例,我们认为不唯其中占有绝大部分(60%)的"有求(咎)(异象)——不于一人囚"模式不能证明商王的"专制"或"独裁",其他较少比重的"余一人"材料同样也不能证明这一点。我们认为"余一人"传统说法如《白虎通·号篇》认为是谦称,还是有道理的,与诸侯称"孤"道"寡"义同②。此种称谓就其本义上看,是想强调国家的治理责任由王之一人承担,体现了早期王权的责任意识。但国家万千政事之巨与承担责任之"一人"形成巨大反差,在国家治理重任面前,王之"一人"无疑显得势单力孤,这正是传统自谦说法的由来。

另外,上举卜辞第9例中的"【】鸣",当属异象,情形与《尚书·高宗肜日》"雊雉"类似,卜问在此情况下会不会对商王有什么忧咎。关于异象的例子,胡文所举最典型的例子还有《屯南》726的下面这条材料:

壬寅,贞月又戠,王不于一人囚?

---

① 李学勤:《论殷墟卜辞的新星》,《中国古代文明研究》,华东师范大学出版社,2005年,第7页。
② 参见拙文《也论"余一人"问题》。

其中的"戠",胡先生释为"埴",意思是变赤,但现在多或释为月食,①总归也是一种异象。当这种异象出现的时候,又引起会不会对王"一人"有忧咎的卜问。这种日食之类的"异象",其实就是"不祥",这种一旦异象出现君王就要担惊受怕的逻辑,其实正曲折反映了"受国之不祥,是谓天下王"。换句话说,自古就有的将异象或者"不祥"与君王相关联的观念,这才是老子"受国之不祥,是谓天下王"的思想源头,它同样是经验的。应该提到的是,关于卜辞"有戠"之"戠",李学勤先生释为"凿",读为"兆",但其后来在文章的附记中也提到陈剑以声韵关系读为"异"似更合理,以这里讨论的"异象"而论,陈说确实更优。②顺便说一句,针对日食之类"异象",古代有所谓"凶礼"。《左传·文公十五年》:"日有食之,天子不举,伐鼓于社,诸侯用币于社,伐鼓于朝,以昭事神、训民、事君,示有等威,古之道也。"《左传·昭公十七年》:"夏六月甲戌朔,日有食之。"昭子、太史均建议以"凶礼"对之,但季平子不为所动,昭子评论曰:"夫子将有异志,不君君矣。"杜注谓"安君之灾,故曰有异志。"所谓"安君之灾"正说明日食之类异象指向的不是别人,正是国君。更有名的例子是《史记·宋微子世家》所记宋景公处理"荧惑守心"的材料。宋景公对"可移于相""可移于民""可移于岁"等建议均不认可,从需要"移"的背景看,时人还是认为异象是指向国君的。最终景公躬自受之,子韦评价其高风亮节,其实这本就是君主的本分。有意思的是,"移于相""移于民""移于岁"的主意正出自子韦,这种嫁祸于人的想法说明他对相关事件的内涵可能已不太了然。值得注意的是,《史记·天官书》云:

　　日变修德,月变省刑,星变结和。凡天变,过度乃占。国君强大,有德者昌;羽小,饰诈者亡。太上修德,其次修政,其次修救,其次修禳,正下无之。

　　其中的"日变""月变"之类,即属上面所述的"异象"。有意思

---

① 李学勤:《夏商周年代学札记》,辽宁大学出版社,1999年,第79页。
② 李说见前揭李先生《论殷墟卜辞的新星》。

的是,对于这些"异象"的处理,《史记》云"太上修德,其次修政,其次修救,其次修禳,正下无之",最好的办法是身自承担,并"修德""修政",而"禳除"之类举措倒是等而下之的。这恐怕也说明上述子韦"移于相""移于民""移于岁"之类"嫁祸"的做法反而是于古无征的。

二

前引《左传·宣公十五年》伯宗说"国君含垢"是"天之道",而前面所举《老子》第八章讲水之"居众人之所恶"时,也说这样就"几于道",而"天道"问题更是老子乃至道家艳称之词。对此,后人常作过度抽象的哲理玄思,由我们前面对所谓"受国之垢"观念源头的讨论看,这里所谈的"道"和"天之道"并不玄奥,而是有着深刻的历史背景的。因此,"受国之垢"背景下的"天之道",在老子那里其实应该理解为"本来应该如此之道",或者说这才是"自然"之"道"。具体来说,那就是国君本来就该是受污纳垢、忍辱负重、为民众利益劳心焦思的,这正是早期君王的"本分"。笔者在前述讨论"余一人"的小文中曾指出,从卜辞中所涉及的所有"余一人"或"一人"辞例看,并无胡厚宣先生所说的"独裁"或"专制"义,"余一人"本义其实与诸侯称"孤"道"寡"义同,都是强调君王的势单力孤,就是《白虎通·号篇》所谓的谦称,尤其是面对国家的万千政事的治理责任时就更是如此。这种意思的"王"或者"一人"其实还残留原始社会由推选而产生首领的特征:首领必须深孚众望,为本部族利益着想,是部族安危、祸福之所系。正是有鉴于此,很多学者才指出,"民本"主题其实不是自孟子始,也不是自周初始,它其实是中国早期国家产生或中国政治学的"元问题",[1]前几年公布的清华简《厚父》篇同样

---

[1] 可参谢维扬《中国早期国家》(浙江人民出版社,1998年,第393、400页),常金仓《二十世纪古史研究反思录》(中国社会科学出版社,2005年,第230、269页),沈长云、张渭莲《中国古代国家起源与形成研究》(人民出版社,2009年,第140页)。

说明了这一点。① 正因为此，早期文献还多有尧、舜、禹、汤甚至文王这些人虽为君王，但其实干的多是"苦差事"的记载：

《史记·殷本纪》引《汤诰》："**古禹、皋陶久劳于外，其有功于民，民乃有安**。……后稷降播，农殖百谷。**三公咸有功于民**，故后有立。"

《左传·襄公二十九年》："见舞《大夏》者，曰：'美哉！**勤而不德，非禹**其谁能修之？'"

《尚书·无逸》："**文王卑服，即康功田功**，……文王至于日中昃，**不皇暇食，惠于小民**，唯政之恭。"

《庄子·天下》："禹亲自操橐耜而九杂天下之川，腓无胈，胫无毛，沐甚雨，栉疾风，置万国。禹大圣也，而形劳天下也如此。"

《韩非子·五蠹》："尧之王天下也，**茅茨不翦，采椽不斫，粝粢之食，藜藿之羹；冬日麂裘，夏日葛衣；虽监门之服养，不亏于此矣**。禹之王天下也，**身执耒锸，以为民先，股无胈，胫不生毛，虽臣虏之劳，不苦于此矣**。"

既然上古君王"民本"、勤苦如此，笔者还想就《老子》中的另一概念即"德"谈谈粗浅的看法。如前所述，上古君王的"本分"就应该勇于"任过"，甚至受污纳垢的，因此自我显摆、表彰自己的功德就是难以想象的。这正是我们理解《老子》三十八章"上德不德，是以有德"的一把钥匙：所谓"不德"，即不矜夸其德。巧合的是，上举《左传·襄公二十九年》讲禹被推举，恰是"勤而不德"，亦用"不德"，可为佳证。古来解老者多重此章，韩非《解老》篇即开宗明义：

德者，内也。得者，外也。"上德不德"，言其神不淫于外也。神不淫于外，则身全，身全之谓得。得者，得身也。凡德者，以无为集，以无欲成，以不思安，以不用固。为之欲之，则德无舍；德无舍，则不全。用之思之，则不固；不固，则无功；无功，则生有德。德则无德，

---

① 参拙文《清华简〈厚父〉"天降下民"句的观念源流与豳公盨铭文再释——兼说先秦"民本"思想的起源问题》，《出土文献》第七辑，中西书局，2015年。

不德则有德。故曰："上德不德,是以有德。"

所谓"德""得"之训,以及"神不淫于外",甚至"以无为集,以无欲成……"等等,晦涩玄虚,不知所云(此正是我们在"前言"中提到的"异时性"证据不足以证《老子》)。其"身全"之解又启后世严遵、河上公甚至王弼诸本养生之训,可以说越说越远,离题万里。了解上述老子"受国之垢"思想的历史背景,就可以知道它本来没那么神秘。另外,既然"上德"的标准就是不矜夸其德,所以我们就能理解《老子》书中为何有那么多崇尚"功成身退"的记载:

2章:"万物作焉而不辞,**生而不有,为而不恃,功成而弗居**。"

9章:"**功遂身退**,天之道。"(又是"**天之道**")

51章:"**生而不有,为而不恃,长而不宰,是谓玄德**。"

77章:"是以圣人**为而不恃,功成而不处**。"

由"上德""玄德"两词来看,老子并不排斥"德",道家后学及后世学者或以为"德"与"仁""义"一样,均为儒家艳称而为道家所拒斥,其实均非老子本义。老子是并不排斥"德"的,如:

21章:"**孔德之容**,惟道是从。"

28章:"为天下豀,**常德**不离,复归于婴儿。……为天下谷,**常德**乃足,复归于朴。"

41章:"**上德若谷**,大白若辱,**广德若不足,建德若偷**。"

51章:"道生之,**德畜之**,……万物莫不尊道而**贵德**。**道之尊,德之贵**,夫莫之命而常自然。……生而不有,为而不恃,长而不宰。是谓**玄德**。"

59章:"早服谓之重**积德**,重**积德**则无不克,无不克则莫知其极,莫知其极可以有国,有国之母可以长久。"

65章:"常知稽式①,是谓**玄德。玄德**深矣、远矣!与物反矣。"

从这些表述看,老子绝不可能否定"德"。但读者可能也注意到,上述表述中老子对"德"又常加限定词,如"孔德""常德""玄

---

① 北大简本及部分传世本作"楷式"。

德",这些才是最完美的"德",其实也就是38章所谓的"上德",因此也就是高于一般的"德"。这些完美的"德",21章说"惟**道**是从",28、41章又以"**谷**"设譬,59章说"可以**有国**",这串联起我们上文对"受国之垢"问题看法的几大要点:君王受污纳垢是"天之道",谦卑若谷故"几于道",只有这样才能是"社稷主",亦即"有国"。另外,65章论述"玄德"时最后说"与物**反**矣",何谓"与物反"?王弼解"反其真"①,稍嫌抽象;河上公本解为"玄德之人与万物反异,万物欲益己,玄德欲施与人也"②,考虑到上文论及的上古为君之担当和"民本"要求,此说可谓更洽。当然,从"反"字看,老子那里理想的社会也只能是"复古"的。诚如28章所说"常德乃足,复归于朴",14章也说"执古之道以御今之有。能知古始,是谓道纪",80章甚至干脆谓"小国寡民"云云,这都是大家熟知的老子取向了。

---

① 楼宇烈:《王弼集校释》,中华书局,1980年,第168页。
② 王卡点校:《老子道德经河上公章句》,中华书局,1993年,第255页。

由周人的"巧利"之弊
说到《老子》的"绝巧弃利"*

《老子》今本19章著名的三组"绝弃",由于"绝圣弃智"和"绝仁弃义"与郭店简本不同,学者讨论较多,相反,对于与诸出土古本完全一致的"绝巧弃利"则罕有关注。实则《老子》"绝巧弃利"的主张也不是偶然的,它同样有强烈的针对性,这对于我们思考该书的年代学特征同样有重要的参考价值。

一、《老子》"绝巧弃利"之"巧""利"发覆

首先需要厘清的,是《老子》19章所云"绝巧弃利,盗贼无有"之"巧"和"利"究竟所指谓何?两者之中,对于要"绝"的"巧",学者的认识基本一致,即机巧、巧诈之"巧"。因为《老子》本身即有内证,其45章说"大巧若拙",57章亦云"人多伎巧,奇物滋起"①,都对"巧"持负面态度。《庄子·天下》篇总结老聃学派说"无为也笑巧","笑巧"正与"绝巧"相合。早期文献中,"巧"也多具这样的负面色彩。最著名的如《论语·阳货》篇夫子对"巧言令色"的批评。《国语·郑语》亦云"夫虢石父谗诌巧从之人也","谗诌"实即"巧言",无怪乎其与"巧从"并列。《逸周书·月令解》"无或作为淫巧以荡上心","淫巧"明显是负面的。《国语·周语下》"夫子而弃常法,以从其私欲,用巧变以崇天灾,……其殃大矣",这里一则把"巧变"与"私欲"并列,而《老子》同章即言"少私寡欲",7章亦云"非以其无私邪",同样把"私"看成负面的东西。另一方面,"用巧变以崇天灾"

---

* 此文曾与卜易合署发表于《中原文化研究》2022年第1期。
① 57章今本的"人多伎巧",郭店简本及北大汉简本作"人多智",看来"伎巧"当系《老子》在流传过程中的误讹。

119

又是"弃常法",而《老子》对"常道"又是非常遵循的。如 16 章"复命曰常,知常曰明;不知常,忘作,凶",28 章屡言"常德",52 章主张"习常",55 章"知和曰常,知常曰明"(后一句与 16 章同)。又,《庄子·盗跖》篇称孔子为"巧伪人孔丘",《睡虎地秦简·语书二》"法律未足,民多诈巧","巧"每每与"伪""诈"并举。本书的下编我们专门有文讨论郭店简相当《老子》19 章的"绝悫弃虑",认为根据最新的楚简古文字资料,其当释读为"绝伪弃诈",可见即《老子》19 章内部,"巧"也是与"伪诈"并举的。董珊先生说"巧"的意思,"可总结为'伪诈''无情实'之类的意思"①,是很正确的。也就是说,无论是在《老子》本文还是在其他文献中,"巧"与"伪""诈"都是常相并举的,应该是意思相近的词。

如果说历来学者对"绝巧弃利"之"巧"理解没有什么分歧的话,对于其中的"利"则微有不同。河上公注解释"利"为"塞贪路,闭权门",由"贪"字可知,此"利"明显指向货财之"利"。但王弼则把"巧"和"利"都解为"用之善也",就是说"会用",则明显与河上公注本不同,也就是说即旧注于此已经有了分歧。蒋锡昌是明确支持河上公注的看法,并广引《老子》一书的内证为据,如第 3 章"不贵难得之货,使民不为盗",12 章"难得之货,令人行妨",57 章"人多伎巧,奇物滋起",认为"利"即"奇物"或"难得之货"。"故难得之货与盗贼有连带之关系也","'绝巧弃利,盗贼无有',谓人君绝伎巧,弃难得之货,则盗贼无有也"②。我们认为蒋说是非常有道理的,尤其是其举《老子》书中"难得之货"每与"盗贼"并举,而 19 章此处恰说如果"绝巧弃利",就可以"盗贼无有",的确很有说服力。这里还可补充的是,《老子》53 章云"厌饮食,财货有余,是谓**盗夸**",以"财货"与"盗夸"并举,同样可以证明"利"乃货财之"利"。

不过,晚近以来,学者颇多将"绝巧弃利"之"利"理解为辞锋锐利之"利"者。这种含义的"利",文献中也颇多见。如《论语·阳

---

① 董珊:《楚简〈恒先〉"详宜利巧"解释》,《简帛文献考释论丛》,上海古籍出版社,2014 年,第 28 页。
② 蒋锡昌:《老子校诂》,第 119 页。

由周人的"巧利"之弊说到《老子》的"绝巧弃利"

货》"利口之覆邦家者",《大戴·千乘》:"利辞以乱属曰谗",前举《国语·郑语》的"谗诡"实亦利口辩说,甚至《论语·卫灵公》的"工欲善其事,必先利其器"之"利"意思也与之接近。当然,促使学者将"绝巧弃利"之"利"往"利口""利辞"方面理解的,新出土材料可能也起了非常关键的作用。如上博简《恒先》有"详宜利巧"语,① 尤其是郭店简《性自命出》45号简径云"巧言利词",与上举"利口""利辞"之说基本一致。故而裘锡圭先生认为河上公以"塞贪路,闭权门"释"弃利"不确,认为近人多以"私利""货利"来解释此"利","似不合适"。他肯定王弼的解释"巧、利,用之善也",并引刘国胜之说,而刘说即是据《性自命出》"巧言利辞"为说的。裘先生认为"利"即"利器""利剑"之"利","'绝巧弃利'主要大概指抛弃巧妙、精良的工具和技术"②。我们认为《性自命出》"巧言利词"之"巧""利"并举与《老子》十九章的"绝巧弃利"并不能相提并论。这一点曹峰先生在讨论上举《恒先》的"利巧"时已经指出,其说谓:"从下文(指《老子》19章——笔者按)'盗贼无有'来看,这里的'巧'和'利',当指制造出人间珍品的智巧和人人贪欲之货利,所以'巧'当释为'智巧'或'技巧'",而"利"当指"货利"。③ 我们认为曹说是非常正确的。其实,上博简《恒先》的"利巧"也是与"綵物"并提,"綵物"即货财也,故"利"不当释为"利口""利辞"之利至为显豁。而且,郭店简相当今本19章第一句作"绝智弃辩","辩"即逞辞巧说,④ 与"利口""利辞"之"利"同义,这样前后文义就构成了重复,也是明显不合理的。

---

① "巧"字乃董珊先生改释,参前揭董文《楚简〈恒先〉"详宜利巧"解释》。
② 裘锡圭:《关于〈老子〉的"绝仁弃义"和"绝圣"》,《裘锡圭学术文集·简牍帛书卷》,复旦大学出版社,2012年,第512页。
③ 曹峰:《上博楚简思想研究》,台湾万卷楼图书股份有限公司,2006年,第169—171页。
④ 郭店简"辩"字作"攴",或读为"辨",理解为辨别、分辨,那"弃辨"无异于说老子要"绝弃"所有的知识,这是笔者不能同意的,说详后文。另外,我们在讨论郭店简《成之闻之》"言语穷之,其胜也不若其已也"时已经指出,这两句意思是说与其巧舌如簧地逞其口辩,还不如干脆不去争,我们也指出其与《老子》思想的关联(可参本书《由郭店简〈成之闻之〉篇申说老子思想的礼学背景》一文)。由其"言语穷之"看,郭店简"攴"也当以释"辩"为宜。

121

二、周人的"巧利"之弊与《老子》的"绝巧弃利"

当然,学者历来对"绝巧弃利"的解释,多是就《老子》或更多是就道家文献立论,没有关注更广泛的历史及文献背景。本文拟对此试作补充。《礼记·表记》有述周人之敝的一段话,在我们看来,这才是理解《老子》"绝巧弃利"的钥匙。《表记》这段话,从文化人类学的视角对夏人、殷人、周人的特点有精彩的概括,其中"周人"的特点是这样的:

《礼记·表记》:"子曰:'……周人尊礼尚施,事鬼敬神而远之,近人而忠焉,其赏罚用爵列,亲而不尊;其民之敝:**利而巧**,文而不惭,贼而蔽。'"

其中明确提到"利而巧",还说"贼而蔽",联系到《老子》该章"绝巧弃利,盗贼无有",这里已经有三个字可以对得上了。然则,《表记》所概括的周人的"利"和"巧"到底是怎样的?它是否就是《老子》19章要"绝弃"的东西呢?传统上,学者对周文化的认识,一般是周文郁郁,礼乐繁盛,但周文化却还有另一个特点,那就是逐利和流于巧饰,这正是《表记》归纳的"利而巧"。关于"巧",这其实是与周人"文"的特点密切相关的。《表记》此处讲"文而不惭",《表记》同篇还说"虞夏之质,殷周之文……殷周之质不胜其文",孔子亦谓周"郁郁乎文哉",而"文饰"本质上不就是"巧伪"吗?关于周人"利而巧"的特点,《汉书·地理志下》也有一段从文化人类学角度非常相近的概括,其文曰:

周人之失,**巧伪趋利**,**贵财贱义**,高富下贫,憙为商贾,不好仕宦。

其中不但有"巧"和"利",还有"伪",这也证实了《老子》此章讲"绝弃",把"伪诈"与"巧利"并提绝非偶然。《汉书》相对《老子》虽然明显系晚出的"异时"性材料,但有更早的《表记》"利而巧"作为支撑,我们认为其说也是来源有据的。而且,这里的"趋利""贵财""高富""憙为商贾"等,也证明了前文讨论的《老子》此章的"利"只能是货财之"利",而不会是"利口""利辞"之"利"。其实,《左传·僖公二十四年》云:"窃人之财,犹谓之盗,况贪天之功以为己力乎?"文公十八年又指周公所作之《誓命》有曰"窃贿为盗",从这些记载看,"盗"本来就是针对窃人财物之"利"的,《礼记·大学》引孟献子的话说"与其有聚敛之臣,宁有盗臣",也是把"聚敛"财货之类的逐"利"之人视同"盗臣"。因此,前举蒋锡昌、曹峰等先生联系"绝巧弃利"下一句"盗贼无有",主张其中的"利"应为"货财"之利,还是很正确的。

《汉书·地理志》此篇的所谓"周人"主要指东周王畿即今天洛阳周边地区,而《表记》载孔子的话则像是针对整个周文化或周人而言的。不过,东周以还,周室东迁洛邑,其地显然是周人的荟萃之地,因此也代表了周文化的正宗。一方面周文郁郁,但另一方面却又"巧伪趋利",这非常耐人寻味。有意思的是,当时诸侯国中周文化保存得最好的鲁国,同样有"巧伪趋利"的特点,甚至更严重。《史记·货殖列传》云:

邹、鲁滨洙、泗,犹有周公遗风,俗好儒,备于礼……及其衰,好贾趋利,甚于周人。

所谓"好贾趋利,甚于周人",可见"备于礼"的鲁文化在"趋利"上又是"甚于周人"的。周代礼乐文化何以具有如此悖论的特点?这虽不是本文讨论的重点,但亦可以略加申说。我们觉得上引《表记》的话已经透露出一些蛛丝马迹。其中说周文化"尊礼尚施",一般人多注意周文化的"尊礼",但对于"尚施"却往往未加措意,窃以为这正是理解周人"趋利"的关键。所谓"尚施",其实即侧重实利之施予。《左传·宣公十五年》:"晋侯赏桓子狄臣千室,……羊舌职说是赏也……曰:'文王所以造周,不是过也。故《诗》曰:"陈锡哉周",能施也。率是道也,其何不济?'"此处将晋侯的慷慨能"赏",比之《大雅·文王》的"陈锡哉周",且谓"能施",它们与《表记》的"能施"含义显然相同,即实惠、实利之施予。其实《表记》此处即云

"其赏罚用爵列",明著"赏""爵"云云,①此与郑笺解此句的"乃由能敷恩惠之施,以受命造始周国"②亦相合。《大雅》这句诗又见引于《左传·昭公十年》:

> 凡公子、公孙之无禄者,私分之邑。国之贫约孤寡者,私与之粟。曰:"《诗》云'**陈锡载周**',**能施也**,桓公是以霸。"

对于"陈锡载周"同样解为"能施",看来是可信的。且《国语·周语上》芮良夫劝谏厉王勿"专利",同样引此诗:

> 《大雅》曰:"陈锡载周。"是不布利而惧难乎? 故能载周,以至于今。今王学专利,其可乎? 匹夫专利,犹谓之盗……

所谓"布利",实即"能施",也就是把实利的施予定位为文王兴周的关键举措。鉴于文王施政在周代的典范意义,其对周人治国理政观念的影响自可推知,故《表记》从人类学角度总结为"周人尊礼尚施",是很自然的。所谓上有所好,下必甚焉,这对于我们理解周人"趋利"的特点,都是重要的参照。最有意思的是,《左传》昭公十年还将其与齐桓公的霸业并举,这提醒我们,对于文王兴周和齐桓的霸业,我们不能总惑于所谓"受命""天命"这样的粉饰性记载,以为其本该如此,它背后如果没有货财的施予和实利的拉拢也是做不到的。《左传·昭公二十六年》还记齐侯与晏子的对话:

> 齐侯与晏子坐于路寝,公叹曰:"美哉室! 其谁有此乎?"晏子曰:"敢问何谓也?"公曰:"吾以为在德。"对曰:"如君之言,其陈氏乎! 陈氏虽无大德,而有施于民。豆区釜钟之数,其取之公也薄,其施之民也厚。公厚敛焉,陈氏厚施焉,民归之矣。《诗》曰:'虽无德与女,式歌且舞。'陈氏之施,民歌舞之矣。后世若少惰,陈氏而不亡,则国其国也已。"

这是讲齐国陈氏收买人心之举。不管有没有"大德",关键是

---

① 《表记》下文同样从人类学角度比较夏、商、周人的不同,其谓"周人":"赏爵刑罚穷矣","赏爵"即"能施"也。
② 孔祥军点校:《毛诗传笺》,第354页。

由周人的"巧利"之弊说到《老子》的"绝巧弃利"

"有施于民",百姓得到实利、实惠,自然会归附,这说明单纯的道德说教有时是苍白的。关于民之"趋利",《逸周书·文儆解》还有一个近乎从人性角度所作的分析:"民何嚮非利? 利维生痛,痛维生乐,乐维生礼,礼维生义……""民何嚮非利"之"嚮"当理解为"向"①,此句因此应该断读为:"民何向? 非利?"意思为:民众喜欢什么? 难道不是利吗? 可以说对于民众"趋利"的特点有一个精准的概括(所以下文才讲到需要礼义等加以约束)。《逸周书·周祝》亦云"地出利,而民是争",对民"争""利"特点的概括也近似。正是由于周文化侧重这些实惠、实利,且民亦有趋"利"之性,虽然周礼也有一些防范"趋利"的针对性安排,但却仍挡不住老百姓的"趋利"之势。同样属《子思子》的《坊记》篇亦引孔子的话:"礼之先币帛也,欲民之先事而后禄也。先财而后礼,则民利;无辞而行情,则民争。"这话的意思是礼辞在先,而"币帛"之类实"利"待之于后,就是担心"先财而后礼,则民利"的现象出现。《左传·襄公二十八年》:"陈文子曰:'先事后贿,礼也。"所谓"先事后贿"与"礼之先币帛"义同。但结果如何呢,《坊记》此章最后说:"以此坊民,民犹贵禄而贱行。"虚烦的礼文,终究抵不过"禄"的实惠。《坊记》篇还说"君子不以菲废礼,不以美没礼""君子苟无礼,虽美不食",始终把"礼"放在第一位,或者优先考虑的位置,但结局呢? 该章总结说:"以此示民,民犹争利而忘义",还是"利"比"义"或"礼"更有吸引力。

实际上,周政之坏正是由"利"而起。最著名的就是周厉王时荣夷公的"专利",芮良夫曰:"王室其将卑乎! 夫荣公好专利而不知大难。……今王学专利,其可乎? 匹夫专利,犹谓之盗,王而行之,其归鲜矣。荣公若用,周必败。"②《逸周书·芮良夫》亦云:"王不若,专利作威,佐乱进祸,民将弗堪。"新出简帛材料如清华简《芮良夫毖》对上述文献中的"专利"情形也有涉及,其中云:"厥辟御事……恒争于富。""厥辟御事",泛指当时各阶层统治者,而"恒争于富"无

---

① 清唐大沛谓:"嚮,谓意所向也。养欲给求,皆思利其身家"。参黄怀信、张懋镕、田旭东:《逸周书汇校集注》,第232页。
② 《国语·周语上》。

疑就是逐"利"之举。不仅厉王世如此,古书常举败政典型而"幽厉"并称,其中幽王在逐"利"这一点上,也有类似性。《大雅·瞻卬》云:"人有土田,女反有之。人有民人,女覆夺之。"① 对"土田"和"民人"简直是巧取豪夺了。厉世之"专利",其后果是厉王流于彘,几近倾覆,但所幸宣王中兴之后尚能稍复元气而苟延残喘。但东周以降,王纲失振,诸侯、大夫僭越凌上之势愈益为甚,而很多时候正是以对货财之"利"的谋求为特征的。我们试以《左传》一书所载为例:

《左传·庄公十四年》:"若皆以官爵行赂劝贰而可以济事,君其若之何?"

《左传·僖公七年》:"唯我知女,**女专利而不厌**,予取予求,不女疵瑕也。后之人将求多于女,女必不免。"

《左传·襄公十年》:"今自王叔之相也,政以贿成,而刑放于宠。官之师旅,不胜其富,吾能无筚门闺窦乎?"

《左传·襄公二十四年》:"夫诸侯之贿聚于公室,则诸侯贰。"

《左传·昭公六年》:"乱狱滋丰,贿赂并行,终子之世,郑其败乎!"

《左传·昭公二十年》:"承嗣大夫,强易其贿。布常无艺,征敛无度;宫室日更,淫乐不违。内宠之妾,肆夺于市;外宠之臣,僭令于鄙。私欲养求,不给则应。民人苦病,夫妇皆诅。"

上述记载中多提到春秋时上层贵族执政、交往中的"贿"或者"赂",其对"利"的追逐甚至豪夺可以说是触目惊心的。在周代的礼节交往中,所谓"贿"这样实在的"利"本来是固有的要求,如《仪礼·聘礼》即屡言"赠贿"。虽然周礼为防止过于逐"利"有精致的规定,如上述《坊记》的"礼之先币帛",《左传·襄公二十八年》"先事后贿"等,但仪式性的繁文缛节毕竟敌不过实实在在的利益。尤其是,在礼乐文化中,尊卑贵贱都是通过一些外在的车旗、衣服、器用、宫室来体现的,因此,等级也会带来"实实在在"的"利益"。这就

---

① 《大雅·瞻卬》小序云:"凡伯刺幽王大坏也。"

由周人的"巧利"之弊说到《老子》的"绝巧弃利"

导致人们并不能真正视名利如浮云,毕竟有什么样的名分自然就对应相应的实"利"。① 而且,作为固定仪节的"贿",其多少也是很有弹性的。在《左传》《国语》等书中,我们经常可以发现主人一方如果对宾客心存好感,或为表示亲密,就可以"厚贿之"或"重贿之",所谓"厚"与"重"均为超出一般的要求。这些都导致周代礼乐文明中,在"郁郁乎文哉"的背后,其实又有着浓厚的逐"利"风气。这种逐"利"之风,即便是号称"贤大夫"的管仲,也不能免俗。其"三归""反坫",就素为孔子所讥,②一般的人就更可想而知了。而且,由上述记载看,这种逐"利"之风还不仅是个人的嗜好,还浸润到国家治理等政治层面,如"政以贿成""贿赂并行""征敛无度""肆夺于市"等,这与《国语·晋语八》"叔向贺贫"时归纳栾桓子衰败之如"骄泰奢侈,贪欲无艺,略则行志,假贷居贿",郤昭子之亡身灭宗如"其富半公室,其家半三军,恃其富宠,以泰于国"非常一致,这不仅会导致个人的亡家灭身,也必然意味着礼制的崩颓和朝政的败坏。《礼记·郊特牲》有段话对此有很好的总结:

> 故天子微,诸侯僭;大夫强,诸侯胁。于此相贵以等,<u>相觌以货,相赂以利</u>,而天下之礼乱矣。

《郊特牲》的概括虽落脚在"礼乱",但所谓"相觌以货,相赂以利",也让我们看出春秋乱世的实质,那就是对"货利"的追求。后来的《庄子》书中对由"趋利"逐货所导致的社会乱局有更清醒的认识,其书《则阳》篇云:"荣辱立然后睹所病,货财聚然后睹所争。……夫力不足则伪,知不足则欺,财不足则盗。"所谓"货财聚然后争""财不足则盗"均点出逐"利"之害。尤其是,《则阳》这里的表述,把"欺""伪"之举与逐"利"并列,其实与《老子》19章把"绝弃""伪诈"与"绝弃""巧利"并举,也是暗合的。而且,从《礼记·表记》所述周人"利而巧"及《汉书·地理志》所述"巧伪趋利"看,这种对"货利"的追求可以说周人尤甚,考虑到老子其人曾为周室守藏之史,因此其提出"绝巧弃利"的主张就是很自然的。《表记》对周人"利而巧"的

---

① 常金仓:《穷变通久》,辽宁教育出版社,1998年,第142—143页。
② 参见《论语·八佾》篇。

总结(包括《汉书·地理志》的"巧伪趋利"),不过是看出了问题,而《老子》的"绝巧弃利"则是拿出了解决方案,两者都是有感于当时逐货争利所造成的乱局,它们其实是暗通心曲的。

另外,《老子》19章说"绝巧弃利,盗贼无有",所谓"盗贼"其实主要也是针对"利"的。《左传·文公十八年》载周公之《誓命》有曰"窃贿为盗","贿"即"利"也。但揆之春秋时世,为"盗"所窃的"利",又不限于财物。《谷梁传·哀公四年》曾经总结说:"《春秋》有三盗:微杀大夫谓之盗,非所取而取之谓之盗,辟中国之正道以袭利谓之盗",这里除了明确点出"袭利"是"盗"之外,所谓"微杀大夫""非所取而取"均可谓"盗",他们其实或直接或间接都与逐"利"有关。当然,春秋乱世,那些"微杀大夫""窃邑"以叛的"盗",其攘夺之"利"无疑更大,造成的破坏也更严重。《左传》襄公二十一年臧武仲就将邾庶其"窃邑"奔鲁之行称为"大盗",并对季武子赏赐他们之举进行批评,其说云:

武仲曰:"子召外盗而大礼焉,何以止吾盗?子为正卿,而来外盗;使纥去之,将何以能?庶其**窃邑**于邾以来,子以姬氏妻之,而与之邑,其从者皆有赐焉。**若大盗礼焉**以君之姑姊与其大邑,其次皋牧舆马,其小者衣裳剑带,是赏盗也。"

臧武仲的逻辑很简单,如果"窃邑"以叛的人都能得到很多实"利"的赏赐,岂不是"赏盗"吗?那就与"止盗"的目标完全背离了。昭公三十一年"邾黑肱以滥来奔"一事,等于也是"窃""滥"邑而来,"君子曰"的评价同样是围绕着"利"的:

名之不可不慎也如是。夫有所有名,而不如其已。以地叛,虽贱,必书地,以名其人。终为不义,弗可灭已。是故君子动则思礼,行则思义,<u>不为利回</u>,不为义疚。或求名而不得,或欲盖而名章,惩不义也。**齐豹为卫司寇,守嗣大夫,作而不义,其书为"盗"。邾庶其、莒牟夷、邾黑肱以土地出**,<u>求食而已</u>,**不求其名**,贱而必书。此二物者,所以惩肆而<u>去贪</u>也。若艰难其身,以险危大人,而有名章彻,攻难之士将奔走之。**若窃邑叛君**,<u>以徼大利而无名</u>,贪冒之民将置力焉。是以**《春秋》书齐豹曰"盗"**,三叛人名,以惩不义,数恶无礼,其善志也。

　　这里"君子"的评价虽侧重于《春秋》书法，但其中却始终聚焦一个"利"字，如"不为利回"，以此为标准，齐豹即可称为"盗"；邾庶其、莒牟夷、邾黑肱等人"以土地出"，实则也是"窃邑"，他们的"求食而已"，明显也是为的"利"，所以虽贱而书"名"，就是为了"去贪"。《左传》特别提到对于"窃邑叛君"这样的人，其实是"徼大利"，所谓"大利"与上举襄公二十一年的"大盗"也就完全吻合了。

三、由《老子》"绝巧弃利"申说今本"绝仁弃义"之非

　　周人"利而巧"之敝与《老子》"绝巧弃利"的相关性既如上述，其实还有个问题有待讨论。通览《老子》之19章，我们可以发现老子在该章要"绝弃"的东西，其实都是相对负面的，是对相关正面德行的背离，如郭店简《老子》"绝伪弃诈"中的"伪"与"诈"即是对"孝慈"的背离，而"绝智弃辩"则是对诈谋和遁辞巧说的排斥。[①] 本文重点讨论的"利"，显然背离的也是"义"这样的德行。这在传统"义利之辨"的语境中，本来就是非常自然的。因此，从道理上说，《老子》主张要"绝弃""利"，无疑就意味着回归"义"，这也是今本"绝仁弃义"的改动明显于语境有碍的地方。当然，以上只是从逻辑上所做的推理，实际上，早期文献中"义"与"利"关系的大量记载，同样可以佐证这个推理。在较早的文献中，作为正面色彩的"仁义"之"义"，其与"利"字的关系，往往有以下几种表现形式：

　　其一，"利"是由"义"派生出来的：

　　《左传·成公二年》："既，卫人赏之以邑，辞。请曲县、繁缨以朝，许之。仲尼闻之曰：'惜也，不如多与之邑。唯器与名，不可以假人，君之所司也。名以出信，信以守器，器以藏礼，礼以行义，**义以生利，利以平民**，政之大节也。'"

[①] 《老子》19章要"绝弃"的对象今本有较多错讹，关于这一点，可参下编《郭店简〈老子〉"绝伪弃诈"证说》一文。

《左传·昭公十年》:"晏子谓桓子:'必致诸公。让,德之主也,谓懿德。**凡有血气,皆有争心,故利不可强,思义为愈。义,利之本也,蕴利生孽**。姑使无蕴乎!可以滋长。'"(《大戴礼记·四代》"义,利之本也。委利生孽"与此接近)

《国语·晋语一》:"民之有君,以治义也。**义以生利,利以丰民**,若之何其民之与处而弃之也?"

《国语·晋语二》:"……**夫义者,利之足也;贪者,怨之本也。废义则利不立,厚贪则怨生**。"

《国语·晋语四》:"**义以导利**,利以阜姓。"

上述"义"与"利"之间的派生关系,最常见的表述就是"义以生利",即有"义"才能产生"利"。其他如"义,利之本","义者,利之足",则是从本末的角度进一步解释这种派生关系:"义"是本,"利"是末。[①] 换言之,如果"义"不存,则"利"就会失去存在的基础。正因为"义"是基础,所以"义"对"利"还具有方向性的指引,所谓"义以导利"就是这样的意思。换句话,如果没有"义"的规范和指引,"利"就会迷失方向。

其二,逐"利"之过,往往都是对"义"或者"仁"的背离:

《国语·周语下》:"且夫**长翟之人利而不义,其利淫矣**。"

《国语·晋语八》"夫舅犯见**利而不顾其君,其仁不足称也**。"(又见《礼记·檀弓下》)

《左传·襄公二十七年》:"晋、楚**无信久矣,事利而已**。"

《左传·哀公十五年》:"……子,周公之孙也,**多飨大利,犹思不义**。利不可得,而丧宗国,将焉用之?"

《礼记·坊记》:"《诗》云:……**以此示民,民犹争利而忘义**。……君子不尽利以遗民。《诗》云:'彼有遗秉,此有不敛穧,伊寡妇之利。'(《大田》)故君子仕则不稼,田则不渔;食时不力珍,大夫不坐羊,士不坐犬。《诗》云:'采葑采菲,无以下体,德音莫违,及尔同死。'以此坊民,民犹**忘义而争利**,以亡其身。"

[①] 韦昭注"利之足",谓"有义,然后义立",可知"义"与"利"还是本末关系。

《大戴礼记·用兵》:"蚩尤庶人之贪者也,**及利无义,不顾厥亲,以丧厥身**。"

以上的表述都是从反面说对"利"的争逐,等于是忘掉了"义",或者说背弃了"义"。《坊记》的"争利而忘义""忘义而争利",大戴的"及利无义",意思都至为显豁。《周语下》的"利而不义,其利淫矣",还具体说明由"利"到"不义"的"质变",其实也是一种"量变",那就是"利"的"量变"累积,所谓"淫",即过分的意思。此外,《晋语八》说"利而不顾其君"是"其仁不足称",《左传·襄公二十七年》说晋楚"无信",是因为他们只想着"利",从这些表述看,除"义"之外,逐"利"之行更是几乎与所有的正面德行如"仁""信"等都是背离的。

其三,为了"利"不迷失方向,就要对"利"进行限制,不能任其发展。或者处"利"之时要时刻想着"义"。

《左传·襄公二十八年》:"且夫富如布帛之有幅焉,为之制度,使无迁也。<u>夫民生厚而用利,于是乎正德以幅之,使无黜嫚,谓之幅利。利过则为败,吾不敢贪多</u>,所谓幅也。"

《左传·昭公二十八年》:"何也?戊之为人也,远不忘君,近不逼同,<u>居利思义</u>,在约思纯,有守心而无淫行。虽与之县,不亦可乎?"

《论语·宪问》:"<u>见利思义</u>,见危受命。"

《礼记·乐记》:"明乎商之音者,临事而屡断,明乎齐之音者,<u>见利而让</u>。临事而屡断,勇也;<u>见利而让,义也</u>。有勇有义,非歌孰能保此?"

《礼记·儒行》:"儒有委之以货财,淹之以乐好,<u>见利不亏其义</u>;劫之以众,沮之以兵,见死不更其守。"

由上述古文献中"义"与"利"关系常见的三种表述看,"义"为根本,"义"派生了"利",因此"利"无疑是"末"。过于追求"末",就是丢弃了"义"这个根本。考虑到"利"是由"义"派生的,第三种对"利"进行限制的设计,形象一点说,其实就是为了尽量缩短"义"与"利"之间的距离。如此,"义"与"利"的关系,就很有点像"知"与"智":《老子》并不排斥一般的知识性的"知",但"知"多了就流于"智",因为"智"又是深不可测的,《逸周书·周祝》谓:"人智之邃也,奚何为可测?""智"的极端发展,其实与"诈"的区别就很模糊了。① 所以,《老子》的"绝智"说白了就是要对"诡诈"进行"绝弃",而并非简单的"绝知"——把一切知识都视为罪恶。当然,由于"利"与生俱来的次生、衍生特性,过于追求"利"(即《左传·襄公二十八年》之"利过")有时也不是必要条件,我们从"见利而让"来看,彼时其实对于一般性的"利"都要采取一个淡然、谦让的态度,这样才能不迷失方向,不违背"义"这个根本。我们在下编讨论《老子》"绝伪弃诈"时将会指出,"伪诈""绝弃"之后,就可以回复到"孝慈"这样的淳朴德行。② 准此,如果"巧利""绝弃"之后,也应该是回复到更为本根的"仁义"状态,或可径谓"民复仁义",这再次说明今本"绝仁弃义"的改动是不明该章之上下文逻辑的。当然,《老子》"绝巧弃利"之后是"盗贼无有"这样的表述方式,但如果它也是用类似"民复××"这样的表达,其中的"××"应该也是与"仁义"非常接近的德目类型,或至少是处于同一价值纬度的。值得一提的是,《左传·昭公十三年》讲弃疾治理楚国之平,有云:"苛慝不作,盗贼伏隐。""盗贼伏隐"实即《老子》的"盗贼无有",而所谓"苛慝",其实即前举《左传·襄公四年》寒浞之"诈慝""谗慝诈伪"。"谗慝"既与"诈伪"并列,它们显然是一类东西,故所谓"苛慝不作",实际等于"绝弃"了"诈伪",这与《老子》的"绝伪弃诈"可以比观,而所谓"盗贼伏隐",不正对应"民复孝慈"吗?它们只是表述的方式有不同罢了。

---

① 下编《郭店简〈老子〉"绝伪弃诈"证说》对此有详细分析。论者每每把《老子》的"绝智"等同于"绝知",遂认为老子主张"愚民",这其实是皮相之见。
② 可参下编《郭店简〈老子〉"绝伪弃诈"证说》。

下编　古义新证

本编的讨论由6个专题构成。

《"盗憎主人,民恶其上"正诂——兼说〈金人铭〉与〈老子〉的相关问题》,该文从澄清"盗憎主人,民恶其上"这句古谚的理解入手,认为"盗憎主人,民恶其上"的旧解要么模糊,要么存在谬误。其实"盗憎主人"一句强调的是不能"多藏",而"民恶其上"则主张要退守、处下:"上"应该理解为动词,并非名词性的"君上"或"统治者"。因此,它们宣扬的思想都是要低调、谦下。这两句流行的年代远在《老子》书出现之前,说明《老子》之前主张退守、处下的思想已所在多有,并非《老子》的发明。这两句还出现于《金人铭》中,且《金人铭》中亦多宣扬退守、处下的思想,也只能理解为《金人铭》有比较早的思想渊源,并非抄袭自《老子》。

《汉简本"积正督"与〈老子〉十六章古义臆诂》,该文由北大汉简本《老子》十六章的"积正督"出发,认为今本《老子》的"守静笃"当作"守中督","中督"乃同义复指,"守中督"实即"守中",也就是不偏离正道或常道。这样才能与该章下文的"万物并作,吾以观其复""夫物芸芸,各复归其根"相合。《老子》既强调"守中",亦证明其思想与儒家存在相合之处。

《说〈老子〉的"建德若偷"——兼申今本五十九章"早服"当从郭店简本作"早备"》,该文认为自晚清俞樾以来学者多从俞氏读《老子》"建德若偷"之"建"为"健",其实并不可信。《老子》"建德"之本义应从早期文献中"建德"作为成语成词的角度考察。"建德"当理解为"立德"或"积德",而"立德"或"积德"在时间上又强调积久,如此恰与表息惰、苟且义的"偷"构成对反。由于"建德"之义强调时间上的积久,无疑又意味着"建"也愈早愈好,因此今本五十九章的"早服"当从郭店简本作"早备",即早为之备的意思,传世本的"早服"是误把借字当成了本字。

《郭店简〈老子〉"绝伪弃诈"证说》,该文指出郭店简《老子》"绝伪弃虑"之"虑",目前学者多释为"虑",但其措意于学派争鸣的大

135

前提是靠不住的,且晚近新见与"慮"相近之字形证明倒是应该释为"诈"。所谓"无虑""不虑"之说,只见于《庄子》以下较晚文献,用此来证明《老子》要"弃虑"颇觉牵强。"虑"字在较早或与《老子》相对"共时"的文献中多为中性或正面含义,《老子》此章的"绝"与"弃"意思上虽与"无""不"接近,但语气和感情色彩无疑更重,故"弃诈"之说显然较"弃虑"更为合理。鉴于"绝""弃"的语气和感情色彩,可知学者有关"弃作""绝为"等的搭配或解读亦难信从。

《再论〈老子〉"无为而无不为"思想的理解问题——由三十七章"镇"字的解读说起》,该文认为《老子》"无为而无不为"是典型的"以退为进"思维方式,《老子》中有很多与之类似的表述,主流意见一般将其理解为以"无为"为手段,达到"无不为"的目标,并无不妥。《老子》三十七章的"镇"字在较早的文献中,多训为"安"或"安定",并非强制性的。"镇压"之类意思只见于战国以下较晚文献,将此章的"镇"字理解为《老子》要对不合道的行为采取强制性的"镇压"措施,并不符合《老子》原义。因此,把《老子》"无为而无不为"之"无不为"理解为强制性的无所不用其极也是有问题的。通过对《老子》"无为而无不为"本义的探讨,可以看出,《老子》思想世界中"绝对性"表述与"相对性"表述是并存的:"绝对性"代表其最高理想的同时,"相对性"同样也是为《老子》所接受的,不能由其"绝对性"否定其"相对性"。

《"无以"与"毋已":再论〈老子〉三十九章的章旨——兼说〈老子〉流传过程中的版本因承及文本校勘中应该注意的问题》,此文聚焦今本三十九章在出土古本间颇为纷纭的字词异文,这些字词异文甚至都影响到了该章主旨的理解。就该章整体的文义逻辑看,出土古本的"毋已"只能是"无以"之讹。这一来说明出土古本也未必尽是,传世本自有其优势;二来也说明对于《老子》出土古本与传世本之间的字词校勘,且不可忽视章句整体的文义逻辑,它们对于字词校勘实构成宏观的制约。由"无以"与"毋已"的异文及版本因袭看,《老子》有些版本局部、个性化的特征,只在很小的范围内流行,并陈陈相因,而出土发现又是有很大偶然性的。因此,今天结合出土古本的《老子》文本校勘,简单堆砌版本数量有时是没有意义的,必须结合《老子》相关章次宏观的语义逻辑来进行综合判断。

"盗憎主人，民恶其上"正诂

——兼说《金人铭》与《老子》的相关问题[*]

一

"盗憎主人，民恶其上"，是比较有名的两句古谚，历来引用比较多。但笔者以为，后世很多引用其实并没弄清这两句古谚的本义，有的甚至对它们还有误读。本文拟对此试作澄清。

这两句古谚见于《左传·成公十五年》及《孔子家语·观周》《说苑·敬慎》所引《金人铭》。各本之间文字稍有不同，如《孔子家语·观周》中后一句作"民怨其上"，"怨""恶"义近，可置不论；《说苑·敬慎》作："盗怨主人，民害其贵。"前一句的"怨"与"憎"亦相近，但后一句的"贵"与"上"虽不乏相通之处，但在笔者看来其实已开误解之端。另外，《列女传·仁智传》作"盗憎主人，民爱其上"，后一句"爱"与"恶"完全相反，语不可通，前人已经指出此乃伪误。[①] 由于《孔子家语·观周》《说苑·敬慎》所引《金人铭》纯系堆砌格言、警句，无具体的历史及人事背景，《列女传》又晚出，对于理解两句古谚出场的语言环境都不太有利，而《左传·成公十五年》则有非常具体的故事背景，故我们的讨论先从《左传》说起。为便于讨论，我们先把《左传》与此有关的记载迻录如下：

> 晋三郤害伯宗，谮而杀之，及栾弗忌。伯州犁奔楚。韩献子曰："郤氏其不免乎！善人，天地之纪也，而骤绝之，不亡何待？"初，伯宗每朝，其妻必戒之曰："**盗憎主人，民恶其上。子好直言，必及于难。**"（《左传·成公十五年》）

---

[*] 此文曾与龚伟合署发表于《道家文化研究》第三十一辑，中华书局，2017年，第55页。

[①] 参见王照圆：《列女传补注》，华东师范大学出版社，2012年，第109页。

这里是讲伯宗受晋国三郤（锜、犨、至）陷害，并最终被杀。后面追溯伯宗"好直言"，因此每次上朝其妻都要告诫他"盗憎主人，民恶其上"。对于这两句话，我们先来看最早的经疏。杜预于此仅说"传见虽妇人之言不可废"，并没有解释，等于回避了这个问题。今人杨伯峻先生疏解云："意谓盗不能憎恨主人，百姓不能厌恶统治者。尔禄位不高，不能向执政进直言。"①后来学者的解释多依循此思路，如沈玉成先生为《左传》作译文，将此两句译为"盗贼憎恨主人，百姓讨厌大官"②。目下各种《左传》的注解本，基本上也都是这么理解的。③ 前一句理解为盗贼憎恨主人，"盗贼"为什么要憎恨"主人"呢？前举杨伯峻先生没有细说。学者或解释为"主人未得罪盗贼，而盗贼憎恶主人"④，但盗贼对主人的这种"无缘无故"的"恨"，有什么必然性呢？非常可疑。"汉典网"对此甚至解释为"盗贼憎恨物主对己设立防御，以致不能获得财物"⑤，"百度百科"的解释亦与之雷同："指盗贼憎恶主人的防范，使他不得恣意偷窃。比喻邪恶小人总是忌恨正道直行的君子，使他不得恣意作恶。"这种解释貌似合理，其实也有无法圆说处：难道主人对盗贼不设防才对？何况，照常理来说：主人在明处，盗在暗处；主人是"受害者"，盗才是"加害者"。因此应该是"主人"怨恨"盗"才合理。很多学者对此句采取直译——"盗贼憎恶主人"而没加细说，恐怕已经感觉到如果细说的话，实于情理上有碍。对于后一句"民恶其上"，杨先生将"上"理解为当官的或统治者，后世的理解于此也几乎一边倒。这种理解宣扬"民"与"上"之间无条件、天然的对立，⑥其实也是似是而非。另外，如将"民恶其上"理解为"百姓厌恶统治者"或"百姓讨厌大官"，但

---

① 杨伯峻：《春秋左传注》，中华书局，1990年，第876页。
② 沈玉成：《左传译文》，中华书局，1981年，第236页。
③ 可参王守谦、金秀珍、王凤春：《左传全译》，贵州人民出版社，1990年，第697页；李梦生：《左传译注》，上海古籍出版社，2004年，第592页；陈戍国：《左传校注》，岳麓书社，2006年，第498页。
④ 李梦生：《左传译注》，第592页。
⑤ 汉典网http://www.zdic.net/c/7/9f/183268.htm。
⑥ 如学者将其理解为"在上者未得罪下民，下民常毁恶在上者"或"下民无缘故地毁恶上人"。参李梦生：《左传译注》，第592、595页。

下面讲"子好直言,必及于难",逻辑上其实是脱节的:"百姓讨厌大官"与"子好直言,必及于难"之间有什么逻辑上的必然联系呢？难道百姓就因为大官"好直言",才格外讨厌？这尤其讲不通。即如杨伯峻先生将前一句理解为"百姓厌恶统治者",下面则解为"尔禄位不高,不能向执政者进直言",但两句之间同样缺乏逻辑的必然性。按照沈玉成先生的翻译:"盗贼憎恨主人,百姓讨厌大官。您喜欢说直话,必然及于祸难。"隐约以"说直话"就会是"主人""大官",这更不具有必然性。而且,我们下文将会提到,从《左传》所记伯宗史实来看,其人地位并不低,而且也常向晋侯进言且被采纳,指其"不能向执政者进直言"也是不符合事实的。因此,这两句古谚无论就其本义,还是就其所在的语言环境看,前人的理解都是多有违碍的。我们先来讨论前一句。

笔者认为,前人之所以对前一句没有正确解释,关键在于没讲清楚这里的"主人"是谁的"主人",以及"盗"与"主人"之间的这种"憎"又该如何理解。在我们看来,这里的"主人"应该是财物的主人,实际上学者在翻译《孔子家语》中的这句话时就已经指出了,如将此句翻译为"盗贼憎恨财物的主人"①,点明"财物的主人",对于推进这句话的正确理解是非常有利的。但将"憎"理解为"憎恨",则依然不利于恢复这句话本来的意思。清钱大昕曾自制《欹器铭》,其中有语云:"好胜敌至,多藏盗憎。"②所谓"多藏盗憎",正点出"盗憎"的原因正在"多藏"。钱氏的理解很有启发性。准此,"盗憎主人"之"憎",其实当理解为"嫉妒",因此所谓"盗憎主人",就是后世俗语所谓的"就怕贼惦记着"。也就是说,由于"主人"的财货积累,会导致"盗"生嫉妒之心并因此"付诸行动"。因此,伯宗妻这句话,其实宣扬的是对于财货不能过度积累,要退处、低调,适可而止的意思。这种思想其实正是《老子》为代表的道家特别宣扬的。《老子》9

---

① 参见杨朝明:《孔子家语通解》,台湾万卷楼图书股份有限公司,2005年,第136页。但后一句仍译作"百姓怨愤他们的上级长官",以"上"为"上级长官",与流行的误解同例。
② 钱大昕:《潜研堂文集》卷十七,《潜研堂集》,上海古籍出版社,2009年,第267页。

章云"金玉满堂①,莫之能守",《老子》44 章亦云"多藏必厚亡"②。唐成玄英解《老子》44 章云"多藏贿货于府库者,必有劫盗之患"③,可以说最切《老子》本义。

我们再来看后一句。对于"民恶其上",上引杨伯峻先生虽将"上"理解为"统治者",但又提到《周语中》单襄公的话"兽恶其网,民恶其上",并指此与《左传》"民恶其上"义近。今案,杨先生看出《周语中》的这句话与《左传》相类,非常正确。不过,案之《周语中》的上下文,"民恶其上"之"上"却并不能理解为"统治者"或"大官",我们先回到《周语中》单襄公说话的语境:

(单)襄公曰:"人有言曰:'兵在其颈。'其郤至之谓乎!君子**不自称**也,非以让也,恶其盖人也。**夫人性,陵上者也,不可盖**也。求盖人,其抑下滋甚,故圣人贵让。且谚曰:'**兽恶其网,民恶其上**。'《书》曰:'民可近也,而不可上也。'《诗》曰:'恺悌君子,求福不回。'在礼,敌必三让,是则圣人知民之**不可加**也。故王天下者必先诸民,然后庇焉,则能长利。今郤至在七人之下而**欲上之**,是求盖七人也,其亦有七怨。怨在小丑,犹不可堪,而况在侈卿乎?其何以待之?"

这段话的背景是,"晋既克楚于鄢"之后,派郤至"告庆于周"。在周室的宴会场合,郤至此人颇有得意、傲骄之表现,以为晋此次克楚自己为功最大,所谓"微我,晋不战矣","栾、范不欲,我则强之","战而胜,是吾力也"。对此种自吹自擂之举,单襄公才有上面一段评语。综合来看,单襄公批评郤至的毛病就是自我吹嘘,而且"盖人",即喜居人上。这从"君子不自称也""夫人性,陵上者也,不可盖也"均一望而知。"兽恶其网,民恶其上"明显也当针对于此。韦昭注:"上,陵也。"良是。准此,则"上"当训为陵越、凌驾,实为动词,而非如一般学者所理解的那样用作名词如"统治者"或"长官"。"上"既训为陵越、凌驾,则"民恶其上",当理解为"百姓都讨厌那些陵越

---

① 楚简、汉简、帛甲本作"盈室",传本"盈"多作"满",显避汉讳。
② 楚简本作"厚藏必多亡"。
③ 参见高明:《帛书老子校注》,中华书局,1996 年,第 40 页。

别人的人"——"其上"实际上是指代词"其"+动词"上"构成主谓词组,且作为"恶"的宾语。这种结构非常独特,但在出土文献中同样有见。如清华简《芮良夫毖》"身与之语,以求其上",笔者曾撰文指出,这两句其实与古代的"官人"之术有关。"身与之语",是说对于要选拔的贤才要亲自与之谈话进行考核;"以求其上",则是指只有那些考核合格的人,才会升到高位。"其上"是"求"的宾语,且其中的"上",同样也是动词,指擢升、提拔。① 另外,单襄公下文针对郤至还批评说"乘人不义","乘"明显也是动词,与训为陵越的"上"字同义。关于"上"之训陵越、凌驾,文献中还多有其例。如《左传·桓公五年》:"君子不欲多上人,况敢陵天子乎?""上""陵"并举,"多上"之"上"亦凌驾之义。又如《左传·僖公十五年》:"陵人不祥","陵"与"上"同义,同样是讲"陵人"没有好下场。《左传·哀公二十七年》:"多陵人者皆不在,知伯其能久乎?"以知伯跋扈之做派,则"陵人"之义亦可推知。②

其实,《周语中》单襄公评郤至尽管于"上"之训诂颇能得其本义,但毕竟还只算侧面证据。不过,《国语》同书所记伯宗事还有更直接的证据,那就是《晋语五》同样记有伯宗事,而且也提到了其妻的言论。其文如下:

伯宗朝,以喜归,其妻曰:"子貌有喜,何也?"曰:"吾言于朝,诸大夫皆谓我智似阳子。"对曰:"阳子华而不实,主言而无谋,是以难及其身。子何喜焉?"伯宗曰:"吾饮诸大夫酒,而与之语,尔试听之。"曰:"诺。"既饮,其妻曰:"**诸大夫莫子若也。然而民不能戴其上**

---

① 参见拙文《由早期"官人"术说到清华简〈芮良夫毖〉相关文句的解读问题》,北京大学第一届古典学国际研讨会,2017年11月。此文后刊于《出土文献》第十三辑,中西书局,2018年,第97页。北大会议自由讨论时,沈培教授提出,"以求其上"的"上"似乎可解为"尚",因"其上"这样的结构特别是其中"上"作动词,语法上较罕见。现在由《左传》及《国语》"民恶其上"的文例可知,"上"就其本字解其实也是合适的。

② 文献中与"上人""陵人""乘人"诸语类似的,还有"加"字。《左传·隐公三年》"小加大",马融注:"加,陵也。"《左传·襄公十三年》:"及其乱也,君子称其功以**加**小人,小人伐其技以**冯**君子,是以上下无礼,乱虐并生,由争善也,谓之昏德。""加""冯"对言,而"冯"即"陵"也。

久矣,难必及子乎！盍亟索士憖庇州犁焉。"得毕阳。及栾弗忌之难,诸大夫害伯宗,将谋而杀之。毕阳实送宋州犁于荆。(《国语·晋语五》)

　　《晋语五》的这段话所述伯宗被杀之由,有些细节较之《左传》更为详细。如他因诸大夫评价他"智似阳子(处父)"而沾沾自喜,但其妻认为阳子"华而不实""主言而无谋",流于卖弄和夸夸其谈。最重要的是,其妻在观察伯宗"饮诸大夫酒,而与之语"后,有如下的评论:"诸大夫莫子若也。然而民不能戴其上久矣。""诸大夫莫子若也",即诸大夫确实不如你,而所谓"民不能戴其上"其实即当与《左传》的"民恶其上"同义。韦昭注云:"戴,奉也。上,贤也。才在民上也。"然则,不能"奉""才在民上也"如何理解呢？其实就是说老百姓都讨厌、都不能忍受那些恃才陵人、总想出人一头的人。韦注此处训"戴其上"和《周语中》的"民恶其上"可以说前后一致,都甚切文义。而且,郤至的自吹自擂、喜居人上和伯宗的在人前好"直言"陵人,就"毛病"来说,确有共性。顺便说一句,《国语·周语下》还记载单襄公评三郤(锜、犨、至)没有好下场,有语云:"今郤伯之语犯,叔迂,季伐。犯则陵人,迂则诬人,伐则掩人。""语犯"就"陵人",其实与伯宗的行事恰成映照。伯宗的"好直言",其实就是"语犯",并因此"陵人",可以说正犯此忌。案之《左传》一书,与伯宗有关的事主要有四件:其一是宣公十五年"宋人使乐婴齐告急于晋,晋侯欲救之",但伯宗不同意,劝谏以"虽鞭之长,不及马腹",晋侯最终接受了伯宗的劝谏。其二同样是宣公十五年,晋侯欲伐潞,诸大夫不同意,但伯宗这次站在晋侯一边,并力陈潞戎可伐之由。晋最终伐潞并灭之,伯宗的建议等于最终也获得实施。其三是成公五年"梁山崩"事,"绛人"虽有阻碍伯宗传车之忤,但问之以"山崩"情况下的国家因应之策,其回答周详且于礼有征,伯宗不但从善如流,并且最终亦使晋侯采纳。其四是成公六年"晋伯宗、夏阳说,卫孙良夫、宁相,郑人、伊、洛之戎,陆浑、蛮氏侵宋",此次侵宋,晋、卫是联军,因此当"师于箴(卫地)"时,卫人并不设防。没想到夏阳说顿起"欲袭卫"之念,这种率尔对联军动手的想法实在下作,因此又被伯宗阻止,其

"盗憎主人,民恶其上"正诂

说云:"卫唯信晋,故师在其郊而不设备。若袭之,是弃信也。"也非常有理。综合这四件事来看,伯宗其人可以说长于谋略,对军政大事颇有洞见,而且能从善如流、有正义感,并恪守国家交往之道。这样的人显然是治国理政之良才,故而韩献子称其为"善人"可谓有理。当然,伯宗为国事谋划,虽多出于公心,但在陈述自己意见时却不免词锋锐利,使别人难堪而遭嫉恨。比如,在伐潞之事上,当"诸大夫皆曰不可"时,伯宗却说"必伐之",这无异于力排众议、树敌一片。[①] 而且,从伯宗陈说潞之可伐之"五罪"来看,确实是洋洋洒洒、巧于辞辩:既有理有据,又引古鉴今,甚至还说文解字(所谓"反正为乏")。因此,《晋语五》说他"智似阳子"确实有一定道理,但却并非如阳子般"华而不实"。伯宗行事的出发点,可以说是"苟利国家生死以",而其妻的话则主要是告诫他劝谏的方式:尽可能委婉一点,不要总是"好直言"而咄咄逼人——其考虑更多的是个人的明哲保身、全身远害。

另外,杨伯峻先生还提到汉人据《左传》《国语》有关伯宗妻的言论,演绎成《列女传·仁智传》晋伯宗妻一章。我们看《列女传·仁智传》的记载,汉人对伯宗的毛病也是清楚的。其中评论对我们理解"民恶其上"之"上"当训为"陵越"也很有启发,如其文称"伯宗贤,而好以直辩凌人……","颂曰:'伯宗凌人……'",一再谈到"凌人","凌"即"陵"也,可为明证。而且,《列女传》还引到《诗》云"多将熇熇,不可救药",此出《大雅·板》。关于"熇",毛传云"熇熇然,炽盛也",《说文》云"火热也",在此当指咄咄逼人之势。联想到《大雅·板》前文还有"小子蹻蹻",毛传云"蹻蹻,骄貌",又是咄咄逼人,又是骄傲——汉人引此诗来比况伯宗,则对伯宗其人的行事作风及最后遭难不难有一准确的理解。需要说明的是,"盗憎"两句,《孔子家语》所收《金人铭》作"盗憎主人,民怨其上",与《左传》颇为接近;[②]而《说苑》所收《金人铭》却作"盗憎主人,民害其贵",观一"贵"字,颇与前述所谓"统治者""大官"之类义近,后人的误解可能

---

① 伯宗的最终遭难,其实也可以理解彼时晋国君权与卿权斗争的牺牲品。
② 邬可晶:《〈孔子家语〉成书考》,中西书局,2015年,第120页。

143

正由此来。《列女传》屡称"凌人",《说苑》又说"民害其贵",看来在这一问题上,汉人即已生歧见,而后世的误解不过是多循《说苑》本"贵"字而来。《后汉书·马援传》载马援上疏言隗嚣之不臣于汉,有语云:"而嚣自挟奸心,盗憎主人,怨毒之情,遂归于臣。"以隗嚣割据自重的身份,其中"主人"显指以光武帝代表的东汉朝廷,然则,在马援那里显然已将"主人"理解为作为名词的"上级"或中央朝廷,正与《说苑》本"贵"字义同。

上文提到,前一句"盗憎主人"所宣扬的思想实与《老子》"多藏厚亡"的思想一致,那么后一句是否也和《老子》思想有关系呢?回答也是肯定的。如前所言,"民恶其上"之"上"实当训为"陵越",这句的意思是说百姓都讨厌那些喜欢陵越别人、出人一头的人。或如《晋语五》"民不能戴其上",亦当如韦注理解为民不能"奉""才在民上也",即百姓都不能忍受那些逞强争胜、恃才陵人者。因此,"民恶其上"一句所要强调的,无疑是指一个人要低调、谦退,这与主张退守、处下的《老子》思想可以说同样是契合的。《老子》77章云:"是以圣人为而不恃①,功成而不处,其不欲见贤!""为而不恃""功成而不处"的主要考虑就是"不欲见贤",河上公本解此句作"不欲使人知己之贤,匿功不居荣"②,王弼解为"圣人不欲示其贤"③,今人谓"圣人不愿显露自己才智"④,均切其义。反观伯宗的恃才直言,可以说正犯此忌。另外,我们看《周语中》单襄公评郤至,一则说"君子不自称",就是不能自吹自擂;再则说"夫人性,陵上者也",人性都喜欢陵越、向上爬,却常招致祸难,其凸显的思想也与《老子》谦恭、退守的思想一致。下文还说"今郤至在七人之下而欲上之",更属僭越。然则,不推崇"上之",无疑意味着强调退处而"下之",这同样是《老子》所推崇的思想。至于伯宗,《晋语六》记载其"言于朝"且沾沾自喜,因为诸大夫都说他"智似阳子(处父)",但其妻却指出"阳子华而不实,主言而无谋"。伯宗窃喜的"智",在其妻看来是"华而不

---

① 汉简本、帛乙本此句作"为而弗有",与传世本微异。
② 王卡点校:《老子道德经河上公章句》,中华书局,1993年,第295页。
③ 楼宇烈:《王弼集校释》,中华书局,1980年,第187页。
④ 高明:《帛书老子校注》,中华书局,1998年,第207页。

实",联想到《老子》对"智"也多有排斥(3章云"常使民无知、无欲,使夫智者不敢为也"①,今本10章汉简本、帛书乙本有"明白四达,能毋以智"②,19章云"绝圣弃智"③,27章云"虽智大迷",65章云"民之难治,以其智多。故以智治国,国之贼。不以智治国,国之福"),而且力倡朴拙(19章云"见素抱朴",32章云"朴虽小,天下莫能臣",37章云"化而欲作,吾将镇之以无名之朴",57章云"我无欲而民自朴"④),以"华而不实"为忌。看来伯宗之事,能与《老子》相合之处实不在少。另外,《列女传》针对伯宗妻的言论评论道:"君子谓伯宗之妻知天道。"什么"天道"呢？前人谓"夫天道亏盈而益谦,伯宗既好凌人,又自喜其智,盈而必亏,其妻知之,故著名焉尔"。所谓"亏盈而益谦""盈而必亏"云云,亦多为《老子》所推崇。如《老子》4章言"道冲而用之,或不盈",9章言"持而盈之,不如其已"(下文尚有"金玉满堂,莫之能守","满堂"与前面之"盈"恰是"满盈"之分疏),15章言"保此道者不欲盈,夫唯不盈,故能敝而新成"⑤,45章言"大盈若冲,其用不穷"。我们还想指出的是,《左传·宣公十五年》记载"宋人使乐婴齐告急于晋,晋侯欲救之",但伯宗不同意,其劝谏晋侯的话最后有语云:"川泽纳污,山薮藏疾,瑾瑜匿瑕,国君含垢,天之道也。"所谓"国君含垢,天之道也",同样与《老子》78章"受国之垢,是谓社稷主。受国不祥,是为天下王"相关,前人也早已指出两者之间的关联性。由此看来,伯宗其人与《老子》思想之间的关联"密度"颇不寻常。它们之间究竟只是偶合,还是有什么其他不为人知的信息,目前情况下,难以质言了。

"盗憎主人,民恶其上"前后两句既然都与《老子》思想密相关联,那么它们出现在《金人铭》中就非常好理解了。《金人铭》属汇集格言、警句,语虽博杂,但主旨多强调戒慎、谦退,亦与《老子》思想多有相通之处(上编"老成人"言之文对此已有分析,可以参看)。如在《金

---

① 汉简本作"使夫智不敢,弗为……",而帛乙本作"使夫知不敢,弗为而已"。
② 今本后一句作"能无为乎"。
③ 楚简本此句虽有重要异文,但"绝智"仍在。
④ "无欲",楚简本、帛书乙本、汉简本均作"欲不欲"。
⑤ "夫唯"以下,楚简本无有。

人铭》中,这两句前面是"强梁者不得其死,好胜者必遇其敌",前一句前人多已指出,实与《老子》42 章之"强梁者不得其死"相关。而后一句所谓"好胜者必遇其敌",观伯宗、郤至等人之行事,他们的喜欢陵越别人不就是争强"好胜"之表现吗? 更重要的是,《金人铭》中这两句后面是"君子知天下之不可上也,故下之;知众人之不可先也,故后之"①,所谓"下之""后之",此与"民恶其上"所强调的思想正相契合。而"下之""后之"的退处,也正是《老子》非常强调的。如《老子》66 章云"是以圣人欲上民,必以言下之。欲先民,必以身后之"②,67 章云"不敢为天下先",68 章云"善用人者为之下,是谓不争之德",69 章云"吾不敢为主而为客,不敢进寸而退尺"③,均是其例。

二

伯宗、郤至事多与《老子》思想关联,使我们不得不重新思考老子思想的渊源及其年代学等话题。《左传》成公十五年"晋三郤害伯宗",事在公元前 576 年,后文追溯"初,伯宗每朝,其妻必戒之曰",则其妻言论又在此年之前。而且,"盗憎主人,民恶其上"云云,其妻所引明显又是成语,然则其流行显然又早历年所。这说明,无论是前一句的告诫勿"多藏",还是后一句的强调不能逞强争胜,要低调退处,其实都是早已存在的观念,并非《老子》首倡。《周语中》单襄公评郤至事,又见《左传·成公十六年》,即公元前 575 年,与伯宗事正相继。无论如何,它们均远在《老子》书之前。即以老子其人而论,虽然其具体活动年代迄不可考,但文献中多言老子年辈略长于孔子,而孔子生于公元前 551 年,晚于上两事二十多年。即令老子也能早于孔子二十多年,而无论伯宗妻还是单襄公,他们与《老子》相关之言论无疑都在其成年时。无论如何,伯宗妻、单襄公的言论出现于老子其人、其书之前可以说是确定无疑的。这再次说明,早在

---

① 《说苑》本作:"君子知天下之不可盖也,故后之、下之。"
② 汉简本"上"作"高";而楚简本两句作:"圣人之在民前也,以身后之;其在民上也,以言下之。"语序似与传世本、汉简及帛书本颠倒。
③ 帛甲本无后一"敢"字,当属脱漏。

老子之前,推崇谦退、处下的观念已经多有流行,这类思想并非老子本人的"原创"。

上编我们曾以《左传》《国语》二书为例,详细举证在周代的礼制原则中,强调卑弱、处下本来就是其一贯的要求,[1]时人关于这方面的言论非常多,它们多在《老子》书之前。篇幅所限,我们只强调两例。其一,《左传·襄公二十二年》年记载郑国公孙黑肱临终有一系列的自贬、退处之举,如"归邑于公""黜官、薄祭。祭以特羊,殷以少牢""尽归其余邑"。而且还说:"吾闻之,生于乱世,贵而能贫,民无求焉,可以后亡。敬共事君,与二三子。生在敬戒,不在富也。"所谓"贵而能贫",其实即"居上"能"降",放低身段。《国语·晋语四》载宋公孙固评晋文公"居则下之",并引《商颂》"汤降不迟",韦注"降,下也"。尤其又谓"降,有礼之谓也",正是合于礼的。如此种种,与《老子》的卑弱、处下简直有异曲同工之妙。此年正当孔子生,老子其人年辈虽长于孔子,但要说此时即有《老子》书实在让人难以相信。因此公孙黑肱临终行事合于《老子》之卑弱、处下,我们只能理解《老子》卑弱、处下的思想有久远的渊源和更广阔的知识背景。其二,《老子》36章云"将欲歙之,必固张之。将欲弱之,必固强之。将欲废之,必固兴之。将欲取之,必固与之"[2],后面又归结到"柔弱胜刚强",依然强调卑弱、处下。《老子》此章"欲取反予"的思想非常另类,在现有文献中似乎也以《老子》说得最为凝练,故一向以为是

---

[1] 近代学术史上,唐兰、胡适等均觉察到《老子》思想与周代礼学的关联,如唐氏称:"老子《道德经》里的思想,完全是从烦数的礼学转变成的……"(唐兰:《老聃的姓名和时代考》,《古史辨》第4册,上海古籍出版社,1982年,第348页)胡氏针对梁启超说《礼记·曾子问》篇老聃精于礼学但其书却排斥礼时也指出:"老子主张不争,主张柔道,正是拘谨的人。"(胡适《与冯友兰先生论老子问题书》,《古史辨》第4册,第419页)。唐氏所谓老学从"礼学转变成"的观点,主要针对其反礼一面,观其主要引《老子》38章为据可知,这种视老学为周礼的"悖反"也为很多老子研究者所信从,而胡氏的看法则强调由礼学到老学"正向"的派生。今天看来,胡氏的意见无疑更值得重视。
[2] 《老子》28章也说:"知其雄,守其雌,为天下谿。……知其白,守其黑,为天下式。……知其荣(汉简、帛书本作"白"),守其辱,为天下谷……"与此相类。

老子思想的标签(甚至认为是"阴谋术"①)。然则其系《老子》的原创乎？由"将欲……必固……"的表述逻辑到强调卑弱、处下有何必然性呢？我们看《左传·昭公二十五年》鲁昭公有语云："将求于人，则先下之，礼之善物也。"这话的背景是鲁昭公被三桓赶出国，栖身齐地("公孙于齐，次于阳州")。齐侯准备过去慰问一下("齐侯将唁公于平阴")，被逐出国、惶惶若丧家之犬的鲁昭公由此感激涕零，积极地"先至于野井"(靠近点)，并因此说了上面的话。所谓"将求于人，则先下之"与上举《老子》36章之"欲取反予"式表述可谓绝类，而且"下之"云云者正是老子刻意强调的。但从鲁昭公的话来看，所谓"将求于人，则先下之"的"欲取反予"本来是"礼之善物也"：是礼数的既定要求，并非《老子》的原创。昭公二十五年当公元前517年，孔子约35岁，但"将求于人，则先下之"的观念显然非此时才有。因为《国语·晋语四》同样有云："《礼志》有之曰：'将有请于人，必先有入焉。欲人之爱己也，必先爱人。欲人之从己也，必先从人。'""将有请于人，必先有入"云云与鲁昭所言及《老子》36章之"欲取反予"又是绝类。而且，请注意，"将有请于人，必先有入焉"云云这样的话还是出自《礼志》，也就是严肃的礼书，这也印证了上面鲁昭公所谓的"礼之善物也"。也就是说，这种"欲取反予"本来就是礼学的一贯原则，将此讲成"阴谋"或以为《老子》原创，都是严重的误解。《晋语四》的话出自文公谋士子犯，其时重耳尚寄寓秦穆，远早于老子。这再次说明此类观念是很早就有的。另外，《礼记·表记》还引孔子语云"朝廷不辞贱"，为何要以"贱"为尚呢？《正义》谓"此广明为臣事君之礼"，明显也是以处"贱"为"礼"的原则，而"处贱"实与"处下"同义。总之，由上述二例，我们应该反思：不能一看到卑弱、处下的思想，就以为是袭自《老子》(道家)或拉近他们与《老子》或道家之间的距离，并将其与儒家的关系视若冰炭、水火，这其实都是

---

① 学者引自汉迄明十数家解老之说以斥"阴谋"之诬，其中却罕有从礼学角度立论者(陈鼓应：《误解的澄清——代序》，《老子注译及评介》，中华书局，1984年，第19—21页)。但提到明薛蕙曾举《史记》陈平自道："我多阴谋，道家之所禁。"确实足证"阴谋"说之误。

"冰山"式的错觉,是由于对文献进行了"不完全归纳法"所致。①

另外,学者或引清人崔述的看法,认为金人铭章以孔子为叙述主体,但却宣扬道家学说,甚为可怪,以此证明今本《金人铭》的驳杂。② 这是纯以后世的儒、道分野看问题。即以上面的举证看,为什么卑弱、处下就一定是道家的?学者指"金人铭后半段的不少内容与《老子》和其他道家文献有密切关系"③,案其所列即包括"盗憎主人,民恶其上"两句。此两句明不见于《老子》,然则其属于"其他道家文献"?若是,则早在成公十六年之前即公元前576年之前即有"道家"了?问题显然是不言自明的。再者,如若视儒、道或孔、老共处为不类,那我们怎么解释《礼记·曾子问》中关于孔、老之间的四则问对呢?前人鉴于《金人铭》中不少内容与《老子》关系密切,或谓《老子》袭自《金人铭》,④又或谓是《金人铭》袭自《老子》,并因此认为《金人铭》文本晚出。⑤ 本文认为《老子》之前,卑弱、退守的思想已经多有所见,这类思想并不限于《金人铭》。或者说《金人铭》与《老子》都是此类思想的"流",在它们之间作非此即彼的相袭判定,恐怕都是不合适的。当然,如前所言,《老子》思想既以礼学为主要

---

① 李锐先生在讨论学者根据词汇统计与分析来断文献年代时即已指出此弊,参李氏《新出简帛的学术探索》,北京师范大学出版社,2010年,第41页。像郑良树先生主《老子》袭《金人铭》,其论证逻辑常见如"其他先秦古籍再也没有'强梁者不得其死'的句子","检先秦古籍中,除《金人铭外》,再也没有他处可寻了",这是纯以现存文献立论。且即以现存文献而论,关于"强梁者不得其死"句的渊源,还失察《孔子家语·好生》篇的"君子而强气而不得其死"。郑氏意见参其《〈金人铭〉与〈老子〉》,《诸子著作年代考》,北京图书馆出版社,2001年,第12页。
② 邬可晶:《〈孔子家语〉成书考》,第133—134页。
③ 邬可晶:《〈孔子家语〉成书考》,第129页。
④ 可参郑良树:《〈金人铭〉与〈老子〉》,《诸子著作年代考》,第12页;徐正英:《先秦佚文佚书三题》,《郑州大学学报》2003年第4期;王中江:《老子的学说与〈金人铭〉与黄帝言》,徐炳主编:《黄帝思想与先秦诸子百家》(下册),社会科学文献出版社,2015年,第267页。总体上,笔者也赞同《金人铭》早出的观点,而且认为王中江文所检文献中部分商、周铭语与《金人铭》风格相近的事实对于佐证《金人铭》早出,确属有力,但率尔以《老子》袭自《金人铭》,则未可必也。
⑤ 参邬可晶:《〈孔子家语〉成书考》第一章第四节,第113—139页。

的知识背景,也侧面印证老子谙于礼学或孔子从老子问礼为可信,这又适足以证明《老子》的早出:其书绝不可能晚至辞让、礼文之风衰颓的战国时世。①

还要提到的是,学者又指《说苑》本《金人铭》后面"天道无亲,常与善人"与所谓"处卑""处弱"的道家思想"明显脱节",而且说《家语》本的"而能下人"是修饰的结果,但"天道无亲"与"而能下人"之间的"逻辑关系十分牵强,基本上没有成立的可能"②。其实,《家语》本的"天道无亲,而能下人"句言说的重点明显是在后面的"而能下人",即处下才能得"天道"的眷顾。这一点,学者也是承认的,③但缺乏实证。在此,我们可以补充几条证据。《左传·僖公十二年》因为管仲甘受"下卿之礼",君子评价说:"管氏之世祀也宜哉!"从这个评价看,能谦让、处下就世祀绵长,其间的利害关系是显而易见的。《左传·宣公十二年》楚庄王克郑,在郑伯"肉袒牵羊以逆"的情况下,左右皆曰"不可许也,得国无赦",但楚庄以为"其君能下人,必能信用其民矣,庸可几乎",并因此"退三十里而许之平"。因为"其君能下人",国运就不可限量,其间的逻辑也是清楚的。再如《左传·昭公三年》提到郑国的公孙段(即伯石)一向汰侈、跋扈,但去晋国出访却"甚敬而卑,礼无违者",晋君大悦,故多有赏赐。君子评价说:"伯石之汰也,一为礼于晋,犹荷其禄,况以礼终乎?"偶尔一次"敬而卑"就好处多多,何况终身行之乎?《左传》中对"处下"反而得益的记载,最有名的恐怕要属昭公七年所记孔子先祖正考父鼎铭,其语谓:"一命而偻,再命而伛,三命而俯。循墙而走,亦莫余敢侮。"此语又见《孔子家语·观周》、《庄子·列御寇》、上博竹书

---

① 本文所谓的"战国"主要指墨子以后。陈鼓应先生亦主老学先于孔学,尤其力证孔子从老子问礼为可信。不过,他又从"思想线索"上指"老子反对周制,孔子其后维护之",这依然是将《老子》视为周代礼学"悖反"式的存在,窃以为在《老子》年代学研究上未竟全功。陈说参《老学先于孔学——先秦学术发展顺序倒置之检讨》,《哲学研究》1988 年第 9 期。今又见陈氏《中国哲学创始者——老子新论》,《陈鼓应著作集》,中华书局,2015 年,第 5 页。
② 邬可晶:《〈孔子家语〉成书考》,第 120 页。
③ 同上。

《彭祖》篇(参前文)。此铭讲正考父其人随着官阶的"一命""二命""三命"逐渐隆升,其处世的态度反而是"偻"—"伛"—"俯",更趋谦下。这种"反向思维"与上举几例可以说有异曲同工之妙。而且,这么谦下的结果是"莫余敢侮",此与《家语》本《金人铭》的"人莫逾之"何其相似。因此,学者谓《家语》本《金人铭》的"人莫逾之"与"执此持下"的搭配"一例也找不到",显然失之武断。总之,古人对"处下"能得益,即所谓得天道眷顾,是早有共识的。而且,上述"处下"还往往与"礼"的原则相合。这一则说明《家语》本的"天道无亲,而能下人"并无不妥,倒是《说苑》本的"常与善人"更可能是涉《老子》79章而误讹;另一方面,由上所举《左传》中的三则事例看,《家语》本的"能下人"才能得天道眷顾也是有着广阔的知识特别是礼学背景的,我们不能动辄又以为是袭自《老子》。

汉简本"积正督"与
《老子》十六章古义臆诂*

今本《老子》十六章"守静笃",北大汉简本作"积正督",帛书甲、乙本,楚简本用字也各有不同,歧异颇为纷纭。北大简甫一公布,其"积正督"就引起学者关注,但迄今未有令人满意的解释。我们觉得,在各本之间,弄清何为本字,尤切关我们对《老子》本章思想原义的理解。为论述方便,兹先将十六章的相关内容及几个不同本子的差异,列陈如下。需要指出的是,今本十六章"归根曰静"以下,楚简本无有,学者多以为乃道家后学所增衍,故不俱列。

王本:致虚极,**守静笃**,万物**并**作,吾以观其复。夫物芸芸,各复归其根。

帛甲:至虚极也,**守情表也**,万物**旁**作,吾以观其复也。天物云云,各复归于其根。

帛乙:至虚极也,**守静督也**,万物**旁**作,吾以观其复也。天物沄沄,各复归于其根。

楚简:至虚极也,**守中笃也**,万物**方**作,居以须复也。天道员员,各复归其根。

汉简:至虚极,**积正督**。万物**并**作,吾以观其复。天物云云,各复归其根。

对于北大汉简的"积正督",整理者引当初帛书本整理者的意见,认为"督"当从今本读作"笃",[①]但对于"积正"无说。当初高明先生为帛书作注,也认为帛书乙本的"督"当从今本读为"守静笃"。[②] 楚

---

* 此文原刊于《出土文献》第 10 辑,中西书局,2017 年,第 193 页。
① 《北京大学藏西汉竹书(二)》,上海古籍出版社,2012 年,第 151 页。
② 高明:《帛书老子校注》,中华书局,1996 年,第 299 页。

简此字作"簹",学者也多认为从声韵上亦当从今本读若"笃"。① 晚近复旦大学裘锡圭先生团队重新整理马王堆帛书本《老子》甲本时,于帛书本、汉简本"督"及楚简本"簹"字,也从字形及声韵角度认为应读从今本的"笃",而对于汉简本"积正"、楚简本"守中"与王本、帛书本的守静(情)之间的异文则无说。②

需要指出的是,此前学者将汉简及帛书本"督"读从今本的"笃",多是就声韵立论,对"督"字义方面基本未作考虑,笔者以为这可能是个疏忽。不过,当初帛书本公布之初,尽管多数学者都主帛书本的"督"仍当读为"笃",但郑良树先生则持不同意见,他认为帛书乙本的"督"当和《庄子·养生主》的"缘督以为经"之"督"义同,"也就是'至正''至中'的意思。《老子》此文当句读为'致虚,极;守静,督',谓至虚、守静,乃得道者至高、至中之境界"③。晚近郑氏总结自己的《老子》研究,对这一点不但继续坚持,而且还提到帛甲本的"守情表",其中"表"字,如依整理者意见乃"裻"之误,则同样可训为"中"。④ 像整理者引《国语·晋语一》:"(献公)使申生伐东山,衣之偏裻之衣。"韦昭注:"裻在中,左右异色,故曰偏。"也就是说,帛书抄写者本来是要抄写成"裻"。此字读音确实与"督""笃"接近,问题是抄写者为何要用这么个生僻的字来代替"督"或者"笃"?关于"裻""督"同可训为"中",还要提到清代王引之《春秋名字解诂》里的一个著名考证,即宋国的华父,又名"督"的例子。兹不惮烦琐,将王氏考证具引如下:

"宋公孙督,字华父":"督,中正也。华,裦出也。《尔雅》:'督,正也。'《庄子·养生主》篇'缘督以为经',郭象注曰:'顺中以为常也。'《考工记·匠人》'堂涂十有二分',郑注曰:'分其督旁之修。'正义曰:'名中央为督,督者,所以督率两旁。'《晋语》'衣之偏裻之

---

① 参彭裕商、吴毅强:《郭店楚简老子集释》,巴蜀书社,2011年,第250—252页所引魏启鹏、廖名春、赵建伟、彭浩诸先生之说。
② 裘锡圭主编:《长沙马王堆汉墓简帛集成》第四册,中华书局,2014年,第49页。
③ 郑良树:《竹简帛书论文集》,中华书局,1982年,第10页。
④ 郑良树:《老子新论》,上海古籍出版社,2011年,第78页。

153

衣',韦昭注曰:'裻在中,左右异色,故曰偏裻。'裻与督通。《夏官·形方氏》:'掌制邦国之地域,而正其封疆,无有华离之地。'郑注曰:'华,读为㩻哨之㩻,正之使其不㩻邪离绝。'"(《经义述闻·春秋名字解诂》)

此条中王氏已将"督""裻"可训为"中"的辞例多有检举,如《庄子·养生主》的"缘督以为经",《国语·晋语》的例子,以及《尔雅》的训"督"为"正"。另外,关于"督"可训为"中",于省吾先生及晚近学者还指出卜辞中从"日"从"叔"之字,均当释为"督"。而且,卜辞"督"的本义当是指日光强盛的日中时分,故"督"在卜辞中多作为时称指日中,与后世"督"表示中、中央、中正的含义正相契合。① 既如此,汉简及帛乙本的"督"字可能不劳如今本般读若"笃",我们认为此处"督"字可能确为本字,这也可以解释帛甲本的"表"字之误:因为本来同样要用一个表"中"的"裻"字,才致讹混。这方面还可以增补同样是马王堆帛书《经法》之《道法》篇的例子,其中有云"虚无形,其裻冥冥",其中之"裻"当初整理者训为"中枢",但又谓"一说裻为寂",②思颇游移。由于此字且关道体的理解,后来研究者多有关注。或坚持"裻"本为衣之中缝的解释,但却仍训为"笃";或引孔彪碑之"寂兮冥冥",主此字当释为"寂"。③ 晚近复旦大学古文字中心重新整理马王堆帛书,于此字大致同于当初整理者的意见,不过也提到晚近学者释"寂"的意见。④ 今按,学者据孔彪碑释此字为"寂"是不对的。学者将其释作"寂"更多是牵合了《老子》25章的"寂兮寥兮"

---

① 黄天树:《殷墟甲骨文白天时称补说》,《黄天树古文字论集》,学苑出版社,2006年,第227页;何景成:《甲骨文"督"字补释》,《中国文字研究》2011年第1期。
② 国家文物局古文献研究室编:《马王堆汉墓帛书(壹)》,文物出版社,1980年,第44页。
③ 参见萧旭:《马王堆帛书〈经法〉四种古佚书校补》(复旦大学出土文献与古文字中心网站 http://www.gwz.fudan.edu.cn/SrcShow.asp?Src_ID=1101)所引丁四新、陈鼓应等诸家之说。萧氏意见亦以释"寂"为是。
④ 裘锡圭主编:《长沙马王堆汉墓简帛集成》第四册,中华书局,2014年,第128页。

而非从该字字形上立论。①《道法》篇此字从"叔"从"衣",与孔彪碑从"宀"从"豕"之"寂"明显有别,故此字释为"裻"字无误,当训为"中",释"寂"则非。证据不只有前述《晋语》的"偏裻之衣",还可提到《庄子·天地》中的话:"视乎冥冥,听乎无声,冥冥之中,独见晓焉。"②"冥冥之中"与《道法》的"其裻冥冥",表述可谓绝类,在"裻"训为"中"的背景下,简直可说是惊人一致。如果《老子》此章此处以"督"为本字,那么汉简本"正督"就好理解了:"正"与可训为"中"的"督",不过是同义复指——正中是也。而且,从版本学上说,"督"字帛书乙本、汉简本两见,帛甲本"表"依多数学者的看法又当是"裻"之误,而"裻"又训为"中",然则这种可训为"中"的版本已经不少了。还要提到的是,郑良树先生后来总结自己的《老子》研究,不但重申帛甲本"督"当读为本字,训为"中",而且注意到西汉严遵《老子指归》说解此章时说:"神守不扰,生气不劳,趣舍屈伸,正得中道。"因此认为:"窃谓严本正文'笃'亦本作'督',与帛书乙本相同,故《指归》以'中道'解之。"③此说确实颇具启发性。果如是,那就说明作"督"的本子又增加一严遵本,这种数量上的优势已经很说明问题了。再来看楚简本。当初此本公布之初,尽管不少学者以"中""静"义同,因此谓楚简本的"中𥷦"实即"静笃",但也有学者坚持楚简本"中"字为《老子》本貌,不能依今本读为"静",④但他们又往往将后面的"𥷦"仍读为"笃"。⑤ 现在来看,楚简本"中𥷦"同样不劳读为"中

---

① 参陈鼓应:《黄帝四经今注今译》,商务印书馆,2007年,第6页。
② 《吕氏春秋·离谓》《淮南子·俶真训》《文子·微明》均有类似表述,当袭《庄子》而来。不过,《吕氏春秋》意在论"惑者之患,不自以为惑",措意已非在道体。
③ 郑良树:《老子新论》,第78—79页。
④ 坚持楚简"中"为本貌者如丁原植、陈鼓应、刘笑敢等先生。丁氏意见参彭裕商、吴毅强《郭店楚简老子集释》,第250页所引。陈氏意见参其《从郭店简本看〈老子〉尚仁及守中思想》,《道家文化研究》第十七辑,生活·读书·新知三联书店,1999年,第64页;刘氏意见参其《老子古今》,中国社会科学出版社,2006年,第200—201页。
⑤ 丁原植先生肯定楚简本"𥷦"即"裻"的借字,理解为"处正",但联系前面的"守中"又说当理解为"守中是处正的样式",这样就没有把"中"与"𥷦"看成同义复指。丁说参彭裕商、吴毅强:《郭店楚简老子集释》,第250页所引。

笃","䈞"也当读为"督",也就是说"中督"同样是个同义复指结构,与汉简本"正督"雷同。而帛书及今本的以"静"作"中"(帛甲本借"情"为"静"),当缘于道家后学的臆改。① 我们看后来道家之书多"虚""静"并举者。《庄子·天道》云"虚静恬淡""虚则静",《管子·心术上》云"虚则不屈,静则不变",上博竹书《恒先》云"极先无有,朴、静、虚",马王堆帛书《道原》"极先之初,迥同太虚。虚同为一,……神微周盈,精静不熙",《文子·自然》云"虚静无为"。这些表述都应该提示了道家后学臆改的背景,今本《老子》此章后"归根曰静"以下的衍生亦当时这种情况下的产物。当然,"中"一旦改作"静",可能又为"督"讹作"笃"开启了道路:既然"守静",自然态度上就要求"笃实"或"诚笃",而"笃"本作"督"的真相就更难恢复了。

既然汉简本的"正督"即"中督",是同义复指,因此所谓"积正督"就可以简化为"积正"或"积中"。关于"积"字,《说文·禾部》:"积,聚也。"《诗·大雅·公刘》"乃积乃仓"即其例。《国语·楚语下》"无一日之积",训为"储",与"聚"义同。就强调时间和过程来看,"积"的这种意思实与"守"雷同。学者曾于《新序》《说苑》《潜夫论》等文献中搜辑四例"积正"辞例,② 其实都可以理解为"守正"或"守中"。如《新序·杂事》《新序·节士》讲孔子之"积正",实即"处正"或"守正"。两则故事分别提到我们熟知的"其身正,不令而行"和"席不正,不坐;割不正,不食",即为"处正"的典型,此与"守正"义同。《说苑·修文》中的例子则是孔子批评子路鼓瑟有"北鄙之

---

① 《老子》本书亦多言"静",如26章"静为躁君"、37章"不欲以静"、45章"静胜躁……清静为天下正"、57章"我好静而民自正"、61章"静胜牡",故而此处的改"中"为"静",可能亦属《老子》文本演变过程中的"同文复出"现象。可参拙文《〈老子〉"同文复出"现象的初步研究》,《〈老子〉"早期传本"结构及其流变研究》,学林出版社,2006年,第279页。另外,严遵《指归》本解此章云:"天地清静""去清静,则天地不能以存",屡言"清静",如此本确如郑氏所言亦作"督",那么此处严本可能一如帛书乙本作"静督"。
② 池田知久:《〈老子〉的形而上学与"自然"思想——以北大简为中心》,《古简新知:西汉竹书〈老子〉与道家思想研究》,上海古籍出版社,2017年,第150页。

声",失之于偏,实亦不"正"。这从上下文中孔子言论多次涉"中"就可以看得很清楚,所谓"先王制音","奏中声,为中节","故君子执中以为本","故其音温和而居中",最后干脆把"积正"与"履中"并举:"积正合仁,履中行善",所谓"履中"即"守中"也。而《潜夫论·慎微》亦云:"有布衣积善不怠,必致颜、闵之贤;积恶不休,必致桀、跖之名。非独布衣也,人臣亦然,积正不倦,必生节义之志,积邪不止,必生暴弑之心。"将"积正"与"积善""积恶"等并举,可见,此"积正"同样可以理解为"守正"。综合来看,我们认为汉简本的"积正督"实即"守正中",或进一步可简化为"守中",此与楚简本的"守中督"亦洽,而今本《老子》第5章的"多言数穷,不如守中"(楚简本无此句)明显也是强调"守中",应该是其一贯的思想。①

不过,如果今本的"笃"读为"督",表中正之义,且今本的"静"也本当如楚简本作"中",而"中"与"督"又是同义复指,然则"守中督"之"中督"就是一个东西。这样一来,该章此处传统的断句也需要重新检讨。长期以来,今本之"守静笃"之"笃",多理解为笃实或诚笃,导致此处断句作"守静,笃",而连带前面一句则断作"至虚,极"。② 尤其是帛书本、楚简本两句后各有"也"字:"至虚极也","守情表也"("守静督也","守中篤也"),似乎又强化了这种断句。其中的"守静,笃",一般的理解是"守静",应该"做到极笃的境地"。或者以楚简本的"中笃"为正,理解为"守中"要"笃诚"。但如果"笃"读作"督",此处原当作同义复指的"中督",那么"中"与"督"之间再断开显然是不合适的。而且,即便帛书本、楚简本两句后各有"也"字,也并无必要断开:"守——中督也",同样文从字顺:强调"守"的是"中督"这样的状态。

---

① 前引池田知久先生认为汉简本用"积正"是儒家思想的侵入,恐非是。
② 王注本解此章前两句作"言至虚,物之极笃;守静,物之真正",似以"至虚""守静"为句。但学者以为今本王注似有讹误,推测王注本作:"言至虚之极也,守静之真也。""虚之极"云云,又似以"虚极"为句。参楼宇烈:《王弼集校释》,中华书局,1980年,第35—38页。河上公本解作"至于虚极",以"虚极"连称,与本文意见相同,但后一句作"守清静,行笃厚",又明显将"静""笃"分说(王卡点校:《老子道德经河上公章句》,中华书局,1993年,第62页)。

《老子》探源与古义新证

　　如果汉简本十六章"积正督"确如我们上文分析的当读作"守——中督(也)",即"守中",那么前面一句的"至(致)虚极"①又该作何解呢?首先应该指出的是,鉴于此句与下句句式整齐对应,就断句来说,可能同样是不需要断开的,即当如下句般读作"至(致)——虚极也",而非一般的读作"至(致)虚,极也"。然则,"虚极"何义?是否也和"中督"一样是同义复指呢?值得注意的是,正如上文分析的下句"守中督"实即"守中",而"虚极"中的"极"字,在古书中一般也多训为"中",当然也可训为"正"或"正中",晚近学者特别是裘锡圭先生在讨论上博竹书《恒先》到底是"恒先"还是"极先"时,还专门提到这点。②像古书中"事不善,不得其极"(《左传·昭公十二年》)、"使神人百物无不得其极"(《国语·周语上》),③均当释为"中"或"正中"。他如《诗经》中屡见的"罔极",如"士也罔极,二三其德"(《卫风·氓》),"不知我者,谓我士也罔极"(《魏风·园有桃》),"有靦面目,视人罔极"(《小雅·何人斯》),"谗人罔极,交乱四国"(《小雅·青蝇》),"无纵诡随,以谨罔极"(《大雅·民劳》),"民之罔极,职凉善背"(《大雅·桑柔》),这些诗中的"罔极"之"极"理解为"中",均很合适:"罔极"即"罔中",亦即不守"中"之义。另外,正如前文提到"督"字本义当指日中,文献中"极"字有时也有此用法。如《管子·白心》:"日极则仄,月满则亏。"所谓"日极"即"日中"是也。④还

―――――――

① 学者多有将楚简本此句读作"致虚恒"者,非是。可参彭裕商、吴毅强:《郭店楚简老子集释》,第252页。最近的讨论还可参蔡卓:《简帛〈老子〉考释札记二则》,《"考证与释义:出土四古本〈老子〉综合研究高端论坛"论文集》,上海大学,2015年12月,第77页。
② 裘锡圭:《是"恒先"还是"极先"》,《裘锡圭学术文集》第5册,复旦大学出版社,2012年,第326页。另,前揭蔡卓《简帛〈老子〉考释札记二则》一文对古书中"极"字表中正、准则义亦多有举证,材料与裘先生文时有重合处,但对裘先生文失引。
③ 李锐:《〈恒先〉浅释》(孔子2000网,2004年4月17日)举此二句,后裘锡圭先生进一步指出此两处之"极"均以训"中"或"中正"为宜,裘说见《是"恒先"还是"极先"》。
④ 当然,正如前举裘先生文所提到的,"极"不只有"中"义,像房屋之"极"又往往又是其最高处,故"极"又可训为顶点、最高处。像《管子》此处的"日极",既可以是"日中",而正午时分的太阳同样也达到了"顶点""最高处"。

158

要提到的是,上博竹书《恒先》结尾亦云:"天下之作也①,无迕极,无非其所;举天下之作,无不得其极而果遂。"其中的"无迕极"实即"无迕中",而"无不得其极",即"无不得其中"。尤其是这样的"无迕中"和"无不得其中"约束的还是"天下之作",这与《老子》此章后面"万物并(旁)作"的表述方式均绝类。这么多"极"字都可训为"中",而下句的"守中督"如上文所言又是强调"守中",前后两句在强调"中"上的一致性恐非偶然。就《老子》一书的内证来说,其58章云"祸兮福之所倚,福兮祸之所伏。孰知其极?其无正",由《老子》此章来看,"极"确可训为"正",而"正"即"中",因此"积正"或"守中"与"至极"确实是非常接近的表述。不过,《老子》此章"至""极"之间还夹了个"虚",而此字却鲜见训为"中"的例子。虽然《老子》5章有云"虚而不屈,动而愈出。多言数穷,不如守中",将"虚"与"中"并举,但"多言数穷,不如守中"句未见楚简本,其是否是《老子》本貌尚有可疑。关于"虚极"一词具体含义,还要提到前文的马王堆帛书《经法》之《道法》篇的"虚无形,其裻冥冥",因为"裻"训为"中",同样可以看成是"虚""中"并举的例子。"其裻冥冥",如前所述,传世文献中能与其密合的就是《庄子·天地》:"视乎冥冥,听乎无声,冥冥之中,独见晓焉。"其"冥冥之中"后世至今乃沿用颇广的成语,但往往多强调"冥冥","中"则多不是重点。但由《道法》的"其裻冥冥"看,本来应该是强调的是"中"。换言之,"冥冥之中"其本义应该是指"冥冥"的"中",或"中"是"冥冥"的,而非像后世理解的"冥冥"的<u>过程中</u>或"冥冥"<u>之时</u>。② 另外,由于"极"也可训为"中","其裻冥冥"当然也可理解为"其极冥冥",同理,"至——虚

---

① 学者或将"天下之作也"与上面"其事无不复"连读为"其事无不复天下之作也"(参董珊:《楚简〈恒先〉初探》,《简帛文献考释论丛》,上海古籍出版社,2014年,第19页),恐非是。
② 今本《老子》21章亦有"惚兮恍兮,其中有象。恍兮惚兮,其中有物。窈兮冥兮,其中有精。其精甚真。其中有信",该章4例"其中"之"中",我们怀疑也当与"冥冥之中"的"中"同义(帛书甲本及传世有些本子"其中有……"句式皆作"中有……",颇值得注意),其中第3例明云"窈兮冥兮,其中有精","窈兮冥兮"与"冥冥"近同。历来解老者于该章的"其中"多未深措意,窃以为实有深义存焉。

极",也可理解为"至——虚裂"。而依《道法》的表述,"虚"是"无形"的,而且"其裂冥冥",即"其中冥冥",也就是说其最核心的部分是"冥冥"的。这样的话,"虚极"即谓"虚之极"或"虚中",它虽不是同义复指,但其同样强调"中"则至为显豁,此与下文的"守中督"依然是契合的。

既然今本的"守静笃"本当作"守中督",强调"守中",且前一句"至虚极"之"极"同样有"中正"之义。笔者还想对下文的"万物并作"多说两句。此句之"并"汉简本同,帛书甲乙本作"旁",而楚简本作"方"。关于此字,学者或以"并"为本字,因此解"并作"即"皆作";或以"旁"为本字,将"旁作"理解为"溥作"。其实,无论是"皆作""溥作"均有强调广大、全体之"作"义,二者意思实相近。"旁"之训"溥",也为训诂学常例,从《说文》到清代朴学诸大师多申此点。不过,如果此章前文的主题是我们上文所分析的"守中"或强调"中",笔者斗胆提出,此字恐读如帛书本的"旁"字本字即可,而不劳释为"溥"? 也就是说,我们是否把本来简单的问题弄复杂了? 此字如读为"旁",即旁邪之"旁",与"中"相对反。因此所谓"万物旁作",实即"偏邪"之"作",亦即偏离"正""中"之"作",所以下文又归结为"观其复",所谓"复"即"复"其"中"。这与前文的强调守"中"亦相契合。长期以来,由于"旁"之训"溥"为常例,其"旁邪"之义反而湮没不彰。或者说由于"旁邪"暗含向两侧面扩张,因而整体上也使覆盖面趋广,遂为"溥"之涵义所牢笼。但实际上,古文献中有些"旁"字是不能释为"溥"的,或者说释为"旁邪"之"旁"显然要较释为"溥"更为恰切。如史家论正史之"表"谓"旁行斜上",此处之"旁"可训为"溥"乎? 另外,在宗法领域的直、旁系关系上,其中之"旁"显然也不能释为"溥"。再如《礼记·丧服小记》提到与"上杀""下杀"相对应的"旁杀",此处之"旁"即所谓"从兄弟",或者孔疏所谓的"世叔""从世叔""族世叔",亦或即宗法上的"别支"或"旁支"。它相对直系的"上""下",显然系旁邪之属,理解为"溥"则是错误的。他如《礼记·大传》云:"上治祖祢,尊尊也;下治子孙,亲亲也;旁治昆弟……"所谓"旁治昆弟"之"旁"与"旁杀"之"旁"义同。又如《逸周书·祭公解》云:"维我后嗣旁建宗子,丕维周之始并

（屏）。"所谓"旁建"亦属此类。明乎此，文献中那些传统上多理解为"溥"的"旁"是否也有重新检讨的必要呢？《国语·鲁语上》里革对鲁成公的话"民旁有慝无由省之，益邪多矣"，王念孙谓："旁之言溥也，遍也，言民遍有奸慝，而君不能察也。"①但其实"旁有慝"理解为偏离"中"道向旁邪发展而遂有"慝"，也并无扞格。值得注意的是，此处里革说君主如果对"旁有慝"不加省察，那就是"益邪"，前文还说君主的职责就在于"牧民而正其邪"，均强调要规避"邪"，准此，则"旁有慝"之"旁"理解为偏离"中"道之"旁"，可能较之于"溥"于义更胜。再如《楚辞·惜诵》云"吾使厉神占之矣，曰'有志极而无旁'"，其中"志极而无旁"，"极""旁"并举，历来注家从王逸、洪兴祖到朱熹，皆谓心志劳极，旁无辅助。但姜亮夫独以"志极"为"中正"，而"旁"训"他人""旁人"。② 笔者认为姜说"志极"之"极"训为"中正"，其义甚精，而"旁"训"他人""旁人"，实与旧说无异。其实，在"志中正"的前提下说"无旁"，此"旁"似亦当训"邪旁"或"邪出"。因此，"无旁"即谓"志中正"或不离"正""中"也。更有名的例子还有《周易·系辞上》："旁行而不流，乐天知命，故不忧。"其中之"旁行"，传统也多理解为"溥行"，训"旁"为广大义，同时又训下文的"不流"为"适得其中"，但"溥行"与"适得其中"对反的意义其实并不明朗。《周易本义》则云："旁行者，行权之知也；不流者，守正之仁也。"《来氏易注》亦云："旁行者，行权也；不流者，不失乎常经也。"③"行权"的"旁行"其实即离"正"之"行"，这才与下文的"不流"形成对反，因此论者释"不流"为"守正""不失乎常经"均属恰切。再如上文提到的上博竹书《恒先》的"天下之作也，无迕极"，也重在限制"作"，此与《老子》此章"旁作"暗合。而且，在"极"训为"中"的背景下，"无迕中"则说明对"天下之作"的要求也是不能偏离"中"，也就是要约束"旁作"。准此，我们认为上述文献中"旁行"与"旁有慝"及《老子》十六章的"旁作"，可以互为参证，其中之"旁"

---

① 参徐元诰：《国语集解》，中华书局，2002年，第172页所引王说。
② 苏雪林：《楚骚新诂》，武汉大学出版社，2007年，第206—207页。
③ 以上各说俱参黄寿祺、张善文：《周易译注》，上海古籍出版社，2001年，第537页。

都以释"旁邪"为宜,"旁行""旁作"均指偏离正、中之"行"与"作"。

最后,让我们总结一下本文的观点。今本《老子》十六章开头两句本应作"至虚极也,守中督也",意思是说一方面要抵达"虚"之"极",即"虚"之最中心、最核心部分(或可言"极虚"),另一方面则坚守正中而不偏离。① 因此,下文当作"万物旁作",而"旁"当读为"旁邪"之"旁","万物旁作"即谓万物向旁邪里发展,自然就偏离了正中之道,因此《老子》又强调它们最终都会"复"其本根。

---

① 最近李锐、张帆先生对此两句又有新的释读,与本文不同,读者可以参看。参见李锐、张帆:《〈老子〉"致虚极,守静笃"异文考辨》,《出土文献》2021年第3期。

说《老子》的"建德若偷"

——兼申今本五十九章"早服"当从郭店简本作"早备"

一、"建德若偷"版本差异及学者解说

上士闻道,勤而行之;中士闻道,若存若亡。下士闻道,大笑之。不笑不足以为道。故建言有之:明道若昧,进道若退,夷道若颣。**上德若谷**,大白若辱,**广德若不足**,**建德若偷**,质真若渝。大方无隅,大器晚成,大音希声,大象无形。道隐无名。夫唯道善贷且成。

以上是今王弼本 41 章的内容。本文主要讨论其中的"建德若偷",先来说一下各本的文字异同。

河上公本"偷"作"揄",严遵指归本作"偷",王弼本同。傅奕本则作"媮",范应元本则作"输"。① 出土帛书甲本相当的部分残掉,乙本据最新复旦大学帛书整理团队以衬页反印文所见作"揄"(括注为"偷"),②与河上公本同。郭店简本此处恰好残去,无从判断。北大汉简本则作"榆"。据传世诸古本及出土的帛书乙本、北大简本看,此字虽多有差异,但都从"俞"声。这也意味着上述"偷""揄""媮""输"等必然有本字,有借字。对何为本字的判断,又会影响到"建德若×"一词的理解。特别是,依此章"上德若谷,大白若辱……"这样一组排比,"建德"又要满足与后面的"×"意义上构成对反。比如河上公注谓"建设道德之人,若可揄引使空虚也",解"建"为建设,并谓"揄"为"揄引",③不只以"揄"为本字,而且以"建设道德"与"揄引使空虚"为对反。坦率地说,这个解释是很牵强的。王

---

① 各本文字差异可参朱谦之:《老子校释》,中华书局,1984 年,第 170—171 页。
② 裘锡圭主编:《长沙马王堆汉墓简帛集成·老子乙本》,中华书局,2014 年,第 194 页。整理者说明见第 198 页注释 12。
③ 王卡点校:《老子河上公章句》,中华书局,1993 年,第 164 页。

弼则谓："偷,匹也。建德者,因物自然,不立不施,故若偷匹。"①由"不立不施"可知,王弼似是将"建德"之"建"理解为"建立",这与河上公本近同。但"偷"理解为"匹",不但与河上本明显不同,这种训诂也比较奇怪,文献中是比较罕见的。而且,"建立"与"匹"如何构成对反呢？这个也颇让人困惑。楼宇烈谓："'偷,匹也',不明所义,恐有误。"他提到马叙伦从俞樾读"建"为"健",并谓傅奕本经文作"建德若媮",且注云："'媮',古本作'输'。"并引《广韵(雅)》"输,愚也",且谓马王堆帛书甲本正作"建德若输",疑王注"偷,匹也"为"输,愚也"之误。②由此看出,他以傅奕本是以"媮"为本字,理解为"愚",故楼氏怀疑王注"偷,匹也"为"输,愚也"。这个怀疑过于大胆,且缺乏依据。他还引马王堆帛书甲本为证,但今天来看,他对马王堆帛书甲本的判断明显也不符合事实。西汉严遵指《指归》本并非逐字作解,只是说："建德若偷,无所不成。涂民耳目,饰民神明。绝民之欲……"③从这个表述看,无法判断其对"建德"与"偷"的具体理解。近代解老名家蒋锡昌先生则谓："建,立也","偷"为"愉"之假,并引《说文》"愉,薄也","'建德若偷',言建德之人若薄而不立。"④蒋训"建"为"立"基本与河上公、王弼本同,但谓"偷"为"愉"之假,那就是以"愉"为本字,理解为"薄",如此,对于后面从"俞"之字的理解,则在河上本"揄引使空虚",王弼本"匹",傅奕本"愚"之外又出一说。

如果说"偷"多有异文且理解颇多分歧的话,前面的"建"长期以来则没有什么新的说法,这种情况到晚清俞樾才始有变化。俞氏将"建"读为强健之"健",以与老子一贯的强弱对比之一极偶合,并解"偷"为"偷惰",遂认为"健"与"偷惰"构成逻辑上的对反。此说一出,迅速在学术界为很多学者所采纳,直至于今。像朱谦之在以"偷"为本字的情况下,即取俞樾"刚健之德,反若偷惰"之说。⑤陈

---

① 楼宇烈:《王弼集校释》,中华书局,1980年,第112页。
② 楼宇烈:《王弼集校释》,第114页。
③ 王德有点校:《老子指归》,中华书局,1994年,第14—15页。
④ 蒋锡昌:《老子校诂》,上海书店据商务印书馆1937年版影印,275页。
⑤ 朱谦之:《老子校释》,第170—171页。

鼓应亦采俞说。① 任继愈解释此句为"健德好似怠惰"②,等于也受了俞樾之说的影响。高亨同意俞樾之说,读"建德"为"健德"。但认为"偷"借为"嬬"或"懦",解为弱:"建德若偷,犹言强德若弱耳。"③可以看出,高说虽在"建"读为"健"上与俞说同,但将"偷"理解为"嬬"或"懦"的借字,无疑又出新说。依其理解,"建德若偷",就是"健(强)—弱"对反,这与俞氏理解的"健—偷惰"对反也不一样。高明注解帛书《老子》,在注意到"偷"字传世本有"媮""输""揄"等不同的情况下,同样采俞樾之说,认为"建""健"二字"音同而义得同","健德若偷",即"言刚健之德,反若偷惰也"。④ 明确以"刚健"与"偷惰"有对反义。古棣、周英亦取俞樾之说,解"建德"为"刚健之德"。⑤ 后来做郭店简研究的学者,像丁原植、魏启鹏、刘钊、陈锡勇、彭裕商、吴毅强均取俞樾"刚健之德,反若偷惰也"之说。⑥ 刘笑敢谓:"强健之德不计较世俗德是非曲直,容易被人看作软弱。"⑦其解"建"为"强健"与俞说同,但指"偷"为"软弱",明显与高亨之说接近。北大简此处作"建德如榆(偷)",整理者谓:"诸字音近可通,读为'偷'或'输'较胜,'偷'义为'苟且''怠惰','输'有'堕坏'之义,皆与'建德'相对。"⑧这个解释等于说无论把"偷"理解成"怠惰"还是"堕坏",都能与"建德"相对。其实,"怠惰"与"堕坏"含义明显不同,而"建德"的含义又是唯一的,所以整理者说"怠惰"和"堕坏"都能与"建德"相对的说法,肯定是不对的。

据笔者所见,明确对俞樾读"建"为"健"提出批评的是徐志钧。他说:"……而刚健与偷惰并无相反之义。故俞说虽流行而并

---

① 陈鼓应:《老子注译及评介》,中华书局,1984年,第228页。
② 任继愈:《老子绎读》,国家图书馆出版社,2015年,第92页。
③ 高亨:《老子正诂》,清华大学出版社,2011年,第69页。
④ 高明:《帛书老子校注》,中华书局,1996年,第22—23页。
⑤ 古棣、周英:《老子通》,吉林人民出版社,1991年,第609—610页。
⑥ 彭裕商、吴毅强:《郭店楚简老子集释》,巴蜀书社,2011年,第448页。
⑦ 刘笑敢:《老子古今》(修订版),第462页。
⑧ 北京大学出土文献研究所编:《北京大学藏西汉竹书(二)》,上海古籍出版社,2012年,第125页。

无确解。"①徐氏从训诂上指出"刚健"与"偷惰"并不构成对反,这是很对的。他引《广韵》"建,树也",认为分邦建国,建立诸侯,叫"建德",并援《左传·隐公八年》"天子建德,因生以赐姓……"为证。徐氏训"建"为"树",其实与河上公等古注"建设""建立"同义,因为"建树"云者本来就是同义复指词:"建"即"树"也。特别值得一提的是,徐氏还专门提到文献中"建德"这样的成词,这也是此前学者多有忽略的地方。然则,徐氏如何解释"建"与"偷"之间的对反呢?他引《汉书·元帝纪》"媮合苟从",颜注"媮,与偷同",徐氏解为安乐、苟且、谄媚。又引《晏子春秋·杂上》十二"无偷乐之臣",《韩非子·难二》"夫赏无功,则民偷幸而望于上"。在以"偷"为本字的情况下,遂解"偷"为"谄媚""倖进"。因此谓:"犹言建功立业之人却如谄媚倖进之徒。"即明显以"建功立业"与"谄媚倖进"为对反,着眼于仕进的方式一为正大光明,一为投机取巧,似乎这样构成对反。我们认为这并不可信。不过,徐氏从"建德"作为成词的角度考察,确实开辟了这一问题研究的新路。既然是"成词",肯定会在相当范围内得到应用,故它不可能只在《老子》一书中出现。实际上,其他文献中之"建德"也所在多有。下面拟对此细作考察。

二、"建德"成词释义

道家文献之外,其他古书中还有更多的"建德"辞例,大体言之,它们可以分为两类:

1. 动宾式"建德"——选建"有德"之人

这种辞例即为前述徐志钧所举《左传·隐公八年》:"天子建德,因生以赐姓,胙之土而命之氏……"就是讲封建有德之人,遂有胙土命氏之举。文献中类似辞例还可举《左传·定公四年》:"昔武王克商,成王定之,选建明德,以蕃屏周。故周公相王室,以尹天下,于周为睦。"所谓"选建明德",明显也是"建德"的搭配,而"选建明德"其

---

① 以下徐氏意见俱参徐志钧《老子帛书校注》,学苑出版社,2002年,第15—16页。

实即为"选建""明德"之"人"。近出清华简《系年》有"先建康叔于卫",已有学者指出其中的"先"当读为"选",①即"选建康叔于卫",即"封建"康叔于卫,"建"的宾语明显是落实到"人"(康叔)的。《史记·卫康叔世家》:"……举康叔为周司寇,赐卫宝祭器,以章有德。"所谓"以章有德"正点出康叔乃可"先(选)建"的"有德"之人,亦即《左传·定公四年》的"选建明德"。将这种"建德"理解为"封建有德之人",其实即《左传·昭公元年》的"底禄以德",或者如《逸周书·酆保》的"明德摄官"、《逸周书·小开》的"何择非德"(两见)。由此看来,这种"建德"辞例中的"德"实代指"人",而其中的"建"当解为封邦建国的"封建"。"建"的这种意思,周代文献中是很常见的。如《周易》《屯》《豫》两卦云"利建侯",《尚书·康王之诰》谓"建侯树屏",《逸周书·作洛》作"建管叔于东,建蔡叔于殷",《周礼·天官·太宰》载"乃施典于邦国,而建其牧,立其监",四十二年逑鼎"余建长父,侯于杨",其中的"建",都是指封建诸侯。总之,这种"建德"从构词方式上讲即为动宾结构,其中的"建"义为"封建",其中的"德"实代指"人",即有"德"之人。就此而言,上述徐志钧先生虽注意到了《左传》中的"建德"("天子建德")辞例,但其解"建德若偷"为"犹言建功立业之人却如诣媚倖进之徒",隐以"建德"为"建功立业之人",置诸《左传》"天子建德"的辞例中,似乎就成了"天子建功立业"类似的意思,这显然是不对的。如上所言,"天子建德"应该理解为"天子封建有德之人",因此,徐氏虽注意到了"建德"辞例,但其理解却是有问题的。

2. 动宾或偏正式"建德"——积德或修积而成之德

文献中第二种"建德"也是动宾式,其中的"建"当理解为"立""修"或者"积",而"德"不是指"人",而是指"德行"。因此,这种"建德"可以理解为"立德""修德"或"积德"。这种类型的"建德"可举《左传·文公五年》臧文仲评六与蓼之灭,其说云:

皋陶、庭坚不祀忽诸。**德之不建**,民之无援,哀哉!

---

① 李天虹:《小议〈系年〉"先建"》,简帛网(http://www.bsm.org.cn/show_article.phpid=1710),2012年6月14日。

这是把六与蓼国的灭亡归结为"德之不建",其实就是"不建""德",即不立德或不修德。

《国语·晋语八》中叔向贺韩宣子之"贫",举晋国栾、郤两大族为例,说明如不务修德,"恃其富宠",最终就会没有好下场。像他总结"八郤"显赫时曾一度"五大夫三卿",但最终却"一朝而灭",他归结为"唯无德也",即不修德、不"建德"。因此他提醒韩宣子:

若不忧<u>德之不建</u>,而患货之不足,将吊不暇……

所谓"德之不建",明显也是"建德"或"修德"的辞例而颠倒之。因为前文叔向讲栾氏家族的正面典型栾怀子时说他能够"修武(栾武子)之德",对比"德之不建",可以说正是"建德"之"建"当解为"修"的佳证。

另外,《国语·周语中》讲到"饫"享之礼的重要功能时说:

夫王公诸侯之有饫也,将以讲事成章,**建大德**、昭大物也,故立成礼烝而已。

所谓"建大德",实即立大德或积大德之义,强调"饫"享之礼的重要性。换言之,有此之礼,就等于"建"或"立"了"德"。所以其下文又说如依此礼而行,就会"则顺而德建","德建"显然照应前面的"建大德",而颠倒言之,即谓"德"修成或积累而成。

关于"德建"这样的颠倒用法,《国语·晋语四》还记宁庄子之言曰:"善,德之建也",所谓"德之建",明显亦系"建德"之辞例而颠倒之,意谓只有"德""建"了,才能算"善"。其下文说"德无建不可以立",亦是强调"德"只有"建",或曰"修"或"积",才能"立"。另外,《国语·郑语》还有"建九纪以立纯德"的说法,所"建"的似乎只是"九纪",但由于"九纪"是"纯德"的前提,"建"了"九纪",等于也是"建"了"纯德",故这还是"建德"的辞例。《郑语》说"立纯德"动词用"立",前面又有"建九纪",其实再次说明这种"建德"辞例中的"建"是当解为"立"的。

应该指出的是,细味上述作为"建德"倒装格式的"德建""德之建",如果说"建德"是动宾式的话,那么"德建""德之建"在形式上的倒装之外,本来的动词"建"在"德建""德之建"这样的格式中又充当了核心词"德"的补足语的功能,以至于"德建""德之建"实际上又可以理解为主谓式,它要表达的意思是"德""建"了,或者说"德""建成""修成""积累而成"了。像《晋语四》"善,德之建",既然"善"是"德之建",那就意味着"善"某种意义上可以看成有自足义的完成时态,而"善"又是"德之建"。它要表达的意思可以理解为:"善,意味着德建好了。"这样一来,"德之建"明显应该当作主谓式来理解。而且,就"建成""修成""积累而成"这样的意思讲,这也意味着"德"的"建"是需要一个过程的,并非一劳永逸或一蹴而就,这也符合我们一般对"修德"的理解。由于"建"需要持续性的过程,而"建成""修成"这样的意思又可以径谓"建",这就意味着,一般理解为动宾格式的"建德",有时还可以作偏正式理解:"建成"的"德",或"修成"的"德"。

同是道家文献,晚于《老子》的《庄子》一书中亦有"建德"一语,《庄子·山木》篇载:

南越有邑焉,名为<u>建德</u>之国。其民愚而朴,少私而寡欲;知作而不知藏,与而不求其报;不知义之所适,不知礼之所将。

前举高亨先生亦注意到此条辞例,但依然从俞樾之说,解其中的"建德"之"建"为"强健"义。其实,考察此段"建德之国"的上下文,坦率地说,我们看不出其中"建德"之"建"理解成"强健"的必要性。说此国有"强健之德",而其民又"愚而朴,少私而寡欲","强健"与"愚而朴""少私而寡欲"之间不但缺乏关联,甚至是对反的。具体到此处"建德之国"该作如何理解,我们下文会结合《老子》"建德若偷"的辨析,再作讨论。

上面我们梳理了其他文献中的"建德"辞例,而且看出它们虽都名"建德",但其实有两种不同的含义:一为"封建"有"德"之人,一为修德或积德,而绝无俞樾以下很多学者所理解的"健德",这其实已经暗示为这些学者所采纳的俞樾之"刚健之德反若偷惰"之说是靠不住的,它并不符合古人的用语习惯。这也是从文献辞例角度考察最大的价值所在,它提醒我们不用在"建"字音近假借的方向上

（如读"建"为"健"）作无谓的联想。而且，就"建德若偷"这一句的理解看，"建"的训诂又具有"定点"的意义，因为"建"—"偷"对反，由此也限定了"偷"的理解，不至于在诸多从"俞"之字的版本中目迷五色。

三、《老子》"建德若偷"正解

现在我们就来看《老子》此章的"建德"的具体含义。首先应该指出，《老子》该章中"建德若偷"是与"上德若谷，大白若辱，广德若不足"并列的一组排比，由"上德""大白""广德"的构词方式来看，《老子》的"建德"明显应该是偏正式的，即"建"是修饰"德"的。这样一来，我们就可以看出，虽然上举徐志钧先生首倡从文献中的"建德"辞例入手考察这个问题，但他援《左传》中"天子建德"的例子，只是我们上面分析的第一种情况："建德"为动宾式，即"封建"有"德"之人的意思，而《老子》此章的"建德"乃偏正式，明显与此不同。那么，《老子》的"建德"是否是第二种情况，即"修德""积德"呢？我们的回答是肯定的。虽然第二种主要表现形式也是动宾式，似乎与《老子》的偏正式不同，但我们上面已经指出，"德"之"建"是有个"修""积"之过程的，作为完成时态，"建德"也可以理解为偏正式，即建积、累积而成的"德"，我们认为这正是《老子》此章之"建德"的真正所指。而且，这种建积、累积而成的"德"，也能与后面的"偷"很好地构成逻辑上的对反耦合。下面拟就此作进一步论证。

首先应该指出的是，由于第二种"建德"辞例中"建"当训为"建设""建立"之"建"。这种意思的"建"，又与"树"同义（第一种"封建"有德之人之"建"也与"树"义同，如前举《尚书》"建侯树屏"例），像"建树"后来甚至成为同义复指的成词。这样一来，"建德"辞例的考察范围其实应该适当扩大，比如文献中也多见"树德"的辞例，而"树德"明显应该与"建德"义同。试看下面的辞例：

《左传·僖公十五年》："晋其庸可冀乎！姑树德焉以待能者。"
《左传·成公二年》："四王之王也，树德而济同欲焉。"

《左传·昭公十九年》:"(沈尹戌)曰:'吾闻抚民者,节用于内,而树德于外……'"

《左传·哀公元年》:"臣闻之:**树德**莫如滋。"

《国语·周语下》:"令之不从,上之患也,故圣人树德于民以除之。"

《大戴礼记·千乘》:"昔者先王本此六者,而树之德……"

上述文献中的"树德"均当与"建德"义同。值得注意的是,《左传·哀公元年》的"树德莫如滋",又见今伪古文《尚书·泰誓》篇(作"树德务滋"),伪孔传解释"立德务滋长","滋长"之谓就说明"树德"或"建德",不是一劳永逸的,是需要一个"量"的累积的过程,故"建德"可解为"修德"或"积德"。而且,将"建德"理解为"修德"或"积德",即《老子》书中又有内证的支持。其59章云"早服谓之重积德,重积德则无不克",两见"重积德",可谓明证。其54章又说:"善建者不拔",亦言"建",那他要"建"的是什么呢?且看该章下文:

修之于身,其德乃真;修之于家,其德乃余;修之于乡,其德乃长;修之于邦,其德乃丰;修之于天下,其德乃普。

该章郭店简本即有,古今本之间并无大的差别。这样五组排比,不但屡言"修",而且又往往落实到"其德"如何如何,这不但说明前面"善建"之"建"当解为"修",而所"建"的无疑也应该是"德",而非别的什么东西。《老子》此章一则曰"善建",亦名"建",而最后每每又落实到"其德"如何,而且强调"修",这其实都暗示41章的"建德若偷"之"建德"也应该理解为"修德"。有意思的是,今本与54章相邻的55章开头即云"含德之厚,比于赤子"。"德之厚",无疑就在于"善建",而"善建"恰在于持续性的"修",故此两章前后相次绝非偶然。再回到前举《庄子·山木》篇的"建德之国",作为道家后学作品,此处应该还是借用《老子》的"建德"。成玄英疏云"名建立无为之道德"[①],所谓"建立""道德",显然也是动宾的结构,可见古人也

---

① 郭庆藩:《庄子集解》,中华书局,1961年,第673页。

没有将其中的"建"理解为"强健"。此"建德"显然应该指"德"有所"建",或有所"修",以至达成像《老子》55 章"含德之厚"的状态。且 55 章说"含德之厚,比于赤子",以"赤子"之柔弱,侧面亦可证将《庄子·山木》篇这里的"建德"理解成强健之德是靠不住的,而"赤子"之柔弱倒是与其下文的"愚而朴""少私而寡欲"相应。当然,就《庄子·山木》来看,由于"建德"是修饰"国"的,因此这里的"建德"等于又从动宾式变成了我们上面提到的偏正式:"建德之国"其实可以理解为积德之国或德行深厚之国的意思。

如果将"建德"理解为需要持续性"量"的积累之"修德"或"积德",我们就会发现它与"建德若偷"后面的"偷"就恰好构成意义上的对反。因为"偷"一般都理解为怠惰、苟且,总之都是表示不能"持续性"投入的一种状态,这与需要"持续性"累积的"建德"就恰成对反。实际上,早期文献中也确实有与此非常接近的辞例。《国语·晋语八》曾记秦后子对赵文子的观感:

今赵孟相晋国,以主诸侯之盟,<u>思长世之德,历远年之数</u>,犹惧不终其身,今忨日而愒岁,<u>怠偷甚矣</u>。

后子认为作为诸侯的盟主,应该"思长世之德,历远年之数",所谓"长世""远年"云云者,无疑都意味着"持续性"的长线投入。但现在赵文子却是"今忨日而愒岁,怠偷甚矣",韦昭注"忨"径谓"偷也",①就与下文的"怠偷"同义,都意味着得过且过,一曝十寒,总之在持续性上是不能保证的。《晋语》此处后子的话表明,着眼于"持续性"长线投入的"长世"或"远年"确与"怠偷"可构成对反。

《左传·襄公三十一年》记载了鲁国叔孙穆叔澶渊之会返回后与孟孝伯的一段对话,其中涉及鲁国外交政策的内容对我们理解"持续性"投入与"偷"之间的对反,是很好的材料:

……穆叔至自会,见孟孝伯,语之曰:"赵孟将死矣。其语偷,不似民主。……若赵孟死,为政者其韩子乎!吾子盍与季孙言之,<u>可以树善</u>,君子也。晋君将失政矣,<u>若不树焉,使早备鲁</u>,既而政在大

---

① 徐元诰:《国语集解》,第 434 页。

172

夫,韩子懦弱,大夫多贪,求欲无厌,齐、楚未足与也,鲁其惧哉!"孝伯曰:"人生几何?谁能<u>无偷</u>?朝不及夕,将安用<u>树</u>?"穆叔出而告人曰:"孟孙将死矣。吾语诸赵孟之偷也,而又甚焉。"

这一段讲叔孙豹对晋国政事的观感,出现三处"偷":赵孟的"语偷",孟孝伯说"谁能无偷",以及叔孙豹评价孟孙比赵孟还要"偷"。揆诸此段上下文,这三处"偷"意思显然是一致的。杜注第一处"偷"为"苟且",如上所言,此与怠惰同义,学者认为"语偷"就是指此人说话缺乏远虑,①是很正确的。孟孝伯说"人生几何?谁能无偷",意思是人生长着呢(与常见的"人生苦短"相比,此处实际是说人生"苦长"),不能始终绷紧神经,谁还没有点懈怠和得过且过?叔孙豹因此认为他的怠惰较赵孟更甚。这三处"偷"作为怠惰的意思是没有问题的,然则何所见与"持续性"投入构成对反?关键就在于与三处"偷"相对,这一段还有三例"树":两例出自叔孙豹,一例来自孟孝伯对叔孙氏的回应。叔孙豹有感于赵孟言无远虑,"不似民主",无法指望,且预感到韩宣子将代赵氏执政,因此觉得鲁国应该为后赵孟时代早做准备,所谓"可以树善"就是这样的意思。杜注"可素往立善",也就是尽早、提前与后赵孟时代的政治势力搞好关系(犹今语"感情投资")。结交、修好之举肯定不能一蹴而就,所以叔孙氏才用"树善"一词。因"建""树"义同,故所谓"树善"实即"建善",也就是修好、结好之义。对叔孙的建议,孟孝伯态度消极:"……谁能无偷?……将安用树?"不但反对"树(善)",其"偷""树"对举,再次说明怠惰苟且的"偷"与意在"持续性"投入的"树"或"建"是构成对反的。

顺便说一下,前面我们在论证"建德"即"修德"时,提到了《老子》59章的内证"早服谓之重积德",其中的"早服",郭店简本作"早备",学者间对于孰是《老子》原貌多有分歧,②我们认为"早备"是,而今本的"早服"恐怕是行之久远的以借字当本字的误会。《左传》

---

① 参沈玉成:《左传译文》,中华书局,1981年,第367页。
② 参彭裕商、吴毅强:《郭店楚简老子集释》,第376—382所引诸家之说及案断。

此处即可提供证明。叔孙氏主张要"树(善)",认为这样就可以"早备鲁",亦用"早备",即为鲁早作准备。叔孙氏"早备鲁"之"早备"似乎是个很具体的事例,而《老子》"早备谓之重积德"则好像着眼于一般,但两处的"早备"无疑都是"早作准备"的意思。而且,"早备"的目的或在于"积德",或在于"树善",而"积德"与"树善"也大体一致。其实,越早准备,就越意味着"积德"或"树(善)"之时间线的拉长,从而等于又延展了"持续性"。而且,夙兴夜寐的"早"同样也与怠惰、苟且的"偷"构成对反。另外,说《老子》的"早服"当作"早备",其本书也有内证。今本 64 章说"其安易持,其未兆易谋。其脆易泮,其微易散。为之于未有,治之于未乱。合抱之木生于毫末,九层之台起于累土,千里之行始于足下",其 63 章也说"图难于其易,为大于其细。天下难事必作于易,天下大事必作于细",所谓"为之于未有,治之于未乱""图难于其易,为大于其细",突出"提前量"的思想是很明显的,这不就是"早备"吗?其中"其微易散"之"微",郭店简本作"几",《周易·系辞传》云"几者,动之微,吉之先见者也",而且说"君子见几而作,不俟终日",其强调"先见","见几而作,不俟终日"之自强不息的精神与《老子》之"早备"也是暗合的,而自强不息不也是"偷"的对反吗?由此看来,《老子》"早备谓之重积德"与《左传》此处"树善""早备鲁"实多有关联,这再次说明《老子》一书就语言来讲存在不少的早出之证。

《左传》中另一可证"偷"与"持续性"投入相对的例子见于襄公三十年。此年《左传》载晋国著名的绛县之老以四百多个甲子日记其年龄,让赵孟等卿佐颇感奇异,并不拘一格任用之,且撤换了埋没他的地方官。此时鲁国在晋的使者备闻其事,《左传》云:

于是,鲁使者在晋,归以语诸大夫。季武子曰:"晋未可婾也。有赵孟以为大夫,有伯瑕以为佐,有史赵、师旷而咨度焉,有叔向、女齐以师保其君。其朝多君子,其庸可婾乎?勉事之而后可。"

其中的"婾",杜注解为"薄",杨伯峻先生同之,理解为"轻视",但晚近赵生群先生解"婾"为"怠",那就是以"婾"为借字而"偷"为本字,并认为"谓事晋不可懈怠,与下文'勉事之而后

说《老子》的"建德若偷"

可'相对"。① 今按,赵说极确。其实,"勉"与"勤"同义,"勤勉"甚至是成词(《国语·楚语上》"勤勉以劝"),《诗》云"黾勉从事"实即"勤勉从事",故"勉"同样意味着"持续性"投入,故与"偷"可构成对反。《左传·襄公十七年》记载宋国的子罕巡视筑城的人,"亲执扑……而抶其不勉者",所谓"不勉者",即偷懒、不出力者,其实即"偷",再次说明"勉"与"偷"亦可构成对反。

这种将"持续性"的积累与苟且、偷惰对举的例子,新出土材料中也有发现,如《岳麓秦简壹·为吏治官及黔首》:

> 故君子日有兹兹之志,以去其鍮(偷)也。

其中的"鍮",学者认为当读为"偷",甚是。② 前面与之相对的"日有兹兹之志",无疑是强调"君子"志在日积尺寸之功,也是重在日积月累的"持续性"精力投入。就此而言,"兹兹之志"之"兹"实当与前举《左传·哀公元年》的"树德莫如滋"之"滋"同,都是强调持续性之"量"的累积。简文将"日有兹兹之志"与"鍮(偷)"对举,再次说明古人将"量"的积累("修"或"建")与持续性不能保证的"偷惰"视为对反是一贯的。另外,清华简《管仲》篇有云:"凡其民人,毕务不愈(偷),莫爱劳力于其王","愈"亦从"俞"声,亦当读为"偷"。③ 这是要求"民人"对于"劳力"不偷惰,即"持续性"地为王投入。另外,清华简《皇门》云:"……以家相厥室,弗恤王邦王家,佳**俞德**用……"其中的"俞德",整理者引《说文》读为"媮",但又引《左传》襄公三十年"晋未可媮也"之杜注"薄也",主"俞德"为"薄德"。④ 今按,我们上面已经辨明《左传》襄公三十年"晋未可媮也"之媮当解为"偷"而非"薄"。在我们看来,清华简《皇门》此处的"俞德"恐怕也应该读为"偷德"。所谓"维偷德用",就是"用""偷德"的意思,指行事偷惰、懈怠。这不仅与前面的"弗恤王邦王家"相应,因为"恤"往往也意味着"勤"(《尚书·召诰》"上下勤恤"),而

---

① 赵生群:《〈左传〉疑义新证》,人民文学出版社,2013年,第301页。
② 白于蓝:《简帛古书通假字大系》,福建人民出版社,2017年,第230页。
③ 白于蓝:《简帛古书通假字大系》,第229页。
④ 李学勤主编:《清华大学藏战国竹简(壹)》,中西书局,2010年,第169页。

且,"维偷德用"也与《皇门》篇上文的"子孙用蔑"相应。因为《皇门》篇上文的"子孙用蔑"是讲正面情况的,其中的"蔑"以音近当读为"勉",①"子孙用勉"即指子孙勤勉。② 而"维俞德用"是出现在讲反面情况的一段,施事主语是"后嗣立王","后嗣"亦暗指"子孙"。因此,前面讲正面情况时说"子孙用勉",现在讲反面情况时说(子孙)"维偷德用","偷"与侧重"持续性"投入的"勉"亦成对反。

就不能"持续性"投入来说,其实文献中还多见与"偷"类似的"荒",且如前举"怠偷"连言,有时也"荒怠"并举(《国语·周语上》"国之将亡,其君贪冒、辟邪、淫佚、荒怠……"、清华简《四告》简4"肆唯骄耆荒怠"),两者显然义近。《诗·齐风·还》《卢令》两首诗的小序都说"刺荒也",如何"荒"呢?《卢令》小序说:"襄公好田猎、毕弋而不修民事……"③将"不修"与"荒"(犹今语"撂荒")对举,侧面也说明:较之不能保证"持续性"的"荒","修"则恰在于其"持续性"。另外,清华简《周公之琴舞》一则曰"弼(弗)敢荒在位"(六启),再则曰"弼(弗)敢荒德"(九启),所谓"荒在位",此与上举《齐风》刺襄公之"荒"义同,即指在其位不谋其政,也就是在"谋其政"上不能保证"持续性"的投入。所谓"荒德"则义更显豁,即不修德,乃至"德"都"荒"了。形象一点说,如果"撂荒"指的是对田地的不能"持续性"地投入的话,那么"荒德"无疑就是对"德"的"撂荒",即不能"持续性"地"修德"或即如《老子》所云"建德"或"积德"。因此,我们认为《周公之琴舞》的"荒德"其实与前举《皇门》的"俞(偷)德"义同,它们都应该是《老子》"建德""积德"的对立面。《老子》"建德""积德"系从正面立论,但就"德"需要"建"或者"积"来看,它

---

① 金文中"蔑"当读为"勉",可参陈斯鹏《金文"蔑曆"及相关问题试解》,《出土文献》2021年第3期;学者或读"蔑"为"末"(参李均明:《周书〈皇门〉校读记》,《耕耘录》,人民美术出版社,2015年,第25页),则无论是"子孙用末"还是"末"字连下读为"末被先王之耿光",均嫌不辞。

② 学者或将《皇门》此处的"子孙用蔑(勉)"与"被先王之耿光"连读为"子孙用蔑(勉)被先王之耿光",以"蔑(勉)被"为一词,与我们的理解不同。参陈剑:《简谈对金文"蔑懋"问题的一些新认识》,《出土文献与古文字研究》第7辑,上海古籍出版社,2018年。

③ 孔祥军点校:《毛诗传笺》,第134页。

们与《周公之琴舞》对"荒德"、《皇门》对"俞(偷)德"的态度又是一致的。这再次说明《老子》语言上与周文化的深刻渊源。

　　最后,总结一下本文的讨论。我们认为《老子》"建德若偷"一句中,"建德"当理解为"修德"或"积德",此与《老子》59章之"重积德"义同。俞樾以下很多学者将"建德"理解为"健德"其实是不对的。"建德若偷"中的"偷",当理解为偷惰、懈怠,传世很多从"俞"之字的版本,其本字均当作"偷"。由于"建德"或"积德"是需要一个过程的,尤其是精力的"持续性"投入,这就与表偷惰、懈怠义的"偷"构成对反。《老子》说"建德若偷",意思是说修积而成的德,反而好像偷惰、很少修积的样子。这种"正言若反"的逻辑,也恰与41章排比成文的"上德若谷""大白若辱""广德若不足"等一致。《老子》41章的"建德"既然与59章的"积德"义同,而"积德"又特别强调持续和积久,故59章的"早服"当从郭店简本作"早备"。"早备"不但在时间线上因"早"而积久,在含义上,着眼于勤勉的"早备"也适与"偷"构成对反。传世本的"早服"其实是误把借字当成了本字。

郭店简《老子》"绝伪弃诈"证说*

今本《老子》19章的三组"绝弃"(分别为"绝圣弃智""绝仁弃义""绝巧弃利")①,作为其思想愤世嫉俗的标签,可以说非常有名。郭店楚简本材料公布以后,学者发现简本此章的"绝弃"对象颇与今本不同,遂引发关于《老子》文本演变及《老子》此章原貌的热烈讨论。其中,今本的"绝仁弃义",简本作"绝悬(伪)弃虡"。关于简本此句的"虡"字,目前有"虑""诈""作"等多种释读,而尤以释"虑"最为流行,几成主流性的意见。② 晚近以来,与此章"虡"字字形相近之材料逐渐增多,特别是清华简《命训》中与之相近之字确定无疑地当释为"诈",③这一问题重新探讨的必要性重又凸显。④ 现在看来,无论从《老子》该章的语境及早期文献中"虑"大多为正面意义看,此字释"虑"其实并不可信,我们认为还是释"诈"为妥。本文拟对此试作讨论。

---

* 此文原刊于《中华文史论丛》,2020年第4期,今略有修订和增补。
① 楼宇烈:《王弼集校释》,中华书局,1980年,第45页。本文"今本"《老子》除非特别说明,一般即以王弼本为准。
② 参彭裕商、吴毅强:《郭店楚简老子集释》,巴蜀书社2011年,第13—20页所引诸家之说。
③ 即简文"极罚则民多诈,多诈则不忠""罚莫大于多诈"(李学勤主编:《清华大学藏战国竹简(伍)》下册,中西书局,2015年,第125、126页)。其中"诈"字字形作 ,而郭店简此章多释为"虑"的字字形作 ,两者的不同只是下部所从有"又""心"之异。
④ 可参李锐:《再论郭店〈老子〉的"绝悬弃虡"》,《简帛研究》2016年春夏卷,广西师范大学出版社,2016年,第12—17页。李锐先生对郭店简《老子》、上博简《三德》、清华简《命训》相关字形有细致讨论。另外,最近季旭昇先生对此问题也有新的探讨。季文也指出郭店简此字从楚文字字形角度看,释"虑"并不有利,但季氏并未提及清华简《命训》的字形。季说参季旭昇《〈郭店·老子甲〉"绝伪弃作"的再省思》,《中国文字》新四十五期,艺文印书馆,2019年,第1—9页。

一

关于“绝憑(伪)弃慮”之“慮”在释“虑”还是释“诈”之间的纠结，以裘锡圭先生观点的转变最为典型。裘先生一开始释“诈”，后在吸收庞朴、季旭昇等学者的意见，重新考虑后改释为“虑”。① 目前不少数学者采纳“虑”字的释读，也不排除是受了裘先生慎重改释的影响。不过，针对裘先生的改释，李零先生却指出裘先生最初释“诈”其实是对的，释“虑”反而不可取。② 但裘先生随后在讨论今本《老子》19章的“绝仁弃义”“绝圣”问题时，又重申其改释“虑”的主张，并就李零先生指出的作为释“虑”反证的上博简《三德》篇的证据问题作了专门回应。③

坦率地讲，单纯从文字、音韵学的角度上看，“慮”字释“诈”或释“虑”其实都没问题，关于这一点上述裘先生的文章已经有充分讨论，有兴趣的读者可以参看。既然释“诈”或释“虑”都无不可，那就说明这个字的确切释读，字形以及古音学上的手段其实已基本用尽，只能从其他渠道寻求解决的办法。实际上，为裘先生所取的庞朴、季旭昇等学者的说法(季先生最近观点已有改变，详后)，以及裘先生为改释所举出的证据，大都不是文字学上的，而主要是思想史或文献学的方法，然则这些文字学之外的方法是否必然能推论出此字当释为“虑”而非“诈”？现在我们就分别来讨论这两个问题。

我们先来看当初季旭昇、庞朴两位先生的意见，他们的论证主要是从思想史角度立论的。季氏的说法谓：

从《老子》的哲学体系看，《老子》的哲学主张有很多看起来和儒

---

① 参裘锡圭：《纠正我在郭店楚简〈老子〉简释读中的一个错误——关于“绝伪弃诈”》，《裘锡圭学术文集》第2册，复旦大学出版社，2012年，第326—333页。

② 李零：《郭店楚简校读记》，北京大学出版社，2002年，第15页。

③ 裘锡圭：《关于〈老子〉的“绝仁弃义”和“绝圣”》，《裘锡圭学术文集》第2册，第512—522页。裘先生在最新讨论《老子》的文章中依然重申“绝为弃虑”之说(参裘锡圭《说〈老子〉中的“无为”和“为”——兼论老子的社会、政治思想》，《中华文史论丛》2019年第4期)，对上举清华简《命训》中“诈”字字形并没有讨论，可能也没有注意到上举李锐先生的文章。

家的道德观念或一般的价值取向针锋相对,也就是说:儒家或一般以为是主要的或正面的价值,在《老子》则视之为次要的或负面的……"伪""虑"应该也是一般认为重要的价值。因此如果把他们释为"伪""诈",似乎和全章体例不合,因为"伪""诈"并不是一般认为重要的价值,相反地,它们是一般认为负面的价值。①

庞朴先生也认为:

……伪诈从无任何积极意义,从未有谁提倡过维护过;宣称要绝弃它,迹近无的放矢。所以,这种解释难以成立。②

季、庞两位先生思想史角度的论证,主要措意于学派争鸣,如季说"《老子》的哲学主张有很多看起来和儒家的道德观念或一般的价值取向针锋相对",庞云"从未有谁提倡过维护过;宣称要绝弃它,迹近无的放矢",都是如此,只是季先生的"一般的价值取向",还稍微留了点余地。这种论证很容易让人想到近代疑古派论证《老子》一书晚出的年代学逻辑:只有儒家先提倡了"仁义",然后道家才能去反对它,于是"绝仁弃义"的《老子》当然只能晚于儒家。不过,现在简本不见"绝仁弃义",等于宣告疑古派的这种论证才是"无的放矢"。不过,我们认为从学派争鸣的角度考虑问题,最开始的大前提可能都是错的。这个问题的实质是,《老子》成书的那个时代,存在围绕仁、义等德目而展开的学派争鸣吗? 郭店简本发现之后,对《老子》一书的年代学特征,学界的主流意见感觉又回到了传统看法:《老子》一书确与老聃其人有关(包括裘先生本人现在对于《老子》一书的年代也倾向于早出说③),老子在先而孔子在后。从先秦思想

---

① 季旭昇:《读郭店楚墓竹简札记》,《中国文字》新 24 期,艺文印书馆,1998年,第 132—133 页。
② 庞朴:《古墓新知——漫读郭店楚简》,《中国哲学》第二十辑,辽宁教育出版社,1999 年,第 11 页。
③ 裘先生最新的意见是《老子》成书不会晚于战国早期,这距离老聃生活的春秋末期时间是很近的,参裘先生说参其《说〈老子〉中的"无为"和"为"——兼论老子的社会、政治思想》。另,李学勤先生也曾以《鹖冠子》—《管子·形势》—《老子》这样的思想因袭链条,证《老子》的年代当近于战国早期。参李学勤:《论先秦道家的"夜行"》,《史学集刊》2004 年第 1 期。

郭店简《老子》"绝伪弃诈"证说

史的变迁大势看,明显的学派争鸣,要到孔墨之后,尤其是"儒分为八,墨离为三"之时。既然老子在孔子之先,其时不要说学派争鸣不太可能,就是我们一般所谓的私门授学也是始自孔子,因此,说《老子》19 章提出"绝弃"的这些东西都是针对特殊对象的,或者说必定是什么人先"提倡过维护过"才能有,其实都有胶柱鼓瑟之嫌,从逻辑上讲其实是很牵强的。

既然大前提都靠不住,我们认为对于《老子》19 章所说的三组"绝弃"的缘由,就应该跳出这种学派争鸣的认识框框。在我们看来,《老子》该章三组"绝弃"的出发点其实并不复杂,此章最后总结说:"见素抱朴,少私寡欲。"观其所谓"素""朴"和"少私寡欲"可知,这是其一贯的退处、谦退的思想主张。相对于"素""朴",他所要"绝弃"的,其实大多是那些处于"高位"或极端状态的东西。比如"绝智弃辩","智"就是"知"的"高位"或极端状态(《老子》65 章还有"民之难治,以其智多"[1]),"辩"相对于"讷"也是一种极端状态(45 章"大辩若讷"[2]),且《老子》曰"善者不辩,辩者不善"(81 章),对"辩"同样排斥。[3] 后面的"绝巧弃利","巧"相对于"拙"也是一

---

[1] 楼宇烈:《王弼集校释》,第 168 页。
[2] 楼宇烈:《王弼集校释》,第 123 页。此四字郭店简本及帛书本无有,学者认为系后来衍增,非《老子》故书之旧,是可信的。但《韩诗外传》所引《老子》此章已有此四字,说明它们窜入《老子》正文的时间也是很早的(相关意见参裘锡圭主编:《长沙马王堆汉墓简帛集成》第 4 册,中华书局,2014 年,第 14 页)。此四字虽非《老子》故书之旧,但其"大 A 若 B"的表述逻辑,其中的 A、B 又相对反,其实与《老子》此章的"大巧若拙"等完全一致。
[3] 不少学者主张"绝智弃辩"之"辩"当读为"辨",殊不可信,"辨"字在早期文献中并不具有明显的负面色彩。深受老子思想影响的韩非子曾说:"群臣为学,门子好辩……可亡也;……喜淫辞而不周于法,好辩说而求其用……可亡也;……辞辩而不法,心智而无术……可亡也"(《韩非子·亡徵》),不但对好"辩"一再批评,而且这里同时被批评的还有"群臣为学""心智而无术",又适与《老子》的"绝学""绝智"(简本)相应,恐怕侧面也说明把"绝智弃辩"之"辩"读为"辨",并不可信。又,上博简《志书乃言》云"反戾(侧)其口舌,以变伪大夫之言"(释文参复旦吉大古文字专业研究生联合读书会:《上博(八)〈王居〉〈志书乃言〉校读》,复旦大学出土文献与古文字研究中心网站:http://www.gwz.fudan.edu.cn),所谓"反侧其口舌"即巧舌如簧般的好辩,如此则"变伪大夫之言",明著"伪",则同样视"辩"与"伪"为相近词汇,侧面亦可证郭店简《老子》此章要绝弃的"辩"与"伪"。

181

种极端状态(45章"大巧若拙"),至于对"利"的追逐,更是与最后总结的"寡欲"之"欲"构成对反。实际上,在早期文献中,所谓"智""辩""巧""利"等品质,很多时候也明显具有负面色彩,这点确如前举季旭昇先生所说。而且,这些品质所具有的负面色彩,也不是哪个人的特别主张,而是在彼时社会上有比较大的公认度。比如"智"与"辩"分别反映了心智的诡谲和驰骋口说("口惠而实不至"),"巧"与"利"分别反映了机巧和贪欲,至于"愚(伪)"与我们将要证明的"诈",其负面色彩就更明显了。前举庞朴先生说"……伪诈从无任何积极意义,从未有谁提倡过维护过;宣称要弃绝它,迹近无的放矢",我们已指出其说从学派争鸣的角度立论是靠不住的。抛开此点,既然"伪诈""从无任何积极意义",也就是本文所说的它们其实都是处于极端状态,或者如季旭昇先生所说系"一般认为负面的价值",而且其负面价值色彩还是普遍认可的,那么"绝弃"它们不就是很自然的吗?也就是说,《老子》此章的"绝弃",其实并非出于学派争鸣去反对哪个家派所刻意维护的东西,而是体现了要对那些具有负面价值色彩或走向极端者的排斥,这也是其一贯的思想主张。比如今本《老子》9章对"持而盈之""揣而棁之""金玉满堂""富贵而骄"①诸种"高位"或极端状态都持否定态度,因此《老子》最后主张"功遂身退",这种低调处事与《老子》此章要回归的"见素抱朴"不是一样的吗?如果按照学派争鸣的逻辑,试问"持而盈之""揣而棁之""金玉满堂""富贵而骄"诸端是哪个学派的主张呢?再如今本12章提到"五色""五音""五味"这些蛊乱人之感官的东西,因此《老子》才说"为腹不为目"②,甚至不惜先验地说"道之出口,淡乎其无味"(今本35章)③,这种由"五色"眩目回归到平淡的"无味"与《老子》此章最后的"见素抱朴"不也是一致的吗?我们能说像12章前面这种极耳目之欲是哪个学派的主张或刻意维护的东西吗?显然不是,它们只是老子看到的社会上普遍存在的负面问题而已。正

---

① 楼宇烈:《王弼集校释》,第21页。
② 楼宇烈:《王弼集校释》,第28页。
③ 楼宇烈:《王弼集校释》,第88页。

因为针对的都是当时社会上之负面问题,所以《老子》此章才用了"绝"或"弃"这样很重的语气。我们下文会随文指出,目前学者针对"绝弃"的宾语提出不少异说,其实大多失察于"绝弃"的语气或感情色彩。明确《老子》该章要"绝弃"的都是处于"高位"或极端的状态,且很多时候又是普遍认可的具有负面价值的东西,而非仅仅出于某人的特别主张,我们觉得是弄清该章三组"绝弃"语境很重要的前提。比如,正因为《老子》在这一章要"绝弃"的都是负面的东西,就首先能很好地解释简本不"绝弃""仁义"的问题——在老子那个时代,我们取与其年代最为接近的《左传》《国语》二书来看,"仁义"从来都是正面的东西。无论某个人有什么样的思想主张,我们还没看到他敢冒天下之大不韪,说连"仁义"也不好。相反,"仁义"作为彼时人立身行事的基本道德规范,则是经常被提起的。即使是稍晚的《墨子》,对"仁义"也不否定,其书屡见"欲为仁义,求为上士"①这样的话,显然也是把"仁义"看成正面的东西。虽然其书有《非儒》一篇,其中所论,也多是对儒者的一些具体做法不认同,对仁义之类德目同样不反对。既如此,说《老子》也排斥仁义,明显是站不住脚的。学者或举今本18章"大道废,有仁义……"②来论证今本19章"绝仁弃义"的合理性,但裘锡圭、彭裕商等先生已经指出,今本18章言说的角度是与今本19章的"绝仁弃义"明显不同的,③用今本18章"大道废,有仁义……"来证明《老子》本来也反对仁义并没有说服力。不过,情况至《庄子》则明显大变,其书中攻击"仁义"比比皆是,尤以《骈拇》《马蹄》《胠箧》三篇为最,所谓"攘弃仁义"之说即

---

① 孙诒让:《墨子间诂》,中华书局,2001年,第157页。其书他篇还屡见在"将欲为仁义"前加强调修饰语如"中实"(分别见《尚贤下》《天志下》,第73、220页)、"中情"(《尚同下》,第98页),"情""实"义同,古书中习见。其书《节葬下》篇又作"中请"(第190页),"请"当为"情"之讹。

② 楼宇烈:《王弼集校释》,第43页。

③ 可参裘锡圭《关于〈老子〉的"绝仁弃义"和"绝圣"》;彭裕商、吴毅强《郭店楚简老子集释》之"前言",第5页。又见彭裕商:《郭店简〈老子〉与今传本对读随记(一)》,李学勤主编:《出土文献》第一辑,中西书局,2010年,第176页。裘、彭二位先生都不约而同地指出今本18章"仁义""孝慈""正臣"云云都是大道破坏以后退而求其次的补救措施,是很正确的。

《老子》探源与古义新证

见于《胠箧》篇,①这已经与"绝仁弃义"没有多少区别了。而且,其《天运》篇甚至云:"夫孝悌仁义,忠信贞廉,此皆自勉以役其德者也,不足多也。"②不止是"仁义",这几乎要把一般人习知的孝悌、忠信、贞廉之类正面德行统统否定,这不仅反映了《庄子》及其后学的独特主张,这样的主张明显也比与《老子》时代相近、艳称"仁义"的《左传》《国语》等书晚很多,"异时"的色彩至为显豁。既然如此,用《庄子》书中对"仁义"的批评来证明《老子》亦本当如此,显然也是有问题的。

有上面的认识作背景,我们现在再来讨论"慮"字到底是该释为"虑"还是"诈"。首先可以注意到,"诈"相对"虑"明显更为"负面",而且古今如此,因此《老子》要"绝弃"它是很自然的。而且,文献中也常见"诈伪"或"伪诈"并提,如《左传·襄公四年》"淫行媚于内,而施赂于外,愚弄其民,而虞羿于田。树之诈慝,以取其国家,外内咸服。……恃其谗慝诈伪,而不德于民"③,《墨子·非儒下》云"污邪诈伪"④,《礼记·乐记》"于是有悖逆诈伪之心"⑤。至于同是道家的《庄子》书中,"诈""伪"并提就更多了。如《盗跖》篇云:"子之道狂狂汲汲,诈巧虚伪事也……"⑥此不但"诈""伪"并提,还关联上了《老子》19章同样要绝弃的"巧"。《渔父》亦云:"称誉诈伪以败恶人,谓之慝。"⑦《老子》此处前面既然也有"恳(伪)",这无疑也是此字该释为"诈"的有利证据。那么,"虑"是否也像"诈"具有负面色彩呢?我们遍查《左传》《国语》或者时代与之相近的文献就会发现,"虑"从来都不是负面的,相反,很多却是具有积极意义的,这一点,有点类似"仁义"。如《左传·襄公二十八年》"君子有远虑"⑧,《国

---

① 郭庆藩:《庄子集释》,中华书局,1961年,第353页。
② 郭庆藩:《庄子集释》,第499页。
③ 杨伯峻:《春秋左传注》,中华书局,1990年,第937页。
④ 孙诒让:《墨子间诂》,第305页。
⑤ 王文锦:《礼记译解》,中华书局,2001年,第529页。
⑥ 郭庆藩:《庄子集释》,第1000页。
⑦ 郭庆藩:《庄子集释》,第1029页。
⑧ 杨伯峻:《春秋左传注》,第1152页。

语·周语下》"听言昭德,则能思虑纯固"①,《逸周书·谥法解》"大虑静民曰定,安民大虑曰定……思虑深远曰翼"②,《官人解》"设之以物而数决,敬之以卒而度应,不文而辩,曰有虑者也"③,《孙子兵法·九变》"智者之虑"④。顺便说一下,曾经有学者认为较早的古文字材料中没有"虑"字,并据以对某些文献进行断代,但晚近一些出土文献不但证明这种看法并不可信,其中"虑"字对我们反思过去学者对该字的认识又不无启示。清华简《皇门》"朕寡邑小邦,蔑有耆老虡事屏朕位"⑤,"虡"字从"虎"声,整理者径释为"虑",是可信的,"虑事"一词也较常见。"虑"字之声符,此前学者在讨论郭店简此字时曾多有讨论,《皇门》所见可以说又提供了新知。而且,清华简《封许之命》又云"淑章尔遽(虑)"⑥,其中"虑"字同样从"虎"声。另外,清华简《祭公之顾命》还有"汝毋以小谋败大虡"⑦,"虡"字与郭店楚简《老子》此章该字之字形基本同形。整理者括注为"作",显然是受了今本《逸周书·祭公解》"汝无以小谋败大作"⑧的影响。其实,此字当读为"虑","小谋""大虑"对文,文义也非常顺适,且"大虑"之说亦有上举《逸周书·谥法解》"大虑静民曰定"为证。今本读"作"只是音近假借,非本字。另外,郭店、上博简《缁衣》引《祭公》"汝毋以小谋败大煮"⑨,对应"虑"的字从"者"声,一般释为"图",清华简《祭公》"亡图不知命"⑩之"图"与此同形,即图谋、谋

---

① 徐元诰:《国语集解》,中华书局,2002年,第109页。
② 黄怀信、张懋镕、田旭东:《逸周书汇校集注》,上海古籍出版社,2007年,第643—644、674页。
③ 黄怀信、张懋镕、田旭东:《逸周书汇校集注》,第770页。
④ 李零:《吴孙子发微》,中华书局,1997年,第87页。
⑤ 李学勤主编:《清华大学藏战国竹简(壹)》下册,中西书局,2010年,第164页。本文所引出土文献,除非特别说明,对其中异体字、通假字等一般径破读以通行字。
⑥ 李学勤主编:《清华大学藏战国竹简(伍)》下册,中西书局,2015年,第118页。
⑦ 李学勤主编:《清华大学藏战国竹简(壹)》下册,第174页。
⑧ 黄怀信、张懋镕、田旭东:《逸周书汇校集注》,第937页。
⑨ 虞万里:《上博馆藏楚竹书〈缁衣〉综合研究》,武汉大学出版社,2009年,第98页。
⑩ 李学勤主编:《清华大学藏战国竹简(壹)》,下册,第174页。

划之义,其实与"虑"的关系不过是同义词换用而已。①《左传·僖公二十四年》竖头须的话有"心覆则图反"②,《左传·昭公元年》行人子羽曰"而无乃包藏祸心以图之"③,"图"明显也是"心"的功能,与"虑"字同。《诗经·小雅·雨无正》"旻天疾威,弗虑弗图"④,"虑""图"对举,可谓佳证。《左传·襄公二十八年》子服惠伯曰"远虑",荣成伯曰"远图",⑤亦以"虑""图"对举。又,《尚书·大诰》"予不敢不极卒宁王图事"⑥,既然"虑""图"义同,其中"图事"显与上举《皇门》的"虑事"意思一致。《皇门》《祭公》篇的年代一般认为早至西周甚至周初,说明"虑"字作为记录"谋虑""图谋"之义的词是早就存在的。不过,今本《逸周书》的"作"从"乍"声,与"诈"之声符同,再次说明郭店简《老子》此章之"慮"字读"虑"或读"诈"都无不可,而具体读法只能就文义论。从上述"虑"的早期辞例看,《皇门》云"虑事",《祭公》云"大虑",前者为中性词(思虑),后者则相当于褒义,总之它们既不具有负面色彩,单纯的"虑"也很难说相对某个词是处于"高位"或极端的状态。既然"虑"在早期或与《老子》年代相当的文献中基本都不是负面色彩的,或者说也没有造成什么严重的社会后果,特别是单纯的"虑"也并非哪个词的"高位"或极端状态,既如此,《老子》为什么要"绝弃"它呢?实际上,鉴于早期文献中"虑"基本都是中性的,按照《老子》该章前后照应的逻辑,案诸文义,它其实应该出现在"绝弃"之后要回归的"见素抱朴"那样的语义位置,而无论如何不应该出现在"绝弃"的语义群组中。另外,早期特

---

① 晚近学者亦认为"图""虑"关系亦可解释为音近通假。比如学者注意到楚简中从"者"与从"且"声之字多有相通之例。上博简《柬大王泊旱》提到"圣人虘良",刘信芳先生考证即传世文献中著名的叶公"诸梁"(刘信芳《上博藏竹书〈柬大王泊旱〉圣人诸梁考》,《中国史研究》2007年第4期),可信。说明从"且"声的"虘"与从"者"声的"诸"可通。孟蓬生先生则举出更多从"者"与从"且"声之字相通之例(孟蓬生:《清华简〈厚父〉"者鲁"试释》,《古文字研究》第32辑,中华书局,2018年,第384页),读者可以参看。
② 杨伯峻:《春秋左传注》,第416页。
③ 杨伯峻:《春秋左传注》,第1200页。
④ 《毛诗传笺》,中华书局,2018年,第273页。
⑤ 杨伯峻:《春秋左传注》,第1152页。
⑥ 李民、王健:《尚书译注》,上海古籍出版社,2000年,第248页。

别是与《老子》相对"共时"的文献中常见"伪诈"并提,但却很少见"伪虑"并称,①这恐怕也很能说明问题。

当然,包括裘锡圭先生在内,很多学者也举出对释"虑"有利的文献学上的辞例,现在我们就专门来讨论这一问题。应该指出的是,学者所举对释"虑"有利的文献上的证据,基本上都见于《庄子》《荀子》甚至《淮南子》,也就是说它们大都是战国中期以后的文献,并非是与《老子》相对"共时"的文献。这与上面提到的援《庄子》等书中的反"仁义"来论证更早的《老子》也反"仁义"一样,其实说服力并不强。而且,我们还想指出的是,如果我们细读学者所举的这些晚出文献中的"虑"字用例,便会发现很多时候是"思""虑"并提,或者说"虑"即"思"也,这也说明"虑"字多是相对中性的词,与《老子》在该章中要"绝弃"的明显都具有负面色彩的"智""辩""巧""利"等区别明显。比如,为裘先生等学者多次提到的《淮南子·原道》"不虑而得,不为而成",其中的"虑"即等同于"思",但在一般人眼中(而非仅仅是道家),"思"却并不是什么负面的词,"思"字在《老子》一书中甚至根本就没提到,要说《老子》主张"绝弃""思虑"是很突兀的。② 至于学者所举

---

① 裘锡圭先生举《荀子·性恶》篇"圣人积思虑,习伪故"作为"伪""虑"并提的证据(参见裘锡圭:《纠正我在郭店〈老子〉简释读中的一个错误——关于"绝伪弃诈"》),但一来《荀子》一书时代太晚,二来本文所说"伪诈"乃同义复指,"伪"即"诈"也,是明显的贬义,而《荀子》中"伪"字却并非如此简单,即其所言"思虑"也是相对中性的。另外,裘先生上文中还提到郭店简《性自命出》有可释为"虑欲渊而毋伪"一句,似乎构成"虑""伪"并举之例,但一来《性自命出》一般认为乃战国文献,明显晚于《老子》,二来"虑欲渊而毋伪"句意思似是说"伪"乃"虑"走向极端即"渊"之状态之后才有的结果,而并非说"虑"本来就是"伪"的,这同样与"诈"明显不同。
② 前揭李锐先生之文即指出《老子》根本就没提到"思"。上举季旭昇先生最新的文章对此也有清醒的反思,其说云:"不过,我们检查传本《老子》,却发现《老子》传本五千言中没有一个'虑'字,甚至没有一个与'虑'意义相近的'思'字。传本《老子》很强调'无为',但从不讨论'虑',当然不会强调'弃虑'。"季氏的这个说法应该是很客观的。裘锡圭先生说:"道家反对人为,也反对思虑。……所以把'绝愚弃虑'释读为'绝为弃虑'是很合理的"(裘锡圭《关于〈老子〉的"绝仁弃义"和"绝圣"》),说"道家"反对"思虑",《庄子》《淮南子》等书或许如此,而在《老子》书中是找不到证据的。这正是我们在"前言"中着重指出的,对于《老子》年代学研究必须严格区分"共时""异时"性材料的原因。

《淮南子》《本经》篇"心条达不以思虑",《精神》篇"清靖(静)而无思虑",都是"思虑"并称,"虑"明显是相对中性的词。学者或举中山王鼎"谋虑皆从"之例,①"谋""虑"连言,与"思虑"同,其实也是相对中性的词。我们认为用这些辞例来证明《老子》要"弃虑",同样也没什么说服力。曹峰先生曾总结道家文献中的"无思"用例。案其所列,基本上也都是《庄子》以下时间较晚的文献。② 这给人一个明显的感觉,似乎在道家后学那里,"无思"或"无虑"问题才上升为一个突出问题。③ 而且,曹氏概括这些"无思"用例时说"高明的统治者不必操心思虑","不必操心思虑"即用不着"思虑",无庸为此劳神。换言之,高明的统治者根本不用去"思",而并非发现"思"不好要排斥,这与《老子》此章"绝弃"的语气和语义背景也明显有别。退一步说,即便真的读此字为"虑",虽然上举战国中晚期文献中的"不虑""无虑"意思上与"弃虑"接近,但"弃虑"之"弃"感情色彩和语气无疑更重,这么重的语气却又是落在相对中性的"虑"字上,这也是明显不合理的地方。

当然,我们之所以主张把郭店简《老子》此章"慮"字释为"诈",还在于此字能够很好地与该章的"绝智""绝巧"等主张相协。该章"绝智"的"智",如前所述,应该是"知"的"高位"或极端状态,即诡谲或流于狡诈的"智",其实"诈"同样可以视为"知"的"高位"或极端状态。我们想特别指出一个事实,那就是早期文献中,还多见古人对"智"滑向"诈"的担忧。如《国语·晋语六》"智人不诈"④,《晋语七》"知张老之智而不诈也"⑤,《逸周书·周祝》"人之智也而陷于

---

① 彭裕商、吴毅强:《郭店楚简老子集释》,第20页。
② 参曹峰:《上博楚简思想研究》,台湾万卷楼图书股份有限公司,2006年,第193—194页。下引曹说俱见是文。
③ 道家后学如《管子·形势》《鹖冠子·武灵王》又专门强调"夜行",而"夜行"据学者考证即"心行"(李学勤:《论先秦道家的"夜行"》,《史学集刊》2004年第1期),反而特别强调心理活动,思想上显然又别出一路,这再次说明《老子》及道家研究必须严格区分"共时""异时"性材料。
④ 徐元诰:《国语集解》,第397页。
⑤ 徐元诰:《国语集解》,第407页。

诈",《礼记·礼运》"故用人之**知,去其诈**"①。所谓"智人不诈""智而不诈""人之智也而陷于诈",感觉"智"总是与"诈"如影随形,或者说"智"是很容易滑向"诈"的。《礼运》的"用人之**知,去其诈**"甚至把"知"(智)与"诈"看成是相伴生的。② 所谓"智""诈"云云者,意思比较接近《左传·定公九年》的"己于是乎奋其诈谋"③之"诈谋",而所谓"诈谋"实质即等于欺骗,这与"绝伪"的"伪"不就相合了吗? 关于"智"与"伪"的密相关联,还要提到《老子》今本18章相对简本衍增的"智慧出,有大伪",此处虽属衍增,④但帛书本已有,而"智慧"一出就意味着"大伪",说明"智"与"伪"相伴生也是古人常有的观念。前举《老子》65章云"民之难治,以其智多",看来《老子》是深谙"智(知)多"或处于"高位"或"极端"的"智"之危害的。至于第二组要"绝弃"的"巧""利",特别是"巧",晚近董珊、曹峰等先生在讨论上博简《恒先》的材料时也有过总结,董说谓:"'巧'的词义,可总结为'伪诈''无情实'之类的意思。"⑤曹说则把"巧"概括

---

① 王文锦:《礼记译解》,第297页。
② 李零先生指出《老子》反对"智"确凿无疑,而儒家却将其奉为准则,以此凸显老子对儒家的批评,还是循学派争鸣的逻辑论《老子》19章的"绝弃"。今案,李说未辨"智"与"知"的不同,即便是孔子,恐怕也不会支持流于"诈"的"智"。李零先生之说参其《郭店楚简校读记》,第21页。
③ 杨伯峻:《春秋左传注》,第1573页。
④ 裘锡圭、陈鼓应、刘笑敢、彭裕商等先生都已经指出此句表述逻辑与18章"大道废,有仁义……六亲不和,有孝慈;国家昏乱,有忠臣"有别,是很正确的。参裘锡圭:《关于〈老子〉的"绝仁弃义"和"绝圣"》;陈鼓应:《从郭店简看〈老子〉尚仁及守中思想》,陈鼓应主编:《道家文化研究》第十七辑,生活·读书·新知三联书店,1999年,第64页;刘笑敢:《老子古今》(修订版),中国社会科学出版社,2006年,第247—248页;彭裕商、吴毅强《郭店楚简老子集释》之"前言",第5页。又见彭裕商《郭店简〈老子〉与今传本对读随记(一)》。近来,季旭昇先生对此两句有新的探讨,他援《荀子》的理解将"伪"解为"人为",非贬义,因此指此两句非衍增。季说以《荀子》解老,非常可商。且即便"伪"以"人为"解,此乃中性词,与该章前后的"仁义""孝慈"等仍有距离,故此说实不可从。季说参其《谈谈〈老子〉十八章的"智慧出,有大伪"》,《中国文字》新四十四期,艺文印书馆,2019年,第23—40页。
⑤ 董珊:《楚简〈恒先〉"详宜利巧"解释》,《简帛文献考释论丛》,上海古籍出版社,2014年,第28页。

为"智巧""智谋""伪诈"。① 可见,"巧"同样多与"伪诈"相关联。反观如把"慮"释为"虑",但与《老子》相对"共时"的材料中,却并没有以"伪""虑"并举且都可以表示类似"伪诈"这样的负面意思。② 顺便说一下,郭店简本相当今本 57 章有云"人多智而奇物滋起"③,对"多智"的批评实与 65 章的"智多"同。今本"人多智"作"人多伎巧",虽有讹变,但把"智"与"伎巧"看成对位的东西,也与 19 章将"绝智"与"绝巧"并举一致。

还要提到的是,前举李零先生在指出裘锡圭先生把"慮"字由释"诈"改释为"虑"反误时,专门提到上博简中本来就有"伪诈"辞例,而字形与郭店《老子》该章接近。上博简的辞例见于《三德》篇,后来裘先生专门就此作了回应,且并不认同李零先生的意见。裘先生曾详细比对两处字形,《三德》篇李零先生认为当释为"诈"的文例见于以下文句:④

毋为伪 A(诈),上帝将憎之(简 2)

裘先生指出 A 字形"从'心''虘'声(楚简一般读'虘'为'且'),跟郭店《老子》中声旁不包括'又'旁的'慮'字并不完全相同",而就在《三德》同篇 15 号简上却有一个跟郭店《老子》字形完全一致,且该读为"虑"的字,其文为:

……百事不述(遂),虑事不成。……(简 15)

据此,裘先生指出:"所以《三德》篇不但不能证明郭店《老子》的'慮'应该读为'诈',反而为释'虑'说增加了证据。"今按,裘先生所举《三德》篇第二处文字确实不当释为"诈",裘先生释为"虑","虑事不成"文义也非常顺,现在又有清华简《皇门》提供"虑事"之辞例的最新证据。⑤ 不过,裘先生当时却回避了另外一个问题:

---

① 曹峰:《上博简思想研究》,第 170 页。
② 曹峰先生亦指出"巧"的意思"多属被否定的一面"。
③ 《郭店楚墓竹简》,文物出版社,1998 年,第 113 页。
④ 以下《三德》释文及裘先生意见,俱参裘锡圭《关于〈老子〉的"绝仁弃义"和"绝圣"》。
⑤ 李锐先生读此字为"作",以与读《老子》此章的"弃作"之说耦合,参前揭李文。

此字释"虑",是否第一处文例释"诈"就不合适呢?现在看来,第一处仍当以释"诈"为宜,①尤其是"伪""诈"并举,也与上举传世文献中两者经常如影随形暗合。反之,如果把"A"释为"虑","毋为伪虑"就非常不辞。现在的问题是,《三德》篇与郭店简《老子》完全一样的字形当释为"虑",而同篇另一个与郭店简《老子》字形不完全一样的又当释为"诈",那是否会对我们将郭店简《老子》"慮"字释为"诈"构成颠覆呢?我们的回答依然是否定的。《三德》篇两处非常接近的字形一个读为"诈",一个又当读为"虑",其实不过是出土文献给我们提供了前文所说的郭店简《老子》"慮"字从读音上说读"诈"或读"虑"均无不可的实例。至于究竟要读为何字,则是要根据上下文及具体的语言环境来判断,比如《三德》篇第一例只能读为"诈",而第二例则以读"虑"为宜。反观郭店简《老子》此字,有传世文献中那么多"伪""诈"并举的辞例,特别是"绝弃"的对象又要明显具有"高位"或极端特征,且很多时候又有鲜明的负面色彩(《三德》篇的"虑事不成"之"虑",相当于谋虑、规划,明显也是中性的,同样没有负面色彩),而"虑"在较早的文献中特别是与《老子》相对"共时"的材料中都没有这样的意思,因此,我们认为郭店简《老子》此字还是以释"诈"为宜。顺便说一下,春秋早期的上曾太子鼎有语云"心圣若慉"(集成2750),其中的"慉"字一般即释为"虑"。上博简《苦成家父》"远慉(虑)图后"之"虑"字与此同形,可为明证。就上曾太子鼎"心圣若慉"句看,"虑"字乃褒义,同样是正面的。而且,"心圣"才能"虑",则"圣"与"虑"明显义近,郭店简既证明《老子》本来并不"绝圣",②它又怎么会"弃虑"呢?

二

从上面的论述特别是我们所列的"伪诈"并举辞例,读者可能已经看出,我们不但认为郭店简此章"绝悬(伪)弃慮"的"慮"该释为

---

① 亦可参李锐:《再论郭店〈老子〉的"绝愚弃慮"》。
② 裘锡圭:《关于〈老子〉的"绝仁弃义"和"绝圣"》。

"诈",其中的"愚"我们也认为径释为"伪"即可,此与"诈"均为明显的负面色彩词汇。"伪"的负面意思,还能从早期文献中经常提到的"情伪"一词体现出来。《左传·僖公二十八年》"民之情伪,尽知之矣"①,"情"表真实,"伪"自然就表虚假。②《左传·襄公三十年》"'淑慎尔止,无载尔伪',不信之谓也"③,以"不信"解"伪",其义亦较显豁。《左传》此处引诗乃佚诗,但与《大雅·抑》文句却非常接近。《抑》之文句为"淑慎尔止,不愆于仪"④,所谓"愆于仪"实即等于《左传》所引的"伪"。因为"愆"字郑笺解为"过差",实即"改变","愆于仪"即乱了方寸,失掉正常的容止。《小雅·宾之初筵》还以饮酒为例,形象、生动地刻画出"愆于仪"的状貌:"其未醉止,威仪抑抑;曰既醉止,威仪怭怭。"⑤没喝醉的时候"威仪抑抑",一旦喝醉就"威仪怭怭","怭怭",毛传解为"媟嫚",此即"愆于仪",即酒后失态,乱了正常容止,即"伪"。《大雅·民劳》还以正面的"敬慎威仪,以近有德"与反面的"无纵诡随""无俾作慝"相对,⑥所谓"诡随""作慝",特别是"作慝",有前述《左传·襄公四年》"诈慝""逸慝诈伪"相参照,不难推知亦当与"诈伪"意思相近。总结来看,"伪"在早期特别是与《老子》"共时"的文献中,其多被理解为失真、不实这样的负面意义,且"伪"的这种负面色彩还是被普遍认可或接受的,因此《老子》要"绝弃"它也是很自然的。而且,"绝弃"了失真、背离常道的"伪",无论是与下句的"民复孝慈",还是该章最后的"见素抱朴",都能够呼应——同样体现了《老子》一贯的从极端或反面状态回归常态或本初的主张。不过,学者或以为"愚"当释为"为","绝为"与老子一再强调的"无为"句式整齐对应,"绝"与"无"都是强调要排斥的意思。这么理解逻辑上貌似很合理,但一般来说,

---

① 杨伯峻:《春秋左传注》,第456页。
② 说尽知百姓的"情伪",感觉颇类金文中习见之"天之若否"之"若否"。又,《庄子·列御寇》"今使民离实学伪……",亦以"实""伪"对举。
③ 杨伯峻:《春秋左传注》,第1179页。
④ 《毛诗传笺》,第415页。
⑤ 《毛诗传笺》,第329页。
⑥ 《毛诗传笺》,第402页。

"为"只是一个中性词,并无什么明显的负面含义。而且,如前所述,"绝"相对于"无",明显感情色彩和语气更重,"绝"的宾语却是一个相对中性的词,这也是"绝为"之说让人生疑的地方。实际上,为裘先生文所采信的许抗生先生之说,正是把《老子》的"无为"与此章的"绝伪(为)"等量齐观的,①可以说明显忽略了"无"与"绝"感情色彩或语气上的差异。当然,在《老子》及道家著作中,"为"是有特定含义的,很多时候就有负面色彩,这方面以裘锡圭先生论说最详,兹引述如下:

"伪"字的上述意义和它的作假义、诈伪义,都是指一般作为的"为"字的引申义,在古书中有时就用"为"字来表示。尤其是道家著作,往往就用"为"字来表示"背自然"的"人为"。所以,把"绝愚"的"愚"释读为"伪"或"为",都是可以的。但我倾向于释"伪",因为这个字毕竟比一般的"为"多了"心"旁。不管释为哪一个字,都应该理解为指"背自然"的"人为",既不能看作一般的"为",更不能看作"伪诈"的"伪"。有人认为以"伪"指不是出自天性的"为",完全是荀子的创造,这是不对的。"伪"的这种意义跟伪诈等义,在古代应该是在相当长的一段时间里同时并存的(《荀子》既用"伪"的这种意义,也用其伪诈义。《礼论》和《性恶》中都有"诈伪",《乐论》说"着诚去伪",《宥坐》说"言伪而辩")。②

以前我倾向于在"愚"字后括注表示"人为"之义的"伪"(与诈伪之"伪"有别)。现在我认为还是括注"为"字为妥。这主要是"绝为"的"为"跟屡见于《老子》的"无为"的"为"同义,而"无为"是没有人写作"无伪"的。道家反对人为,也反对思虑……所以把"绝愚弃虑"释读为"绝为弃虑"是很合理的。③

裘先生上述两段话分属前后不同时期,最终的结论也微有不

---

① 参裘锡圭《纠正我在郭店〈老子〉简释读中的一个错误——关于"绝伪弃诈"》一文所引许抗生先生之说。
② 裘锡圭:《纠正我在郭店〈老子〉简释读中的一个错误——关于"绝伪弃诈"》。
③ 裘锡圭:《关于〈老子〉的"绝仁弃义"和"绝圣"》。

同,后面把当初的"绝伪"改成"绝为"。裘先生主要觉得在道家的话语系统中"为"本来已经有负面含义,因此"绝为"即可。不过,应该指出的是,揆诸郭店简本《老子》,其正面说"为",反面说"亡(无)为"(相当今本64、37、63、2、57、48章),都一律径用"为"本字,而并非《老子》此章的"𢤲",暗示简本用"为""𢤲"二字还是有所区别,这是明显不利于将"绝𢤲"释作"绝为"的。① 再者,我们上面已经指出,《老子》该章三组要"绝弃"的对象,都是明显具有负面色彩的东西。而且,这种负面色彩,也不仅仅是以《老子》为代表的道家的独特理解,而是反映了当时社会上的普遍认识。就此而言,"为"显然不是这样,它一般还是要放在《老子》为代表的道家话语体系下才能有负面色彩。所以,我们认为此字释读为"伪"显然较"为"更可信:"伪"字的负面色彩无疑更有"普适性"。上引裘先生一则认为"背自然"的"人为"不能看作"伪诈"的"伪",但又认为荀子所谓不出天性的"为"("伪")实与"伪诈""等义",这其实已经有点矛盾了。我们认为裘先生所说的道家的"背自然"的"人为",也应该包括"伪诈"之"伪",或者说"伪诈"之"伪"乃"背自然"之"人为"的最高级,因此才最具负面色彩从而成为"绝弃"的对象。其实,裘先生在论述今本18章衍增的"智慧出,有大伪"一句时已经提到,"大伪"是"毫无正面价值"的,因此"绝对应该摒弃",②既然如此,《老子》此章的"绝伪",不是很自然的吗?而且,为裘先生所引述的《庄子》书对"伪"之于"为"更趋极端的特点也有清晰的概括,其《庚桑楚》篇云:"性之动谓之为,为之伪谓之失。"③所谓"为之伪谓之失",我们也可说"为之失谓之伪","伪"正是"为"的极端化表现。反复考虑,我们认为此字还是径释作"伪"为妥。若理解为"绝为",但即使是《老

---

① 彭裕商、吴毅强先生亦认为"𢤲""此字从为从心,与郭店简《老子》'无为'之'为'写法有别,不应等同"(彭裕商、吴毅强:《郭店楚简老子集释》,第13页),是很正确的。裘锡圭先生早先也指出郭店简"𢤲"字从心,"显然不是用来表示一般的'作为'之义的"(参见《纠正我在郭店〈老子〉简释读中的一个错误——关于"绝伪弃诈"》一文),可惜的是,后来改释"绝为"时没有充分考虑这一点。
② 裘锡圭:《关于〈老子〉的"绝仁弃义"和"绝圣"》。
③ 郭庆藩:《庄子集释》,第810页。

子》,对"为"也不是一概反对的,如所谓"为而不恃""为之于未有""为而不争",均明确提到还是要"为"的(《老子》一方面强调"无为",另一方面又说"为而不……",说明他对"为"的态度并非一概排斥,这也侧面说明将"绝愚"读为"绝为",理解与"无为"义同,在语气和感情色彩上是明显有碍的),就是明证。顺便说一下,"绝伪弃诈"的"诈"字,学者或认为当读为"作",以与《老子》之"化而欲作,吾将镇之以无名之朴"等主张相耦合。如前所述,从读音上看,"慮"字确实无妨读为"作",但与"为"一样,"作"一般来说同样不具有明显的负面色彩,故"弃作"与"绝为"的问题其实是一样的。①

"绝伪弃诈"的后半句,简本作"民复季子",今本作"民复孝慈"。因为"伪诈"与前面的"智辩""巧利"都是在"绝弃"之列的负面色彩的东西,人之不复"伪诈",当然其德行就会归于醇厚,故原本当从今本作"孝慈"。简本的"季子","季"当系"孝"的形近讹字,而"子"乃"慈"之假借。庞朴先生曾认为"伪和诈"与"孝慈""全无关系",因此指"绝伪弃诈,民复孝慈"不合理。② 其实是未明作为正面的"孝慈"与负面、极端的"伪诈"之间的对立关系。《左传·文公十八年》有云:"孝敬、忠信为吉德,盗贼、藏奸为凶德。"③正面的、作为"吉德"的"孝",正与负面色彩的作为"凶德"的"盗贼"等相对,而后者就价值色彩来说无疑又与"伪诈"近同。文公十八年下文还举好行"凶德"的"少皞氏有不才子",指其"毁信废忠,崇饰恶言,靖譖庸回,服谗搜慝,以诬盛德"④,其中"毁信"不就是"诈伪"吗?而所谓"服谗搜慝",明显又与前举《左传·襄公四年》的"谗慝诈伪"近同,总之也是不离"诈伪"。因此,"绝弃"了"凶德",自然就会归为"吉

---

① 李锐先生及季旭昇先生最新一文都持"弃作"之说。季先生还专门将"弃作"之"作"解释为"人心思考后做出违反自然的创建",实际上其中存在两个动作过程:"人心思考"和"违反自然的创建"。窃以为这实在是太过求深了。
② 庞朴:《古墓新知——漫读郭店楚简》。庞氏并认为所谓"绝伪弃诈""似乎不像一位思想家的言论",看来,对何谓"思想家的言论",学者也实有贴标签、脸谱化之嫌。
③ 杨伯峻:《春秋左传注》,第635页。
④ 杨伯峻:《春秋左传注》,第639页。

德",故《老子》说"绝伪弃诈,民复孝慈",有什么可奇怪的呢?学者或受庄子批评趋于"异化"的仁、义、孝、慈等德目之影响,以为道家包括老子都是如此,因此恐要诧异笔者将"孝""慈"列为"吉德"来论《老子》。这其实又是将晚出的《庄子》中的观念等同与《老子》。我们如果取与《老子》相对"共时"的文献看,其时人们不但认为"孝""慈"是"吉德",甚至是天性使然,人之常情。《左传·隐公三年》将"父慈,子孝"①列为"六顺"。《大戴礼记·文王官人》说"父子之间,观其孝慈也"②,父子亲情乃人之常情,故"孝慈"乃人世伦常起码的规范。对"孝慈"的认同,甚至以推崇诡诈著称的兵家也概莫能外。以张家山汉简《盖庐》为例,其中云"不孝父兄,不敬长傻者,攻之。不兹(慈)稚弟,不入伦雄者,攻之",又曰"暴而无亲,贪而不仁者,攻之"③,对"孝""慈""仁"之类也是维护的。循此,我们再来看简本《老子》此章的"绝伪弃诈,民复孝慈","绝弃"了矫饰和伪诈,即我们一再说的"极端"状态,回复到人伦之常即"素""朴"的"孝慈",不是很自然的吗?④ 有人可能要举《老子》18章"六亲不和,有孝慈"以诘之,但我们前文已经援学者的意见指出,18章的"仁义""孝慈"只是指特定社会阶段的补救措施,并非说"仁义""孝慈"等本身也是坏东西。比如,为很多学者注意到的今本《老子》67章说"我有三宝,持而保之。一曰慈……","慈,故能勇","今舍慈且

---

① 杨伯峻:《春秋左传注》,第32页。
② 方向东:《大戴礼记汇校集解》,中华书局,2008年,第1023页。
③ 邵鸿:《张家山汉简〈盖庐〉研究》,文物出版社,2007年,第70、73页。
④ 裘锡圭先生援今本18章"大道废,有仁义……"的论说逻辑,指19章"绝弃""智""辨""巧""利"等之后要回复到"合乎大道的状态中去",因此指"达到了这一境界,仁义、孝慈、正臣等等当然就没有存在的余地了"。裘先生说"大道"时"孝慈"没有存在的必要,是缘于他将简本的"民复季子"理解为《老子》中的"赤子",对此我们有不同意见,详下文。另外,18、19章论说的角度本来不同,这一点本来裘先生也是认识到的,惜乎于"孝慈"问题还是牵合18章作解。以本文的讨论看,"孝慈"在与《老子》相对"共时"的文献中,本来就有人伦本初的特点,因此才成为19章"绝弃"极端之后归于素朴的选择,故"绝伪弃诈,民复孝慈"其实并无不妥。裘说参其《关于〈老子〉的"绝仁弃义"和"绝圣"》一文。

郭店简《老子》"绝伪弃诈"证说

勇……死矣","夫慈,以战则胜,以守则固",①整章都是对"慈"的正面评价,然则,18章"六亲不和,有孝慈"该作何解不是很清楚的吗?彭裕商先生甚至举《礼记·礼运》篇"礼义"是从大同社会的道德标准降为小康社会以后的补救措施相参证,并认为:"……'仁义''孝慈''贞臣'等都是社会进一步发展以后符合当时道德标准的产物,没有任何贬义。"②说"仁义""孝慈"等特别是"孝慈"在《老子》的话语系统中没有任何贬义,是十分正确的。其实,《逸周书·官人解》有段记载很好地诠释了所谓"诈伪"与"孝慈"之间的这种对应与价值落差。其云"人多隐其情,饰其伪","隐"即掩盖、粉饰,而"伪"之义就更加显豁了。如何"饰其伪"呢?下文继续说:"自事其亲,而好以告人;饰其见物,不诚于内,发名以事亲,自以名私其身:如此,隐于忠孝者也。"③所谓"自事其亲而好以告人","饰其见物,不诚于内,发名以事亲,自以名私其身",显然是沽名钓誉、流于"作秀"式的"孝",非出自本心("诚于内"),也就是"饰其伪",因此就偏离了"孝"的正途,因此《老子》说"绝弃""伪"然后恢复到朴质的"孝慈"不是顺理成章的吗?值得注意的是,与《老子》时代接近的《墨子》书中也常以"盗贼"的有无与"孝慈"的存废并举。如其《兼爱上》认为没有了"不孝不慈",也就没有了"盗贼",而且说"盗贼无有,君臣父子皆能孝慈"④,又说"诈欺愚"等反面现象会导致"寇乱盗贼并兴"(《非乐上》)。⑤我们知道郭店简此章的第二组"绝弃"是"绝巧弃利,盗贼无有","盗贼无有"的语义位置与"绝伪弃诈,民复孝慈"之"民复孝慈"正相对应,而墨子恰恰也认为如果"盗贼无有"就"君臣父子皆能孝慈",与简本《老子》此章所述可以说完全一致。墨子又从反面将"寇乱盗贼并兴"归结为"诈欺愚"之类现象,这又与本文主张的"弃诈"之说相应。以上例子说明,简本此处读为"绝伪弃诈,民复孝慈"既符合前后的语义逻辑,又有比较充分的与《老子》相对"共

---

① 楼宇烈:《王弼集校释》,第170—171页。
② 彭裕商:《郭店简〈老子〉与今传本对读随记(一)》。
③ 黄怀信、张懋镕、田旭东:《逸周书汇校集注》,第785页。
④ 孙诒让:《墨子间诂》,第101页。
⑤ 孙诒让:《墨子间诂》,第253页。

时"的文献辞例作为支撑。

不过,简本的"季子"不少学者主张以本字读,以"季子"相当于小孩子,从而与《老子》中"赤子""婴儿"等称谓相耦合。我们认为亦不可信。这方面学者已多有反驳,尤其是举相当今本18章的"孝慈",楚简丙组作"孝孳",但帛书本中,对应18章及今本19章的"孝慈",帛书甲本作"畜兹",帛书乙本作"孝兹",①"畜""孝"音近,它们显然记录的都是同一个词,不可能18章作"孝慈",而19章却作"季子"。而且,学者还举出土文献中另一处确有以"季子"表"孝慈"的例子,也是非常有说服力的。② 我们还想指出的是,相对"伪诈","民复……"的表述其"复"字后面的内容在价值属性上肯定要归于醇厚,则"孝慈"显然也比"季子"更合适:后者的价值特性不唯较"孝慈"更为模糊,而且也只在道家的话语系统里才有相对正面的价值属性。另外,即使一个人"绝弃"了"伪诈",他始终还是个成年人,很难想象摒弃了"伪诈"之后连年龄都变小到成为"季子",这也是"民复季子"明显于文义不协的地方。最后,我们还想顺便说一下今本"绝仁弃义,民复孝慈"于逻辑的不通之处。如前所述,在与《老子》"共时"的材料中,"仁义"基本都是正面色彩的,这与同样是正面色彩的"孝慈"近同。甚至《墨子·天志下》亦云:"……故凡从事此者,圣知也,仁义也,忠惠也,慈孝也,是故聚敛天下之善名而加之。"③同样也是把"仁义"与"慈孝"并举,也就是说在价值纬度上,他们大体处在相同的位置,但《老子》先言"绝弃",后言"民复……"的表述又说明前后在价值纬度上肯定是有落差的。由于"仁义"与"孝慈"大体处于相同的价值纬度,按照今本"绝仁弃义,民复孝慈"的表述,那就成了"绝弃A","民复A",这显然是非常奇怪的。裘锡

---

① 高明:《帛书老子校注》,中华书局,1996年,第311—312页。
② 以上意见,参彭裕商、吴毅强《郭店楚简老子集释》第21—23页所引韩同兰、黄莲芬等学者的看法。至于出土文献中另一处将"孝慈"写作"季子",则系李学勤先生指出的马王堆医术《脉书》,参李学勤:《论郭店简〈老子〉非〈老子〉本貌》,王子今、白建钢、彭卫主编:《纪念林剑鸣教授史学论文集》,中国社会科学出版社,2002年,第1页。
③ 孙诒让:《墨子间诂》,第213页。

圭先生也说"仁义"与"孝慈""属同一层次","今本说'绝仁弃义,民复孝慈'完全不合逻辑",①堪称卓识。学者或举《庄子》书中的"攘弃仁义"(《胠箧》)证《老子》今本不误,这一来是明显以晚出的"异时"性证据以证《老子》,时序上有失谨严。另一方面,很多学者没有认识到,即使是"孝慈"也是多为《庄子》书所否定的,如:"孝子操药以修慈父,其色憔然,圣人羞之"(《外篇·天地》)②,"夫孝悌仁义,忠信贞廉,此皆自勉以役其德者也,不足多也"(《外篇·天运》)③,"……使天下学士不反其本,妄作孝弟……"(《杂篇·盗跖》)④。也就是说,在《庄子》那里同样也是把"仁义"与"孝慈"看成相同价值纬度的,且都属应被"绝弃"之列。既然如此,怎么能说"绝弃"了"仁义",就"民复孝慈"了呢?这也说明今本这样的改动其实是顾此失彼的:只愤世嫉俗地把"绝伪弃诈"改成"绝仁弃义",却并没有改后面的"孝慈",以致于前后都逻辑不通了。最后,还应该说明一点,本文将郭店简《老子》此章释作"绝伪弃诈,民复孝慈",我们认为《老子》原貌即当如此。当前对郭店简《老子》的研究中,学者或认为郭店简的样子乃出于学派影响所致,或者主张此仅系楚地流行的"地方性"传本,我们认为这些推测都是证据不足的。

【补记一】

出土新材料的发现是日新月异的,随着新材料的增多,本文讨论的问题其实已渐趋明朗。像本文讨论的清华简《命训》篇"诈"之字形就使"弃诈"的问题推进了一大步。又,晚近清华简《治邦之道-治政之道》既有"毋作伪",亦有"伪不作",其中"伪"字均作"愿"形,与郭店简《老子》该章完全一致,则"绝伪"之说更无疑义矣。

【补记二】

本文指出《老子》今本十九章要"绝弃"的,其实都是那些处于

---

① 裘锡圭:《关于〈老子〉的"绝仁弃义"和"绝圣"》。
② 郭庆藩:《庄子集释》,第444页。
③ 郭庆藩:《庄子集释》,第499页。
④ 郭庆藩:《庄子集释》,第992页。

《老子》探源与古义新证

"高位"或极端的东西,并以"智"或"诈"与"知"的关系为例,说明"智"或"诈"相对一般的"知"正是这种"高位"或极端。因此,十九章这样三组"绝弃"基本的精神就是要不走极端、把握分寸、适可而止,这也与《老子》一贯的主张契合。关于《老子》这种对"高位"或极端的谨慎,以及强调分寸的把握,《逸周书·大匡》(学者习惯引"勇如害上,则不登于明堂"证此书早出,即出此篇)的相关记载也可以提供侧面的证明。此篇有一组"思A丑B"的排比,如"思慧丑诈""思复丑谱""思贤丑争""思直丑比""思止丑残""思静丑躁""思义丑贪""思任丑诞"。从清华简《命训》来看,《周书》的这些"丑"义同"耻"。所谓"思慧丑诈",意思就是说:想要聪明("慧"同"智"①),但又以"诈"为耻。与《老子》十九章要"绝弃""诈",即在"知"上不走极端的精神无疑是非常一致的。除"思慧丑诈"外,其第三组云"思贤丑争",而《老子》亦说"不尚贤,使民不争",虽然对"贤"的态度有"思"和"不尚"这样程度上的区别,②但将"贤"与"争"并举或者说认为崇"贤"会导致"争"则又是一致的。本书上编我们在《由〈左传〉〈国语〉所载史实论〈老子〉思想的礼学背景》一文中,已经指出《老子》之"不尚贤"其本义本来意在强调不能"争善"、不要去竞逐,与很多学者理解的"尚贤"政治其实并无关系,《周书》此处的"思贤丑争"可以说又提供一证。后面又有"思静丑躁",推"静"而抑"躁",而《老子》亦云"静为躁君"(26章)、"静胜躁"(45章)。后面又说"思义丑贪",我们在上编《〈老子〉"绝巧弃利"发覆》一文中,已从"义""利"关系的角度指出《老子》既然"弃利",肯定要维护"义",这不仅意味着对"贪"的排斥与此"丑贪"合,也说明今本"绝仁弃义"的不合逻辑。《逸周书》这些语言、思想与《老子》的密合,再次昭示《老子》一书的思想渊源和年代学痕迹。

---

① 参黄怀信、张懋镕、田旭东:《逸周书汇校集注》,第364页所引潘振、陈逢衡注。
② 《老子》思想中"绝对"与"相对"是并存的,可参本书后面《再论〈老子〉"无为而无不为"思想的理解问题》一文。

【补记三】

"智"或"慧"本来指聪明,当然是好的东西,但"聪明"过头就流于"诈"。与这种由"正"趋"反"的惯性相类,我们还可举"佞"字为例。"佞"本来也是正面的褒义词,清华简《金縢》"年若巧能"之"年"学者多以为当读为"佞",与下面的"多才多艺"相对,显然是正面的。北大简《赵正书》李斯之言"不仁者有所尽其财(才)",学者以为"不仁"当读为"不佞"犹今谦辞"不才",①亦可信。但才智太过,也容易流于机巧,此即孔子所谓"恶夫佞者"(《论语·先进》),而后世"佞幸""佞臣"则全是贬义了。有意思的是,清华简《管仲》载反面典型幽王"夫年(佞)有利气,笃利而弗行",指"佞"趋"利"之极,管仲又说"既年(佞)又仁,此谓成器",强调用"仁"制约"佞",适可与《论语·公冶长》"雍也仁而不佞"相参。管仲又谓"夫年(佞)者之事君,必前敬与巧,而后僭与伪",亦可见"年(佞)者"事君的巧伪之弊。"佞"之由正面滑向反面不但与"智(慧)"——"诈"的逻辑相似,而且这里提到的作为"佞"之极端乃至反面的"巧""伪""利"等,均属郭店简《老子》此章所要"绝弃"者,此亦可作为正文讨论的一个补证。

---

① 刘乐贤:《由"仁"、"佞"相通说到北大简〈赵正书〉的一处简文》,《第一届出土文献与中国古代史学术论坛暨青年学者工作坊论文集》,复旦大学,2019年11月。

再论《老子》"无为而无不为"思想的理解问题

——由三十七章"镇"字的解读说起

前　言

《老子》"无为而无不为"见于今王弼本37、48两章,但37章的"无为而无不为",马王堆帛书甲、乙本均作"道恒无名",48章帛书甲、乙本对应的部分最初整理本残泐无存,高明、郑良树等学者遂认为《老子》本来只说"无为","无不为"非《老子》之旧。但郭店简本《老子》出,其对应今本48章的部分作"亡为而亡不为",与今本基本一致。廖名春先生遂撰文指出高明、郑良树等学者的看法不确,"无为而无不为"是《老子》本来就有的思想。[1] 由于有楚简《老子》这样的新材料证明,廖先生之说今天已广为学界所信从。关于《老子》"无为而无不为"思想的理解,传统观点一般认为这体现了"手段"与"结果"的辩证,即通过"无为"的手段,达到"无不为"的目的或效果。或者按照廖名春先生所说,这是《老子》典型的"以退为进,以反为正"的思维方式。裘锡圭先生近来对《老子》"无为而无不为"提出一个全新的理解。裘先生由对《老子》中"为"和"无为"本义的探讨,认为"无为而无不为"中的"无为"指的是没有不合"道"的行为,而"无不为"则是指对于合于"道"的事则"没有不去做的"。反映到

---

[1] 廖名春:《〈老子〉"无为而无不为"说新证》,《中国哲学》第二十辑,辽宁教育出版社,1999年,第148页。又按,后来复旦大学出土文献与古文字研究中心重新整理马王堆帛书,陈剑教授于帛书《老子》甲本又缀上一残片,上存"而无不"三字,显系当初认为残泐之48章的"无为而无不为"中的部分内容,可见帛书本此章原本也是有"无为而无不为"的。可参裘锡圭主编:《长沙马王堆汉墓简帛集成》第4册,中华书局,2014年,第17—18页,注释【五十四】。

再论《老子》"无为而无不为"思想的理解问题

政治思想领域,为合"道"而"没有不去做的"实际等同于无所不用其极,这个无所不用其极就包括闭塞百姓耳目、让民"无知无欲"甚至对"为奇者"不惜"执而杀之"(74章)等强硬手段。① 正因为把"无不为"理解为无所不用其极的强制性手段,所以裘先生对"无为而无不为"之"无为"也不赞同传统观点指因任"物"或"民"之"自为",这在强调"无所不用其极"的背景下本来也是可以预期的。可以看出,裘先生对"无为而无不为"的理解完全颠覆了传统的主流观点。实际上,正如廖名春先生所指出的,《老子》中类似"无为而无不为"这样的思维方式还有很多,因此它们可以说是《老子》中一个代表性或主干性思想。因此,裘先生对"无为而无不为"的新解等于也颠覆了历来对《老子》中一个代表性或主干性思想的理解,②关系甚大。然则,历来的主流意见是否都错了? 笔者曾细读裘先生长文,感觉此文对《老子》中"为"与"无为"之概念的辨析确实非常细密,但将"无不为"理解为无所不用其极在主要证据的使用特别是对《老子》中一些关键章次的理解上都不无可商之处,因此我们认为其新解恐并不能推翻传统主流的看法。在裘先生将"无不为"理解为强制性无所不用其极的论证中,今本37章"吾将镇之以无名之朴"之"镇"字曾被多次提到,裘先生将此"镇"字理解为"镇压",很明显是强制性的。裘先生文中对很多《老子》无所不用其极强制措施的论说,37章"镇"字被理解为强制性的"镇压"可以说都是一个非常重要的关节,因此本文的讨论不妨从37章的"镇"字说起。

一、说"镇之以无名之朴"之"镇"不当解为强制义

道常无为而无不为,侯王若能守之,万物将自化。化而欲作,吾将镇之以无名之朴。无名之朴,夫亦将无欲,不欲以静,天下将自

---

① 裘锡圭:《说〈老子〉中的"无为"和"为"——兼论老子的社会、政治思想》,《中华文史论丛》2019年第4期。下引裘先生之说,除非特别注明,均见该文。
② 需要说明的是,廖先生之文为裘先生失引,不能不说是个遗憾。

定。(王弼本37章)

该章的"镇"字,较早的古注如河上公注云:"侯王当身镇抚以道德也。"①王弼注云:"吾将镇之以无名之朴,不为主也。"②《老子想尔注》:"观其将变,道便镇制之……王者亦当法道镇制之,而不能制者……"③观此三家的解说,其间其实是有细微区别的:河上公云"镇抚",《想尔注》云"镇制",后者明显突出"强制"义,而前者则非(详后)。王弼本虽未有明确对"镇"字进行说解,但他既然说"不为主也",其实也接近河上公本的"镇抚",尤其是"抚"。范应元:"镇者,安也、重也、压也。无名之朴,道也。"④"安"与"重""压",一在怀柔,一在强制,范氏混而说之,实有点不伦不类。后世解老者,取强制义者颇不乏其人。蒋锡昌引《说文》"镇,博压也",遂谓:"此言设人民自生自长而有贪欲起者,吾将压之以道之真也。"⑤明用"压"字。任继愈理解为"镇服",⑥陈鼓应将"镇之以无名之朴"翻译为"……我就用'道'的真朴来镇住它","镇住",也侧重于强制义。

此后,出土古本如马王堆帛书、郭店楚简、北大汉简相继问世,但学者间对"镇"字理解依然有上述"非强制"与"强制"的区别。不过,总体上而言,"非强制"义得到越来越多学者的学者赞同。比如高明注解帛书本《老子》,于此言:"此之言镇抚以道,夫将不欲。"⑦明确云"镇抚",与河上公本同。此后,郭店简本出,"镇"字作"贞",从通假关系上看,两字可通自无疑问,简本"贞"这样的异文让主张非"强制"的学者更加多起来。刘信芳先生以为"贞,读为正",廖名春先生同之。⑧陈锡勇先生云:"'镇'当解作'安抚'……故'镇

---

① 王卡点校:《老子河上公章句》,中华书局,1993年,第144页。
② 楼宇烈:《王弼集校释》,中华书局,1980年,第91页。
③ 饶宗颐:《老子想尔注校证》,上海古籍出版社,1991年,第47页。
④ 范应元:《宋本老子道德经》(即《老子道德经古本集注》),国家图书馆出版社,2017年,第150页。
⑤ 蒋锡昌:《老子校诂》,民国丛书,上海书店据1937年版影印,第241页。
⑥ 任继愈:《老子新译》,上海古籍出版社,1985年,第139页。
⑦ 高明:《帛书老子校注》,中华书局,1996年,第427页。
⑧ 刘、廖二先生之说,参彭裕商、吴毅强:《郭店楚简老子集释》,巴蜀书社,2011年,第158页所引。

之以无名之朴',是谓:安抚之以无名之朴。"①陈氏解"镇"为"安抚",即明显以"镇抚"为同义复指词。丁原植先生则说得更为明确,他引《广雅·释诂》"镇,安"、《释言》"镇,抚也",因此认为:"'镇',……解释为'安'。'安'的作用不是强制性的,而是使万物得以'复归'。"②丁氏明确揭橥"镇"的作用"不是强制性的",较之传统的"镇抚",明晰了不少。彭裕商、吴毅强先生总结上引诸家之说,认为:"镇,定息之义。"③就训诂来讲,"定息"之说其实也是倾向"非强制"义。北大汉简本此字作"寘",整理者认为此字与帛乙本的"㥱"以及今本的"镇"均可通假,至于郭店简本的"贞",汉简整理者认为"'贞'(端母耕部)有'安定'义,与'镇'为同义换用"④,"安定"的意思,明显也是"非强制性"的。晚近王中江先生虽不是基于出土文献,但同样认为"镇"字不是强制性的,其说云:"此处之'镇'不是用硬的办法加以抑制和压制,而是用柔和的办法加以安抚,使之镇定,安定。"⑤

当然,与"非强制"义不同,即便是几宗出土材料发现以后,学者对"镇"的理解仍有与《想尔注》之侧重"强制"义的"镇制"接近者。

---

① 陈先生之说,参彭裕商、吴毅强:《郭店楚简老子集释》,第158页所引。
② 丁先生之说,参彭裕商、吴毅强:《郭店楚简老子集释》,第158页所引。
③ 彭裕商、吴毅强:《郭店楚简老子集释》,第159页。
④ 北京大学出土文献研究所编:《北京大学藏西汉竹书(二)》,上海古籍出版社,2012年,第162页。北大汉简与帛乙本"镇"字分别作"寘""㥱",均从"真"声,它们与属古今字关系的"填"与"镇"声符均同。出土文献还有径以"真"表"镇"字者,如黄石公禳灾镇墓刻石之"真厭",学者解即"镇压"(武利华:《"黄石公禳灾镇墓刻石"释读与考证》,《淮海文博》第1辑,科学出版社,2018年,第95页),良是。又,《淮南子·兵略训》云:"是不袭堂堂之寇,不击填填之旗。""填填",《孙子兵法》作"正正",揭示"填"(镇)与"正"或音近之"定"常见的异文关系。又,张家山汉简《盖庐》云"毋要堤堤之期(旗)","堤堤",当即《孙子兵法》的"正正",竹简《孙子·军争》"正"字又作"瘂",学者以为从"呈"声。"堤""正"以及"呈",古音俱属舌音,韵部之、耕通转,读音接近(李零:《吴孙子发微》,中华书局,1997年,第83页)。
⑤ 王中江:《汉简〈老子〉中的"异文"和"义旨"示例及考辨》,韩巍主编:《古简新知》,上海古籍出版社,2017年,第85页。王氏相关意见参88页注释1。

古棣、周英批评许抗生译"镇"为"镇定",认为当采《说文》"博压"之说,理解为"压制"。① 甚至有学者直接理解为"镇压"。刘笑敢即屡用"镇压",如说:"……因为万物不满足于'自化',因而'欲作',即为更多的欲望驱使。一般的侯王就会用刑罚或兵刃镇压。但守无为之道的侯王则会用'无名之朴'来'镇'之,而无名之朴怎能真的有镇压的效果呢?"刘氏一则把"镇"理解为"镇压",但又感觉到用"无名之朴"表强制义的"镇压"颇有龃龉,所以又说:"无名之朴的'镇'实际是使人警醒,重新回到自然无为的立场上……"②刘钊先生说:"简文说万物演化将要有所作为,将以'无名之朴'镇压之。"③对"镇"字表"强制"义最新的理解,则是裘锡圭先生。④ 裘先生将"镇之以无名之朴"理解为"就是说要根据'道'的精神对不从化而'欲作'之民<u>重重地加以约束</u>","重重地加以约束",其"强制"义是非常明显的。至于《老子》如何"约束",裘先生主要举了3章、49章、65章中那些"虚心""实腹"之类的愚民措施,而且说:"以上这些都可以看作以道'镇'民的措施,而老子认为,仅靠这类措施还不能真正<u>镇压</u>住所有的'欲作'之民,所以他说'若使民常畏死,而为奇者吾得执而杀之,孰敢'(74章),可见老子认为对合乎'道'的秩序有严重危害的'为奇者'是需要<u>抓起来杀掉</u>的。这说明,老子清楚地认识到如果真的要想使当时的社会合乎他理想中的'道'的精神,是必须采取包括杀掉'为奇者'那样激烈的行为在内的各种'镇'民措施的。"其中明确云"镇压",而且说"必须采取包括杀掉'为奇者'那样激烈的行为在内的各种'镇'民措施",其将"镇"理解为"强制"义可以说是非常明显的。

在"镇"字古今"强制"与"非强制"的两种训诂中,我们是赞同"非强制"义的。前述丁原植等学者在论证"镇"字"非强制"义时,已经从训诂上引了《广雅·释诂》"镇,安"、《释言》"镇,抚也"之类

---

① 古棣、周英:《老子通》,吉林人民出版社,1991年,第114页。
② 刘笑敢:《老子古今》(修订版),中国社会科学出版社,2006年,第385页。
③ 参彭裕商、吴毅强:《郭店楚简老子集释》,第159页。
④ 裘锡圭:《说〈老子〉中的"无为"和"为"——兼论老子的社会、政治思想》,《中华文史论丛》2019年第4期。

记载,无论"安"或者"抚"都不是"强制"性的。《广雅》这样的训诂书时代上可能相对较晚,但笔者同样要指出,在较早的文献中,"镇"字大多都是作为"非强制"义来使用的,像"镇压"这样的意思只见于战国以下较晚的文献。像《左传》《国语》习见"镇抚"一词,"镇"就是"抚"(《释言》所谓"镇,抚也"),"镇抚"乃同义复指。试看下面的例子:

《左传·桓公十三年》:"邓曼曰:'大夫其非众之谓,其谓君抚小民以信,训诸司以德,而威莫敖以刑也。……君若不镇抚,其不设备乎?夫固谓君训众而好镇抚之,召诸司而劝之以令德,见莫敖而告诸天之不假易也。'"

《左传·文公十二年》:"秦伯使西乞术来聘,且言将伐晋。襄仲辞玉曰:'君不忘先君之好,照临鲁国,镇抚其社稷……'"

《左传·成公二年》:"……今叔父克遂,有功于齐,而不使命卿镇抚王室,所使来抚余一人,而巩伯实来……"

《左传·襄公二十八年》:"子大叔曰:'宋之盟,君命将利小国,而亦使安定其社稷,镇抚其民人,以礼承天之休……'"

《左传·昭公七年》:"……吾不忘先君之好,将使衡父照临楚国,镇抚其社稷,以辑宁尔民。"

《左传·昭公十五年》:"'……伯氏,诸侯皆有以镇抚室,晋独无有,何也?'文伯揖籍谈,对曰:'诸侯之封也,皆受明器于王室,以镇抚其社稷,故能荐彝器于王。'"

《左传·昭公二十五年》:"……无民而能逞其志者,未之有也。国君是以镇抚其民。……鲁君失民矣,焉得逞其志?"

《国语·周语中》:"叔父若能光裕大德,更姓改物,以创制天下,自显庸也,而缩取备物以镇抚百姓,余一人其流辟旅于裔土,何辞之有与?"

《国语·晋语二》:(梁由靡):"君若惠顾社稷,不忘先君之好,……且镇抚其国家及其民人,虽四邻诸侯之闻之也,其谁不儆惧于君之威,而欣喜于君之德?"

《国语·晋语四》:"……若复而修其德,镇抚其民,必获诸侯,以讨无礼。"

《国语·晋语五》："赵同曰：'国有大役，不镇抚民而备钟鼓，何也？'"

《国语·晋语七》："大夫对曰：'君镇抚群臣而大庇荫之，无乃不堪君训而陷于大戮，以烦刑、史，辱君之允令，敢不承业。'"

上述记载中，《左传》成公二年、昭公十五年"镇抚"的宾语都是王室(室)，尤其证明"镇"当训"安"或"安定"，如理解为"强制"义，则是不可想象的。"镇"当训为非强制义的"安"，我们从上述辞例的上下文，也能一窥端倪。《左传》襄公二十八年"镇抚其民人"与"安定其社稷"并举，"镇抚"正对应"安定"。昭公七年"镇抚"与"辑宁"对举，"辑宁"亦安定也。《晋语四》"镇抚其民"的前文是"若复而修其德"，《晋语七》"镇抚群臣"后还说"大庇荫之"，所谓"修其德""大庇荫"也明显与"强制"义无关。《左传》文公十二年在"君不忘先君之好，照临鲁国"的外交辞令背景下(昭公七年、《晋语二》同此)，"镇抚"也不可能是强制性的。昭公二十五年"镇抚"的背景是鲁君"无民""失民"，故"镇抚"也只能是怀柔性的安抚之策，同样不会是强制性的。除了"镇抚"这样的同义复指，《国语·晋语七》还云"柔惠小物，而镇定大事"，韦注："镇，安也。""镇定"实即"安定"。又，《周礼·春官·大宗伯》"王执镇圭"，郑注："镇，安也。"《庄子·列御寇》"以外镇人心"，成玄英疏："镇，服也。"所谓"服人心"实即"安人心"。《国语·楚语上》："教之乐，以疏其秽而镇其浮。"这里的"镇"也应该理解为"安定"或《晋语七》的"镇定"义。韦注训以"重也"，当然亦通，"重"当由"定""镇定"这样的意思引申而来，但"重"与"压"近，却又很容易使人误会成"镇压"。其实，早期文献中同样有"压"字，如《左传·成公十六年》"楚晨压晋军而陈"，《左传·昭公四年》"梦天压己，弗胜"，此类"压"均当为"压迫"之"压"，但他们又从不与"镇"合并构词，这也很能说明问题。另外，上举"镇抚"的辞例中，其宾语往往是国家或"社稷"，有意思的是，文献中还经常出现"社稷之镇"这样的名词词组，它要表达的正是"社稷的安定者"这样的意思。学者还注意到文献中与"社稷之镇"类似的，还有"社稷之固""社稷之守"这样的词组,①从所处的位置看,"镇"字与"固""守"意思无疑也是相近的。《晋语二》"夫固国者,在亲众而善邻,在因民而顺之",所谓"固国","固"即"镇"也。《鲁语上》"晋始伯而欲固诸侯,故解有罪之地以分诸侯",其中"固诸侯"即"镇抚诸侯"之义(《鲁语上》即有"其何以镇抚诸侯"),意思与《左传·襄公十年》的"君若犹辱镇抚宋国"接近,同样都是怀柔而非强制性的。《晋语二》还云:"是故将杀奚齐而立公子之在外者,以定民弭忧,于诸侯且为援,庶几曰诸侯义而抚之,百姓欣而奉之,国可以固。""定民弭忧"与"诸侯义而抚之""国可以固"对举,则"定""抚""固"属同义换用,自可推知。

既然"镇"字早期多训为"非强制"义的"安"或"定",且郭店简"镇"又作"贞",这些都启发我们思考《老子》此章"镇"字的本字问题。清人王念孙曾认为"镇"字本系后起字,字本当作"填",并广引文献予以说明。② 如《史记·齐悼惠王世家》:"以海内初定,子弟少,激秦之无尺土封,故大封同姓,以填万民之心。"(这个"填"即"镇",也应该理解为"安",非强制)不过,出土秦公诸器中,屡见"镇静不廷"字样(秦公簋《集成》4315)、秦公镈《集成》270),秦公大墓石磬铭文也有"不廷镇静,上帝是瞇"的话,其中的"镇"字,字形作"![字]",学者隶为"鋚",即从䆉声,用为镇。③ 说明从"金"与今之"镇"接近的字形出现得很早,"填"也并非"镇"的本字。就文义来看,秦公诸器的"镇静不廷"之"镇静"与前举文献中的"镇抚"非常接近,也不可能是强制义的。且"镇静不廷"与毛公鼎"率怀不廷方"(集成2841)文例极近,而毛公鼎"率怀"之"怀"同样不是强制性的。另外,《诗·小雅·采菽》"乐只君子,殿天子之邦",毛传:"殿,镇也。"(《释文》:"镇,本作填。")这提示"殿""镇"可以互训,然则

---

① 赵生群:《〈左传〉疑义新证》,人民文学出版社,2013年,第214页。赵氏并指出《左传》成公十六年"以亡曹国社稷之镇公子","社稷之镇"与"公子"为同义复指成分,是很正确的。

② 王念孙:《读书杂志》,江苏古籍出版社,2000年,第103页。

③ 赵平安:《出土文献视域下的"庶慎"》,《"第五届出土文献与上古汉语研究暨汉语史研究学术讨论会"论文集》,复旦大学中文系,2019年9月。

"殿"字谓何？实即金文中习见的"奠"字。学者曾就文献中的"殿""镇"与金文中的"奠"之关系有详细讨论，认为他们记录的是同一个词。从释义上看，金文中的"奠"大多有"安排好""安排妥当"之类意思，因此又可以引申为"安定""安宁"，①验之金文中的"奠四方""奠王位""奠周邦""保奠周邦"，可以说文从字顺。四十二年逑鼎云"余建长父侯于杨，余命汝奠长父"，此言封建长父于杨地，乃西周封建之实例。"奠长父"之"奠"即有"安定"义，类乎《大雅·崧高》讲封申伯于南方时云"王命召伯，定申伯之宅"，"定"即"奠"也（今"奠定"已为成词），故"奠长父"与"定申伯"义同。有意思的是，秦公钟、镈还有"以康奠协朕或（国）"（集成262—269）这样的话，"康奠"犹"康定"，它与上举秦公诸器中的"镇静"意思也非常接近，上述这些辞例中"奠"字的意思同样是非强制的。毛传的"殿""镇"互训，对我们理解"镇"字的含义也是很好的参照。尤其是金文中还有"王位"作"奠"之宾语的辞例（如子犯编钟"克奠王位"铭图15200，15210—15211），这与前举文献中以"王室"作为"镇抚"之宾语相类，如把这里的"奠"讲成强制义明显也是说不通的。②简帛文献中"奠"字亦不鲜见，且对我们思考"镇"的释义不乏启发性。郭店简《性自命出》"凡人虽有性，心亡奠志"，上博简本作"正"，亦可作"定"。清华简《金縢》"溥有四方，以**奠**尔子孙于下地"，对应简本"奠"的字，今本作"定"，即"安定"也。另外，清华简《祭公》有云："惟天奠我文王之志，董之用威。""奠"，今本作"贞"，孔晁云："贞，正也。"③从上述简帛文献与今本的异文关系，我们就可知道其中的"奠"其实同样应该理解为"定（正）"、安定，与金文所见近似。

综合上述信息可知，"镇"与"殿""奠"乃同义词换用，早期则用"奠"为常，它们都有表安定、安抚之义，明显不是强制性的。郭店简

---

① 蒋文：《先秦秦汉出土文献与〈诗经〉文本的校勘和解读》，中西书局，2019年，第126—131页。
② 正义释"殿天子之邦"谓"……则镇抚天子之邦"，明显以文献中的"镇抚"释"殿"，是很准确的。
③ 黄怀信、张懋镕、田旭东：《逸周书汇校集注》，上海古籍出版社，2007年，第933页。

《老子》"镇"字作"贞",其实与上举《祭公》篇简本"奠"今本作"贞"近同。前举刘信芳、廖名春等先生读郭店简"贞"为"正",而彭裕商、吴毅强等先生所说的"定息"或"安定"亦无不可(北大汉简《老子》整理者即理解为"安定")。"镇"字无论是理解为"安定""定息"或"正",他所记录的词都应该与金文或简帛中的"奠"字义近,非强制义是可以断言的。这也与下文明显有退处义的"无名之朴"相合:"安"之以"无名之朴"文义非常顺适。否则,如果把"镇"理解为"强制"义,他的手段却是明显有退处义的"无名之朴",这则是比较奇怪的。前举刘笑敢先生一则把"镇"理解为"强制"义的"镇压",但又觉得以"无名之朴"来"镇压"不好理解,遂以"无名之朴的'镇'实际是使人警醒"之类说辞来弥缝。其实,如果认识到"镇"字本来就非"强制"义,也就不必费那么多周折了。相反,"镇"表"镇压"这样的强制性意思,则多见于战国以下的较晚文献。《说文·金部》"镇,博压也",段注解以博局之戏:"谓局戏以此镇压。"①这种意思比较接近汉代辟邪求吉之术语"厌胜","厌胜"实即"压胜",谓以迷信的方式"镇压"住祸患。《汉书》载枚乘上吴王谏书有云:"马方骇鼓而惊之,系方绝又重镇之。"②"重镇之"即"重压之",犹雪上加霜。《潜夫论·爱日》:"治讼若此为务,助豪猾而镇贫弱也,何冤之能治?"与"助豪猾"对举,"镇贫弱"之"镇"显然是镇压、压制之义。班固《西都赋》:"禽相镇厌,兽相枕藉。""镇厌"即"镇压"也。这些相对晚起表"强制"义的"镇压"或"镇制",与早期表"安"或"安定"之义的"镇"字(包括与之相近的同义换读之字)可以说区别非常明显。

二、"绝对"与"相对":《老子》思想世界的现实图景

如前所述,裘先生之文既把今本37章"镇"字理解为强制义的"镇压",因此对《老子》之"无为而无不为"也有一个较之以往主流

---

① 段玉裁:《说文解字段注》,成都古籍书店,1990年,第748页。
② 《汉书·贾邹枚路传》,中华书局,1962年,第2359页。

意见很不一样的理解,即:"'无为而无不为'之语的含义可以阐述如下:没有任何不合'道'的行为,而对应做的合'道'的事则没有不去做的。只有这样解释,才能符合老子的真实思想。"前一句"没有任何不合'道'的行为"这与主流意见倒基本一致,而后一句"对应做的合'道'的事则没有不去做的",则与主流意见有很大不同:传统的主流意见一般把"无为而无不为"理解为"手段"与"结果"的辩证,即通过"无为"(也就是裘文所谓的"没有任何不合'道'的行为"),因任物(包括"百姓")之自为,从而达到"无不为"的目的。如果通读裘先生之文,就可以发现,所谓"没有不去做的",实际上就是"无所不用其极",这种"无所不用其极"的手段就包括前述约束、镇压"民众的措施。由此可以看出,裘先生对今本 37 章"镇"字的理解其实是其"无为而无不为"新说的一个重要前提。但今本 37 章"镇"字本义如上文所说本来就非"强制"义,因此这个前提其实是靠不住的。裘先生之文曾区分"合道"与"不合道"的两种"为",在此背景下,"对应做的合'道'的事则没有不去做的"——只要"合于道",就可以"无所不用其极",问题是"无所不用其极"的做法,特别是那些约束、镇压民众的措施怎么还能说是"合于道"的呢?裘文是这样解释的:"老子清楚地认识到,在他所处的时代,仅像传说中的远古圣王尧舜法天道之无为那样法'道'之无为,是不可能达到感化百姓、使整个社会合乎他的理想的目的的。"因此他对老子"无所不用其极"地镇制民众却又认为这"合于道"的矛盾说法解释云:"这种态度跟行'无为'之治的舜'恭己正南面而已'的态度是截然不同的……'圣人'所要'为'的,已经远远超出了以本来意义的'无为'为其形式、也可以说是以'不见其为之之迹'为其特点的'为'的范围了……所以,虽然圣人的很多行为已经难以概括在本来意义的'无为'之中了,但在老子看来,这些行为还是合乎'恒无为'的"道"的精神的。"这等于说《老子》思想中是存在严重矛盾的。关于这一点,裘先生自己也看得很清楚:"老子认为圣人应该采取的那些'镇'民措施,按我们的眼光来看,并不是'辅万物之自然',而是违背'万物之自然'的,因而实际上也是违背'恒无为'的'道'的精神的。"明明是不合于"道"的,老子怎么又会认为他们合于"道"呢?换句话说,《老子》一

再论《老子》"无为而无不为"思想的理解问题

书的思想中是否存在上述如此严重的矛盾和冲突呢？实际上，我们前文已经说过今本 37 章"镇"字是不能理解为"强制"义的"镇压"的，而此章提出要"镇之"以"无名之朴"并且说"夫亦将无欲，不欲以静，天下将自定"①，所谓"无名之朴""知足"云云，明显都是退处义的；尤其是"万物将自定"，今本 32 章还说"民莫之令而自均"，所谓让民"自定""自均"云云，这足以证明对民"无所不用其极"的强制手段其实是很可疑的。至于裘先生文提出的今本 3、49、65、74 等章那些所谓"愚民"甚至激烈的表述，并因此往"强制性"方面解释，我们认为这些对老子思想的理解也多是值得商榷的，下面分别试作讨论。

首先，我们认为裘先生对今本《老子》74 章恐怕存在严重的误读。今本 74 章有云"若使民常畏死，而为奇者，吾得执而杀之，孰敢"，裘先生由指 37 章"镇"字具有"强制"义，进而讨论到这几句说："仅靠这类措施还不能真正镇压住所有的'欲作'之民，所以他说'若使民常畏死，而为奇者吾得执而杀之，孰敢'（74 章），可见老子认为对合乎'道'的秩序有严重危害的'为奇者'是需要抓起来杀掉的。这说明，老子清楚地认识到如果真的要想使当时的社会合乎他理想中的'道'的精神，是必须采取包括杀掉'为奇者'那样激烈的行为在内的各种'镇'民措施的。"37 章"镇"字之"强制"义，如上文所论，本来就是不存在的，而且其手段"无名之朴"本来也有明显的退处义，因此所谓"镇压"就属凿空之论。而且，37、74 章语境本来就不同，这样的连类而及其实也是不合适的。至于裘先生对 74 章内容本身的解读，问题就更大。裘先生说为了镇压住"不合道"的"为奇者"，老子主张是必须要"杀掉"的，这不只是强制，已经等于残暴了，

---

① 今本"无欲""不欲"之"欲"，帛书乙本作"辱"，北大汉简本同，乃音近假借，无关文理解。但郭店简本"无欲""不欲"一律作"知足"，则是明显的不同。《庄子·天地》篇云："古之畜天下者，无欲而天下足，无为而万物化，渊静而百姓定"，其"无欲"与今本《老子》该章同，且"渊静而百姓定"，也隐与"不欲以静，天下将自定"合，可能作者所见《老子》已与今本同。另外，今本"天下"，帛书本、北大汉简本作"天地"，而郭店简本作"万物"，由该章前文"万物将自化"看，郭店简本明显为优。

213

老子果如此乎？我们来看今本74章的全文：

　　民不畏死，奈何以死惧之？若使民常畏死，而为奇者，吾得执而杀之，孰敢？常有司杀者杀，夫代司杀者杀，是谓代大匠斫。夫代大匠斫者，希有不伤其手矣。

　　览该章全文可知，所谓"若使民常畏死，而为奇者，吾得执而杀之，孰敢"，明显是个假设性的条件句："若使民常畏死"的条件下，如果"为奇者"，才"执而杀之"。现实的情况是"民不畏死"（今本72章的"民不畏威"类此），这是该章开宗明义讲到的事实。有鉴于此，老子才说"奈何以死惧之"？既然不能"以死惧之"，如何能说老子对于"不合道"者明确要主张"杀掉"呢？"若使民常畏死……"云云，明显是个假设性的条件句，而这种假设由该章的第一句看，本来就是不存在的。因此，我们认为裘先生对于该章是完全误解了老子的意思，因此，其所持的老子为了"镇压"住"为奇者"，不惜"杀掉"他们的主张，明显也是有问题的。

　　再来看今本49章。裘先生之所以从该章中提炼出老子明显强制性的"镇民"举措，一个重要前提是对"圣人之在天下歙歙焉"一句中"歙歙"的释读。裘先生认为"出现在这里的迭音词形容的应该是一种迫不及待、唯恐来不及的态度"，说白了就是一种汲汲用世的态度，连带下文的"为天下浑其心"，也被理解为要汲汲于堵塞民智的强制之举。"歙歙""为天下浑其心"即便真能这么理解，那我们如何解释该章开头就讲的"圣人无常心，以百姓心为心"？就"以百姓心为心"一句而言，不是任百姓自为乎？另外，该章最后一句"百姓皆注其耳目，圣人皆孩之"，裘先生将"孩"理解为"关闭"，同样认为这说明圣人要堵塞民智。但揆诸该章原文，一则说百姓"注其耳目"，二则云圣人却"孩之"，明显是说"圣人"与"百姓"的各自不同选择，理解为圣人要强制性地强人以就己、"孩"百姓之耳目，我们认为也是不妥当的。关于圣人并非要强制性地强人以就己，我们再来看今本20和70章的表述：

　　众人皆有余，而我独若遗。我愚人之心也哉！沌沌兮。俗人昭昭，我独昏昏；俗人察察，我独闷闷……众人皆有以，而我独顽且鄙。

(20章)

吾言甚易知、甚易行。天下莫能知,莫能行。……知我者希,则我者贵。(70章)

20章刻意强调"众人"("俗人")皆如何,而"我"(老子自谓)则是另一番样子:只是突出老子自己特立独行,与众不同,并没有要强人以就己。70章他自己甚至认识到自己的特殊主张"天下莫能知,莫能行"(有点无可奈何),而所谓"则我者贵"明显也是建议性的,顶多也不过是其自言的"天下正",即要立身为"众人"("俗人")垂范,也不是强制性的。① 如果再联系今本57章的"我好静而民自正",64章"是以圣人欲不欲,……学不学,复众人之所过,以辅万物之自然而不敢为",所谓"我好静""欲不欲""学不学",以及"复众人之所过",甚至"辅万物之自然而不敢为",明显都是退处义的,尤其是57章的"民自正"就更为显豁,既然"民"能"自正",怎么能理解为圣人要"汲汲"地强人以就己呢?关于老子并非要强人以就己,《庄子·天下》篇的一个说法亦可为佳证,其指老聃学派的特点是"常宽容于物,不削于人",所谓"宽容于物,不削于人"不但明显与"强人以就己"抵牾,至于强制性的"镇压"就更不可想象了。

至于今本3章和65章所涉"愚民"的问题,我们拟重点讨论一下。为论说方便计,兹将这两章全文列之如下:

不尚贤,使民不争。不贵难得之货,使民不为盗。不见可欲,使民心不乱。是以圣人之治,**虚其心,实其腹,弱其志,强其骨;常使民无知、无欲**,使夫**智者不敢为**也。为无为,则无不治。(今本3章)

古之善为道者,非以明民,将以愚之。民之难治,以其智多。故以智治国,国之贼。不以智治国,国之福。知此两者,亦稽式。常知稽式,是谓玄德。玄德深矣、远矣!与物反矣。然后乃至大顺。(今本65章)

---

① 刘笑敢先生曾引20章的"我愚人之心也哉"指出:"……要愚笨都是愚笨(包括圣人——笔者按),要淳朴都是淳朴,绝不是自己要聪明,别人要愚笨的意思"(刘笑敢:《老子古今》,第664页),也注意到关于"愚"的要求,"圣人"也是包括在内的。这其实即说明圣人首先是要以"愚"垂范的。

上述两章中的画线部分都是明显反智主义或曰"愚民"色彩的表述,这一点不必讳言。但至于他为何会提出这样的思想主张以及老子之"反智"究竟到什么程度,我们却需要有一个客观的评价,不能简单化。

先来说一下老子为何会提出这样反智主义的思想主张。郭店简问世以后,关于《老子》一书的年代,包括裘锡圭先生在内的大部分学者,大多都认识到近代疑古派的意见不足信,《老子》一书还是传统的看法即与老聃本人关系密切。既然这样,我们就要联系老聃所处的春秋时代来看待这一问题。关于这一点,我们在上编已经指出,春秋时期旧礼的崩颓是理解《老子》思想的基础性背景(以下简称"礼文")。关于老子之反智,文中专门提到《诗·大雅·皇矣》的"不识不知,顺帝之则",历来解老者罕有提到,其实很值得深究。《淮南子·诠言训》就曾引这两句诗来讨论不要用"智"以及"无为"思想的重要性,其文云:"故圣人不以行求名,不以智见誉。……故《诗》曰:'弗识弗知,顺帝之则'。有智而无为,与无智者同道;有能而无事,与无能者同德……有智若无智,有能若无能,道理为正也。"可见这两句诗与老子所谓"反智"确存在思想关联。然则,何谓"不识不知"?毛传无说,郑笺解为"不识古,不知今",但这样如何能"顺帝之则"?晚近说《诗》者解为"生而知之",不待问学而合于道(这与老子之说"为学日益,为道日损"也很相近),①但这也只是点出知识从哪里来的问题,对于知识是什么则没有涉及。案诸《诗》义,这里的"识"与"知"肯定是反面的。既是反面的,这里的"识"与"知"就不会是一般的生活之"知"。从下句的"顺帝之则"来看,这里的"识"与"知",其实主要是想强调那些纳于轨范的知识。就像《大雅·假乐》云"不愆不忘,率由旧章",所谓"率由旧章"即"纳于轨范的知识"。值得注意的是,《淮南子·诠言训》同篇也正是从反智角

---

① 马瑞辰说诗已经注意到高诱注《吕览·本生》"不言而信,不谋而当,不虑而得"即曾引《皇矣》这两句,且高氏注《淮南子·修务训》的"不待学问而合于道,尧舜文王也"亦引这两句。近世黄淬伯解诗,直谓这两句"犹老子尚清净无为之义也",马、黄二氏之说,确属卓识。具体意见,参黄淬伯:《诗经覈诂》,中华书局,2012年,第405页。

度理解"不愆不忘,率由旧章"的,其文谓:"君好智则倍时而任己,弃数而用虑,天下之物博而智浅,以浅澹博,未有能者也。独任其智,失必多矣。<u>故好智,穷术也</u>。"在上举"礼文"中,我们曾专门举了《左传·僖公九年》秦国公孙枝在评价晋国夷吾时曾引《大雅·皇矣》的这两句诗,从中我们亦不难窥见何谓"纳于轨范的知识"。夷吾为求入晋为君,向秦国行贿以求支援,但又对自己的行贿之举大言不惭地说:"人实有国,我何爱焉?入而能民,土于何有?"当秦穆公向郤芮咨询夷吾之为人时,郤氏还继续为其文过饰非,说"夷吾弱不好弄,能斗不过,长亦不改"——明明是一个寡廉鲜耻之人,却被郤氏说得像温恭君子。杨伯峻先生解"不识不知"为"不假后天知识",①有点泥于《诗》的语境且过于笼统。其实更准确一点说,公孙枝明显针对的是夷吾、郤氏一伙这样诡谲的"识"和"知",这样的"识"和"知"就不会是"纳于轨范的知识",因此它们既不能"顺帝之则",也不会"率由旧章"。我们认为,老子上述两章的反智包括19章的"绝智"(简本),其实也不妨在"顺帝之则"和"率由旧章"下来理解。老子反对的"智",肯定不是一般的生活之"智(知)",而应该是诡谲之"智",②就像我们不能以《皇矣》篇所载说"帝"嘉许文王应该"不识不知"地像个傻子。当然,春秋中晚期为应对社会乱局,社会上"诡谲"之心智越来越多,老子提出这样的主张就更有针对性。在上举"礼文"中,我们专门对此有过讨论,兹不惮烦琐,具引如下:

春秋以降,旧礼的崩颓和新知识、新情况的产生是个共时推进的过程。为了应付新情况必须要有新手段和新知识,所以郑子产的作丘赋、铸刑书都是不得已的应变之举。③但这些东西在守旧者看来恰是有违礼制的不好心智,如郑浑罕评价子产作丘赋时所说"政

---

① 杨伯峻:《春秋左传注》,第331页。
② 彭裕商、吴毅强先生谓"一般的知如吃饭、睡觉、劳作等是不能弃绝的",甚是。他们认为老子真正要弃绝的是"分辨之知"(《郭店楚简老子集释》,第5页),按我们的理解,相对于一般的生活之"知",老子所反对的"知"(智),按照当下的流行语,似乎可以称为"知+"。
③ 昭公四年其云"苟利社稷,死生以之",昭公六年面对叔向的指责也说"吾以救世也"。

不率法,而制于心",叔向批评子产铸刑书时也说"并有争心,以征于书""民知争端矣,将弃礼而征于书"。这与《老子》65章之"民之难治,以其智多。故以智治国,国之贼;不以智治国,国之福"何其相似!一方面是为政率由己之心智不循旧法(即《假乐》之"旧章"——笔者按),另一方面新搞出的刑书、刑鼎之类也引得老百姓竞而征之,从而"弃礼",可以说,这些新的知识门类在当时保守者看来已成为祸乱之源……

由于"新的知识"或者"争心""不好心智"已成为当时的"祸乱之源",这才是我们理解老子反智主张的钥匙。今本3章主要意思就是强调"不争",所谓"尚(上)贤""难得之货""可欲"这样一组容易动摇心智、诱启争斗的排比,均应在这一背景下理解:他针对的就是当时天下纷纷,竞于为智之潮流。像12章的"五色令人目盲,五音令人耳聋,五味令人口爽,驰骋畋猎令人心发狂,难得之货令人行妨。是以圣人为腹不为目"与3章的主张类似,所谓"五色""五音""五味""难得之货"云云,也都是动摇心智、诱启争斗的东西,52章的"开其兑,济其事,终身不救"同样也是措意于此。《国语·周语中》有云:"昔我先王之有天下也,规方千里以为甸服,……内官不过九御,外官不过九品,足以供给神祇而已,岂敢厌纵其耳目心腹以乱百度?"所谓"岂敢厌纵其耳目心腹以乱百度",显然也是看出一味地满足耳目心腹等感官会"乱百度",其立意与《老子》12章正同。另外,《左传》又云:"凡有血气,皆有争心,故利不可强,思义为愈。"极言"争心"容易趋"利",这里的"利"也多是上述耳目感官之欲,故《老子》提出上述反智的主张是并不奇怪的。诚如前述3章所云"使夫智者不敢为",其反"智"显然是有强烈针对性的。

不过,《老子》思想的特别之处还在于,他在提出一些"绝对性"的极端反智主义表述的同时,如果细读其文,其实他的包括"反智"在内的一些极端提法又是有分寸的。在上举《礼》文中,我们曾经指出《老子》并非不分青红皂白地反对一切的"货"和"智"。比如,既云"不贵难得之货"(12章"难得之货令人行妨"、64章"是以圣人欲不欲,不贵难得之货"类此),那一般的"货"并没有否定;"不见可欲",那一般的"欲"也没有否定。① 简本相当今本46章开头有"罪莫厚乎甚欲","甚欲"显然是过分的"欲",并非说所有的"欲"都不好。"弱其志",就不是无"志"。有人可能觉得笔者区分"难得之货"与"一般的货","不见可欲"与"一般的欲","弱志"与"无志"有点近乎吹毛求疵。殊不知,这正是老子思想世界的现实。老子思想世界中这种"绝对性"的极端化表述和"相对性"的现实性表述是同时存在的。我们不只要看到"绝对性",还要看到"相对性"。很多时候,老子中的"绝对性"表述只代表一种终极的理想,而那些"相对性"的着眼于"量"之控制、节制性表述才是现实的选择。② 就以上举3章来说,"常使民无知无欲","无知无欲"就是"绝对性"的极端化表述,65章"反智"的"非以明民,将以愚之"也近似,但65章同时又说"民之难智,以其智多",那就说明"智少"就相对无碍,而"智少"就非"绝对性"表述。其33章甚至说"知人者智",同样也没有对"智"一概排斥。另外,清华简《治邦之道—治政之道》说"众多智则反禀政",又云"彼上圣则众愚疲,愚疲则闻命……",其反对"多智"与主张民众要"愚疲"之说与《老子》65章非常接近。③ 郭店简本相当今本57章有云"人多智而奇物滋起"④,导致"奇物滋起"的"多智"同样是"相对性"表述,也与65章的"智多"同。与之类似的"相对性"表述,还有今本75章"民之饥,以其上食税之多,是以饥",既然"食税之多"导致"民之饥",那么"食税之少"看来就相对太平,这也是"相对性"表述。这种"相对性"的典型表述,还可举今本57章

---

① 即如《左传·襄公三十年》子产所云:"无欲实难"。
② 关于"相对性"也是可以接受的,刘笑敢先生也指出老子并不反对人民的基本生存需求(参前揭刘著《老子古今》,第201—202页)。
③ 《庄子·天下》篇载慎到之学,"去知"是其显著标签,如谓"不谋于知""弃知去己""知不知""无用知之累",似乎发展了老子关于"知(智)""绝对性"主张的一面。考虑到慎到之学为战国显学,彼时持此说者应不在少数。又,上博楚简有《慎子曰躬俭》一篇载慎到之说,但篇幅比较简短,且未见"去知"之说。该篇释文可参林志鹏:《战国诸子评述辑证——以〈庄子·天下〉为主要线索》,复旦大学出版社,2014年,第124页。
④ 今本"智"作"伎巧"。

(郭简有此章)"天下多忌讳,而民弥贫。民多利器,国家滋昏。人多伎巧,奇物泫起。法令滋彰,盗贼多有"①,其中,"天下多……,民弥……","民多……,邦家滋……","人多……,奇物滋……","法物滋……,盗贼多……",是非常规律性的一组排比,都是说什么东西"多"了,才会导致更加不可收拾的局面。前面的所谓"多",也是"相对性"表述。与之类似的还有44章的"甚爱必大费,多藏必厚亡","甚爱"与"多藏"也是指"量"上不加节制,着眼的还是"相对"的"量"的控制。还有今本61章的"大国不过欲兼畜人,小国不过欲入事人",屡言"过欲",仍然是措意于"相对"的"量"的控制。

与这种"相对性"对应,《老子》中还有不少着眼于"分寸"的把握,就是不走极端、适可而止,用老子自己的话说就是"知足""知止",比如:

夫亦将知止,知止可以不殆。(32章)
夫亦将知足,知足以静,天下将自定。(37章 简本)
知足者富……知足不辱,知止不殆,可以长久。(44章)
祸莫大于不知足,故知足之为足,此恒足矣。(46章 简本)

还有一些虽无"知足""知止"字样,但明显也是强调不走极端的:

持而盈之,不如其已;揣而锐之,不可长保。(9章)
保此道者,不欲盈。(15章)
物壮则老,是谓不道。(55章)

主张避免满"盈"、规避"物壮",同样是不走极端的"相对性"表述。不过,有意思的是,像上举57章中那样非常强调"相对性"的一组排比,老子推理的结果却是"绝对性"的:"以无事取天下","我无为而民自化","我无事而民自富","我无欲而民自朴"。所谓"无事""无为""无欲",都是"绝对性"表述。但如果我们能注意到他前面那么多"相对性"的前提,就可以知道他的这些"绝对性"表述不过是一种理想,或者说一种"高标准"。正因为"绝对性"在《老子》那

---

① "法令",从郭店简本、帛书本、北大汉简本看,本当作"法物"。

里只代表了一种理想或者最高境界,因此他们出场的方式总是以"圣人"或与"道"有关的角色领起,比如上举涉及反智的3章、12章、65章就是如此:

是以<u>圣人</u>之治,虚其心……(3章)
是以<u>圣人</u>为腹不为目……(12章)
古之善为<u>道</u>者……(65章)

这种以"圣人"或与"道"有关的角色领起的例子,我们还可以举出以下:

是以<u>圣人</u>去甚、去奢、去泰。(29章)
<u>大道</u>泛矣,其可左右……万物归焉,而不为主,可名为大。以其终不自为大,故能成其大。(34章)
是以<u>圣人</u>终不为大,故能成其大。(63章)
是以<u>圣人</u>方而不割,廉而不刿,直而不肆,光而不耀。(58章)

以上都可以说代表了老子推崇的最高境界。① 而且,其频频云"圣人"该如何如何,言下之意,他的这种理想图景更多的是为"圣人"而非为"民"设计的,那就更不可能是要强人以就己了。

《老子》中"绝对性"与"相对性"的并存,还体现在老子对一些主张看似自相矛盾的表述上。比如,我们都知道老子多言"无欲",但他同时也说"寡欲","无"与"寡"就不是一个概念:一个"绝对",一个"相对"。再者,他既言"无私"(7章),也说"少私"(19章),"少"就不是"无"。尤其是他对"言"的态度,就更能体现这种"绝对"与"相对"的并存。关于"绝对",老子屡言"不言":"是以圣人处无为之事,<u>行不言之教</u>"(2章),"<u>不言之教</u>,无为之益,**天下希及之**"(43章)。关于"相对",老子又说"多言数穷,不如守中"(5章),在"言"上"守中",就明显是"相对"而非"绝对性"的。因此他还说:

---

① 关于境界高下的区分,《老子》还常有另外一些很有特点的表达方式,如"太上,下知有之;其次亲誉之……"(17章),"上德不德,是以有德;下德不失德,是以无德……"(38章),"上士闻道,勤而行之,中士闻道……"(41章),所谓"太上……其次""上德……下德""上士……中士"云云,均有境界高下之别。

221

"善言,无瑕谪"(27章),也就是说并非什么都不说,关键是要"善"说。再如《老子》书中最有名的"无为",也是"绝对性"的,但他同样也说"为而不恃"(2章、51章、77章)、"为而不争"(81章),这说明还是要"为"的,只是要对"为"进行"相对性"的控制,包括其看似矛盾的"为无为"(3章、63章),也同样如此。就思维方式上看,69章还有"行无行,攘无臂,扔无敌,执无兵",所谓"行无行"云云者与"为无为"类似。

综上所论,我们认为应该在"多事"的前提下,理解老子的"无事";在"多为"的前提下,理解的老子的"无为";在"多欲"的前提下,理解老子的"无欲"。"绝对性"在老子那里只代表了一种理想或者最高境界,除此之外,"相对性"的控制(如"少私""寡欲")同样也是为《老子》所能够接受的,①学者或称其为做"减法"(相对世俗"多"的追求),②正是着眼于"相对性"的"量"的控制。由于《老子》思想世界中"绝对性"与"相对性"并存,这就提醒我们不能片面夸大其中的"绝对性"而忽视其中的"相对性"。即如上举其书中的一些近乎"愚民"的反智表述,如果无限夸大其"绝对性",就会将其解读为操作上非常具有强制性的治民举措,这反而从整体上与其"无为"思想陷入逻辑矛盾。其实,即便是"愚",也是"相对"的,只是强调不能多"智",并非要百姓去做"绝对性"完全"无知"的傻子。我们举比《老子》更极端的《庄子》为例,其《山木》篇描述理想的"建德之国"(与《老子》"小国寡民"类似)景象云:"其民愚而朴,少私而寡欲。""少私而寡欲"与今本《老子》19章基本一致,如上文所言,其中"少"与"寡"都是"相对性"的。《庄子》将其与"愚而朴"并列,"愚"显然也只能是"相对性"的,并非在"知"上一定要是一张"白板"。另外,诚如上文所提到的,即便是推崇反智的"愚",《老子》很多时候也是强调"我"或"圣人"要率先垂范,并非首先要强百姓以就己,这也符合其让百姓"自定""自均"的主张,

---

① 类乎《左传·襄公三十年》所引《郑书》:"安定国家,必大焉先。"
② 王中江:《根源、制度和秩序——从老子到黄老》,中国人民大学出版社,2018年,第244页。

再论《老子》"无为而无不为"思想的理解问题

同样与"强制性"无涉。顺便还要提到,今本37章"夫亦将无欲,不欲以静,天下将自定",其中的"无欲""不欲"显系"绝对性"表述,但郭店简本却一律作"知足",着眼于"量"的控制,不是彻底的"无欲",显系"相对性"表述。这说明《老子》文本在流传过程中有些文句或语词由最初的"相对性"走向了彻底的"绝对性",这显然是重大变化,非常值得关注。

三、《老子》"无为而无不为"思维模式的内证

再回到关于"无为而无不为"的讨论。郭店简相当今本48章的内容为:

为学日益,为道日损。损之又损,以至于无为,**无为而无不为**。取天下常以无事,及其有事,不足以取天下。

就本章的语义来看,"无为而无不为"本来是顺着"为学日益,为道日损"一句来说的,而这一句本来是讲知识论(为学)或人生修为的,其后才过渡到治国层面:"取天下常以无事……"而且这个"治国",也强调"常以无事",所以我们认为把"无不为"往"无所不用其极"方面理解明显是有欠妥当的。其实,与今本48章相邻的47章同样是有关知识论的:"不出户,知天下;不窥牖,见天道。其出弥远,其知弥少。是以圣人不行而知,不见而名,不为而成。"我们怀疑这样两章前后相次恐怕不是偶然的。值得注意的是,该章最后说"圣人不行而知,不见而名,不为而成",尤其是最后的"不为而成"——"不为"却"成"了,其实即"无为而无不为"的同义语——"不为"却达到了"无不为"的效果,同样也是"成"了。

说到"不为而成"乃"无为而无不为"的同义语,其实《老子》一书中类似表达很多,像传统主流意见那样理解成"手段"与"结果"的辩证是有充分文本依据的。如前所述,早在郭店简《老子》公布之初,廖名春先生即由今本48章楚简中的面貌,专门撰文指出:"无为

223

《老子》探源与古义新证

而无不为"乃《老子》固有之思想,非如郑良树、高明等学者认为的乃后人妄增。① 不过,廖先生之文为裘先生失引,不能不说是个遗憾。廖文的价值除了最早指出"无为而无不为"乃《老子》固有之思想,还在于从思维方式和思想体系角度指出《老子》书中还有不少与"无为而无不为"非常相近的表述。这种《老子》书中的内证,较之裘文所举的晚出之《庄子》无疑更为直接。廖文举出的在思维方式上与"无为而无不为"类似表述还有:

为无为,则无不治。(3章)

以其不自生,故能长生。是以圣人后其身而身先,外其身而身存。非以其无私邪!故能成其私。(7章)

是以圣人抱一,为天下式。不自见故明,不自是故彰,不自伐故有功,不自矜故长。夫唯不争,故天下莫能与之争。(22章)

以其终不自为大,故能成其大。(34章)

故大国以下小国,则取小国。小国以下大国,则取大国。(61章)

江海所以能为百谷王者,以其善下之,故能为百谷王。是以欲上民,必以言下之。欲先民,必以身后之。是以圣人处上而民不重,处前而民不害。是以天下乐推而不厌,以其不争,故天下莫能与之争。(66章)

慈故能勇,俭故能广,不敢为天下先,故能成器长。(67章)

夫唯病病,是以不病。(71章)

上举各章画线部分,与"无为而无不为"在思维方式上均高度一致,即属廖文指出的"以退为进"的思维方式,"无为"是退,"无不为"是进。除了廖文指出的,还可增补如47章的"不见而明,不为而成"。63章"是以圣人终不为大,故能成其大",此句与34章属"同文复出",简本相当63章对应的文句作"是以圣人犹难之,故终亡难",但就表达以退为进这层意思来讲,也是一致的。另外,今本64章的"是以圣人无为故无败,无执故无失","无为"却最终能"无败",其实也与"无为而无不为"的思维方式一致。当然,对于上述

---

① 廖名春:《老子"无为而无不为"说新证》,《中国哲学》第二十辑,辽宁教育出版社,1999年,第148页。

再论《老子》"无为而无不为"思想的理解问题

《老子》中的"内证"辞例,裘先生也注意到了,但裘先生从训诂角度坚持自己的看法,其说云:

……从训诂学上看,古书中的"为"字虽然有被训为"成"的,但除了个别训诂学家提出的个别难以确信的例子外,一般都当"成为,变为"讲。还有一种在古代比较常见的用法,是当"成熟,长成"讲,如"岁不为"(《墨子·杂守》)、"鱼大为"(《春秋繁露·五行逆顺》)、"黍麻为"(马王堆帛书《天文气象杂占》)等,而罕见把事成、功成的意思说成"为"的。陈鼓应把"无不为"直接译成"无不成",显然不可取。就是像刘笑敢那样尽量使"无不为"的意思向"无不成"的方向靠,也是不妥当的。

裘先生认为从训诂上说"无不为"不能像陈鼓应、刘笑敢等主流学者所说的那样理解为"无不成",其实上举47章已经明确说"不为而成","不为"与"成"连言,也就是说,"成"确实可以讲成"不为"即"无为"之效果的,然则,用"无不为"来表达有何不可呢?《淮南子·主术训》"众智之所为,则无不成也","成"正是被当成"为"之效果来讲的。当然,对于47章这样的辞例,裘先生也是排除的,其说云:

……47章的"不为而成"大概是指一些比较具体的事的,如63章所说的"是以圣人终不为大,故能成其大"(34章有类似的话)等,情况跟概括性的"无为而无不为"有所不同。不过,从这句话看,老子在该章中如果确要表示主流派所理解的那种意思,他在此章末句似也应说"无为而无不成",而不应在句末使用意义不明确的"为"字。

47章的"不为而成"是相对于前面的"不行而知,不见而明",说"行"与"知"是"比较具体的事"犹可理解,但说"不为而成"也是具体性的事,恐怕就难以让人信服。其实,前文已经提到,"无为而无不为"放到今本48章的语境下,本来是讲知识论的,反而是具体的,并非裘文理解的"概括性",尤其又是专门针对国家治理的。退一步说,即便"不为而成"与"无为而无不为"真有"具体"与"概括"的区别,但这与思维方式是两个问题。裘先生把"不为而成"纳入讨论范围但又指其所涉乃"具体的事",在我们看来,这其实已经等于承认两者在思维方式上的一致。至于说"老子在该章中如果确要表示主流派所理解的那种意思,他在此章末句似也应说'无为而无不成',而不应在句末使用意义不明确的'为'",这其实已经有点苛责古人了。

顺便我们还想说一下今本 37 章的"道常无为而无不为"。裘先生参酌郭店简本与北大汉简本,力证本句本当作"道恒无为也",即没有后面的"无不为",可信。但以此为前提,裘先生是想论证"道"只能"无为",而"无不为"即为了治理好国家"无所不用其极"的只能是"为道者",其说云:

总之,根据我们上面的分析,《老子》原文在讲"道"的时候只说"道恒无为",只有在讲"为道者"应该达到的境界时,才说了"无为而无不为",今传各本讲"道"时所用的"无为而无不为"之语绝非《老子》原文所有。

裘先生的这一看法也是笔者不能同意的。其实,既然"道"是"无为"的,"为道者"或者"圣人"又是以法"道"为标准,两者的行事方式应该一致,不可能一个"无为",一个"无所不用其极",这首先从逻辑上就说不过去。何况,"为道者"或者"圣人"那种"无所不用其极"的"无不为",如上文所论,本来就是不存在的。另外,我们认为"道"同样也是"无不为"的,这里可以举《老子》中的一个内证,今本 34 章云:

大道泛兮,其可左右。万物恃之而生而不辞,功成不名有。衣养万物而不为主,常无欲,可名于小。万物归焉,而不为主,可名为大。<u>以其终不自为大,故能成其大</u>。

该章从"大道泛兮"以下,虽然一口气说了很多,但主语无疑只有一个,即"大道":"万物恃之以生""衣养万物""万物归焉"的可以说都是它。关键是最后一句"以其终不自为大,故能成其大",其中的代词"其",也只能是"大道",而所谓"终不为大,故能成其大",如

再论《老子》"无为而无不为"思想的理解问题

上引廖名春先生所言,与"无为而无不为"一样,其实都属于以退为进的思维方式。虽然"终不为大",但最终却"成其大",这不正是"无不为"么?既然如此,怎么能说"道"就不能"无不为"了呢?另外,由郭店简及北大简本看,今本37章的"道常无为而无不为",其中"无不为"虽属衍增,但性质上应属"同文复出",即《老子》在流传过程中后人根据其思想的特点而妄加的。① 而且,我们认为这一例衍增的"无不为"还是符合《老子》特别是其关于"道"的思想。② 只不过,由于衍增所带来的辞例量上的增加,客观上也给人以老子要刻意强调这种思想的感觉,这正是学者所指出的《老子》在流传过程中的"思想聚焦"。③ 其实,如果我们不纠结于"无为而无不为"这种字面上的表达,诚如上举廖名春先生文所指出的那样,类似的思维方式其实是很多的,也就是说这是《老子》思想中一贯的、非常有特点的现象。这的确是"思想聚焦",但却是本来就有的,并非《老子》文本在流传过程中由于内容衍增或文句调整所导致。

上举《大雅·皇矣》的"不识不知,顺帝之则",我们曾指出其与老学特别是其"反智"主张相关联。关于老子的"无为"思想,我们认为它可能也是前有所承的。当然,关于《老子》"无为"思想的起源,上举裘先生之文也用了不小的篇幅讨论。裘先生认为老子之"无为"系从自古的"天道无为"化来,这代表了一种更为本体论的思考

---

① 宁镇疆:《〈老子〉"同文复出"现象的初步研究》,《〈老子〉"早期传本"结构及其流变研究》,学林出版社,2006年,第279页。
② 裘先生认为今本37章"而无不为"系根据《庄子·则阳》加上去的,其说云:"以'无为而无不为'作为道起作用的特点似即始自《则阳》,《则阳》篇的作者是战国时人,其所见《老子》应与简本相近,他应该是由于看到老子说'为道者'所达到的最高境界是'无为而无不为'(48章),而主观推定'无为而无不为'本是道起作用的特点,圣人是仿效道的;其实老子并没有说过道是'无为而无不为'的。"今本衍增"而无不为"是否系据《则阳》而来实难邃断,而裘先生所说之理由还是坚持"道"不能"无不为",这也是我们不能同意的。顺便说一下,依裘先生意见,《老子》之后文献中最早使用"无为而无不为"的《庄子》之《则阳》《至乐》《知北游》《庚桑楚》四篇都不足以理解《老子》之"无为而无不为",我们也有不同意见。论题所限,就不在此展开了。
③ 可参刘笑敢:《老子古今》,第50—59页。

路向。其实,如果我们承认老子"无为"思想提出的背景是有感于当时统治者的多欲、用智和折腾,希望清静自正,无为自化,那么这种"无为"思想其实是很有针对性,也是很现实的。《诗·王风·兔爰》有云:"我生之初,尚无为。我生之后,逢此百罹。"其中明云"无为",毛传解为:"尚无成人为也。"郑笺则云:"庶几于无所为,谓军役之事。"郑笺说得无疑更为明晰:所谓"我生之初"的"无为",主要指彼时没有那么多的劳役、军赋,与"我生之后"的"百罹"(毛传:"罹,忧")形成鲜明对比,这明显就是针对当时的国家多故(《兔爰》小序所谓"构怨连祸,王师伤败"),征民无时。该诗三章,如果联系其它两章来看,则其"无为"的所指就更为清楚了。二、三两章与"尚无为"对应的句子分别作"尚无造"和"尚无庸"。所谓"造",毛传解释就是"为",这与《郑风·缁衣》以"改为"与"改造"互文正相应。至于"庸",毛传解为"用",其实不若郑笺解为"劳"。此"庸"当即《左传·昭公三十二年》讲士弥牟为"营成周"所做准备的"计徒庸,虑材用"之"庸",指人力劳役的投入。《国语》屡见"功庸"一词,其中之"庸"亦是此义。然则,所谓"无为""无造""无庸"者,皆当是对旧时政治清明、无多扰民的思慕和怀念。如果我们与《老子》一书中的"朝甚除,田甚芜,仓甚虚。服文彩,带利剑,厌饮食,财货有余,是谓盗夸"(53章)、"民之饥,以其上食税之多,是以饥。民之难治,以其上之有为,是以难治"(75章)等主张联系起来看的话,则不难看出其"无为"思想与《兔爰》之"尚无为"是密切关联的。

"无以"与"毋已"：
再论《老子》三十九章的章旨

——兼说《老子》流传过程中的版本因承及文本校勘中应该注意的问题

昔之得一者：天得一以清，地得一以宁，神得一以灵，谷得一以盈，万物得一以生，侯王得一以为天下贞。其致之，天无以清将恐裂，地无以宁将恐发，神无以灵将恐歇，谷无以盈将恐竭，万物无以生将恐灭，侯王无以贵高将恐蹶。故贵以贱为本，高以下为基。是以侯王自谓孤、寡、不榖。此非以贱为本邪，非乎？故致数舆无舆。不欲琭琭如玉，珞珞如石。

以上为今传《老子》王弼本39章。该章就总的语义逻辑来说，有一涉介词"以"的正反两方面对比的情况："天""地""神""谷""万物""侯王"六种角色"得一"就相对太平（王注"用一以致清耳"），如果不能"得一"，则会分别出现"裂""废""歇""竭""灭""蹶"等反面情况。在出土文献发现之前，这种正反的理解基本没多大争议，但自帛书本等出土文献陆续发现之后，情况逐渐有了变化。马王堆帛书甲乙两种本子讲正面情况时依然用"以"，但讲反面情况时却一律用"毋已"。其实，"毋"与"无"，作为否定词经常混用，"已"与"以"常相假借，①这种不同对于该章的理解很难说就构成大的改变。但高明先生注意到河上公本讲反面情况时虽作"无以"，但注文却屡屡出现"无已时"三字，推测河上公经文原貌当同帛书本，并进而认为这才是《老子》讲反面情况的原貌："因一字之差，则经义全非"，说各家对"侯王无以贵高将恐蹶"的解释"多背离《老子》本义"。他认为"'毋已'即无休止、无节制之义"。② 而且，今本"侯王

---

① 高亨《古字通假会典》第390页列为"以""已"假借。
② 高明：《帛书老子校注》，中华书局，1996年，第12—13页。

无以贵高",帛书乙本作"侯王毋已贵以高"(甲本"贵"以下残),"已"与"以"同时出现,高氏遂将"以高"的"以"不解为介词而解为连词:"如无节制地但欲贵于一切与高于一切,将恐被人颠覆。"坦率地讲,此处对"以"字的解说是非常怪异的。不过,高说后来又为刘笑敢先生所采信。① 由于郭店简未见此章,高的新见与传统看法之间孰是孰非实未可遽断。2012 年北京大学藏汉简本《老子》公布,其相当今本 39 的内容,正面一律用"以",而讲反面情况时又是一律用"毋已",与帛书甲乙本全同,这种重要的异文进一步积累了版本数量上的优势,主张其为《老子》本貌的意见也就更多了起来,裘锡圭先生采录高明的意见,虽未置评,但也提到北大本各句亦作"毋已(已)"。②

王弼在注 39 章正面部分时说"各以其一,致此清、宁、灵、盈、生、贞",注"天无以清将恐裂"时说:"用一以致清耳,非用清以清也。守一则清不失,用清则恐裂也。"③"用一"与"用清"对举,说明王氏所看到的本子确实是作"无以"的,因为"无以"之"以"可能解为"用",此与作"休止"义的"已"区别明显。同理,严遵之《老子指归》解反面情况时分别说:"天之性得一之清,而天之所为非清也……地之性得一之宁,而地之所为非宁也……神之性得一之灵,而神之所为非灵也……谷之性得一以盈,而谷所为非盈也……侯王之性得一之正,而侯王之所为非正也。"④特别突出"天""地"等五种角色的"所为","非清""非宁""非灵""非盈""非正",专门强调"手段",而且还说"得一而存,失一而没",⑤"一"的有与没有完全两样,隐约也

---

① 刘笑敢:《老子古今》,中国社会科学出版社,2006 年,第 437 页。
② 裘锡圭主编:《长沙马王堆汉墓简帛集成·老子甲本》,中华书局,2014 年,第 9 页。
③ 楼宇烈:《王弼集校释》,中华书局,1980 年,第 106 页。
④ 王德有点校:《老子指归》,中华书局,1994 年,第 10 页。《指归》此处"某某之所为非某"的解老模式,颇近《庄子·至乐》篇的"天无为以之清,地无为以之宁"。我们不排除《至乐》篇作者说这话时头脑中有《老子》39 章的影子,但案诸《至乐》篇的上下文,可知其主要是在讲"无为"(所谓"至乐活身,唯无为几存""两无为相合"),后世或有学者从校勘学的角度以《至乐》篇所引参校《老子》39 章者,我们认为是需要慎重的。
⑤ 王德有点校:《老子指归》,第 11 页。

"无以"与"毋已"：再论《老子》三十九章的章旨

是"无以"面貌的本子，此与《指归》本的经文一致，总归也不会是根据作"休止"义的"已"那样的本子。不过，这里要说明的是，无论是王弼把"无以清"的"以清"解为"用清"，还是严遵把类似"天无以清……"这样的结构理解为"所为"如何如何，揆诸本章的上下文，特别是前后要构成对反这样的意思，其实都是不对的。从逻辑上说，上文正面说"天""地"等五种角色"得一"才能如何，说明"一"不可或缺；那下文从反面来说"天无以清将恐裂"，"无以"的宾语其实应该是"一"，这样才能与上文"得一以清"逻辑上衔接起来，其他句亦同。关于这一点下文还有详论。

　　我们认为该章前后逻辑上构成对反，包括指出王弼、严遵在"无以"解释上存在问题，那就意味着，虽然出土的帛书甲乙本、北大简本讲反面的部分俱作"毋已"，而且我们也同意由注文看，河上公本本来的经文也是作"毋已"的，但这个"毋已"仍当读同通行本的"无以"，而不能像河上注本以及高明先生理解作"无休止、无节制"。现在，由于作"毋已"的版本在数量上有帛书甲乙、北大本这样的优势，似乎对传世本的"无以"构成了严峻的挑战。很多人似乎也觉得该章讲正、反两方面的情况，相距如此之近，但帛书甲乙、北大本（甚至河上公本）"无以"与"毋已"前后区分明显，可能"毋已"确与"无以"有别，不该用通假关系轻率"趋同"。其实，这是没有什么说服力的。我们想从两个方面来说明这一问题。首先，相距如此之近的"不同"是否足以"立异"？我们想举同样是《老子》本身的例子。如今本15章有这样的句子"孰能浊以静之徐清，孰能安以动之徐生"，但帛书甲乙本这两句作"孰能浊而静之徐清，孰能安以动之徐生"，可以看出，今本两句中的"以"，帛书前作"而"，后作"以"，但郭店简、北大简均与今本同，俱作"以"。古文献包括出土文献中"而"与"以"常相假借，①很多人因此觉得这种差异几乎可以忽略不计。但这却是相距很近的例子，甚至比39章的距离还要近，而且还有帛书甲乙这两种版本支撑，但事实证明他们在意义上是不足以"立异"的。实际上，"而"与"以"的不同可能只代表了一种用字习惯，且这种用字习

---

① 《淮南子·原道训》此处作："浊而徐清，冲而徐盈。"

惯恰巧为帛书两种本子陈陈相因。与这种陈陈相因的用字习惯相关,我们现在想来说第二个方面,那就是"毋已"这种相对一边倒的版本数量上优势,有时也是说明不了什么问题的。之所以说和用字习惯相关,那就是出土文献陆续发现以来,我们发现有些特异的语言表述甚至用字习惯,只在很小的范围中传承或存在。比如今本3章"不尚贤",31章"吉事尚左,凶事尚右",其中之"尚",出土古本几无例外地都作"上",那么其时就没有"尚"字吗?非也。郭店简相当今本15章有云"保此道者,不欲端盈",其中之"端"显然就是"尚"字,①那就说明彼时"尚"与"上"存在"共时"的情况,但上述几例出土古本却一律用"上"而不用"尚",这就是用字习惯。而且,某种无关大局的语言习惯,在一定时段或一定范围内传承性很强,并因此造成在版本数量上的堆积,但这其实对于文义的理解并不能构成颠覆性变化。比如今本65章"以智治国,国之贼",其中之"治",帛书甲、乙本作"知",北大汉简本作"智",早期文献中"知""智"经常混用,这表明两类版本于此大致相同。但揆诸该章上下文,可知无论是"知国"还是"智国"都嫌不辞,其本字只可能是"治"。《淮南子·览冥训》云"故以智为治者,难以持国",《淮南子·诠言训》"以慧治国者,始于治,常卒于乱",所谓"以智为治""以慧治国",显然本自老子65章,但其中却用的是"治"。这也说明,"知(智)"虽有三种出土文献版本上的数量优势,但终究非本字,并不足以据此"立异"。再如,今本68章"是谓配天,古之极",其中"配",帛书乙本、北大汉简本作"肥",同样有出土文献版本数量上的优势,但此字之本字仍当从传世本作"配","肥"只可能是个不约而同的假借。当然,也有帛书本与北大汉简本存在分歧,而其中一方又与传世本同,从而构成版本优势的。比如今本41章最后"善贷且成","贷"字北大汉简本与之同,传世其他各本基本都作"贷",但帛书本作"始",且此句为"善始且善成"。41章郭店简本亦有,但结尾处残掉,无从判断。从《老子》一书的表述习惯看,常以"始""终"(成)对举,强调有始有终,如"慎终如始"(64章),今本2章"作而不为始……成

---

① 今本无"尚"字。

而弗居"①,34章"万物恃之而生而不始,功成不名有"②,故帛书本的"始"当为本字,虽然传世本、北大汉简一边倒地都作"贷",其实倒是可能把假借字当成了本字。这同样反映了版本因承有时是非常顽固而复杂的。《老子》多宗出土文献发现以来,我们对版本间相承的这种顽固性已经有充分认识。再比如《老子》中"治"字习见,无论是帛书本还是北大简本均不稀奇,但今本10章的"爱民治国"之"治",帛乙却作"栝"(甲本残),应该是"治"字的形讹。有意思的是,北大简本此处竟然也出现一个形讹之字作"沽"。为何"治"字在其他地方没有错误,却在这里出现不约而同的讹误?这就反映了两种版本间相承的顽固性。同样与"治"字有关的是,今本57章"以正治国",其中"治"字帛书甲乙、郭店简本皆作"之",其实不过是小范围的传承而已,其本字仍当是"治"。裘锡圭先生说:"'治'字在帛书本和北大本中屡见,将这个诸简帛本皆同的'之'字读为'治',恐怕是有问题的。"他主张读为"持"。③ 我们觉得参考上述《老子》在流传过程中个别字词在小范围内传承的顽固性,读"之"为"持"的意见恐怕是把问题想得过于复杂了。其实,这种因版本相承而造成的数量上的优势,是不足以"立异"的。我们认为39章在帛书、北大简本(包括)中所见的"毋已"当即属于这种情形:本当为"无以"的假借,后在版本相承间被"忠实"照录,遂致河上注者就"毋已"的字面求解,但这可能本来就是个误会。

　　其实,从逻辑上看,39章无论是"天""地"等几种角色,还是"清""宁"等几种状态前后都是整齐照应的。前文从正面讲"得一"的重要性,后文从反面说如果没有这个"一"会如何,逻辑是非常清楚的。因此,如果从严格的语法角度说,"天无以清""地无以宁"

---

① 今王弼本"始"作"辞",但从其注来看,本应作"始",帛书乙本(甲本残)、郭店简本均作"始",各本间分歧可参《长沙马王堆汉墓简帛集成·老子甲本》第44页裘锡圭先生所做按语。
② 今本"始"作"辞",汉简本作"万物作而生弗辥,成功而名弗有","辥"为汉简"始"的常用字,故当以"始"为是。今很多传本的"辞",不过又是误以假借字当本字。
③ 裘锡圭主编:《长沙马王堆汉墓简帛集成·老子甲本》,第28页。

"神无以灵""谷无以盈"的诸结构,如果承上文来看,其实是省略了"得一"这样成分:天如果不能"得一"就无法"清",随之就会"裂";地如果不能"得一"就无法"宁",随之就会"废";神如果不能"得一"就无法"灵",随之就会"歇";谷如果不能"得一"就无法"盈",因此就会"竭"。也就是说,能"得一",就会"清""宁""灵""盈";不能"得一",就会"裂""废""歇""竭"。前后文无论是照应还是逻辑都是非常清楚的。经此梳理可以看出,无论是王弼的"用清",还是严遵的"所为非"如何如何,其实都是不够妥当的。"得一"既如此重要,然则"得一"谓何? 此章言"得一",10章有"载营魄抱一",22章有"圣人抱一以为天下式",俱言"抱一",它们其实义同。在《老子》的思想体系中,"一"是相对于"多"而言的,强调"得一",也就是推崇"少",这与《老子》一贯的崇尚寡欲、谦退相合,也与下文讲的"贵"要以"贱"为本,"高"要以"下"为基逻辑上相密合。① 前举刘笑敢先生既采纳高明先生的"毋已",认为只有将其理解为"无节制",这样才能解决传世本前后逻辑断裂的问题。按照我们的理解,该章前后两部分本来就是衔接无间的,并非只有"毋已"理解为"无节制"才行。顺便说一下,《老子》此章在前后正反对举之间,还有一短句"其致之也",传世有的本子作"其致之一也",帛书甲本、北大汉简本与今本同,乙本"致"作"至",不过是假借字,无关宏旨。对于这一短句的意思,历来罕有善解。高明以河上公此处注云:"致,诚也",甚至以为《老子》原本"致"当作"诚",②非是。高亨解"致"为"推",谓"推而言之如下文也",此说为刘笑敢、裘锡圭等先生所采纳。③ 窃以为关于"致"字,当以杨逢彬先生说解最善。其解"致之"为"弃之",古书中"致"训为"弃"多有其例(《左传》习见"致邑""致其邑","致"即有放弃、归还之义),所谓"致之"的"之"即"一",意思

---

① 曹峰先生认为39章前面讲"一"之有无乃本体论,而后面"贵以贱为本,高以下为基"乃工夫论,似乎两者不相协,我们认为这恐怕是个误会。曹说参《〈老子〉第三十九章新研》,《江汉论坛》2016年第8期。
② 高明:《帛书老子校注》,第14页。
③ 参刘笑敢《老子古今》,第436页;裘锡圭先生说见《长沙马王堆汉墓简帛集成·老子甲本》,第8页。

是(如果)放弃了"一",就会如何如何。此短句恰好处在前面讲"得一"与后面说如果没有"一"之间,因此这么理解前后文义可以说非常允洽(传世有的本子作"其致之一也"衍"一",其实于文义理解也应该是正确的①)。杨先生并引张松如说:"'其致之也',似是启下而非总上……"②其实该句既是"承上",也是"启下":"承上"还是强调"一"的重要性,"启下"是说如果没有了"一"会如何,充分体现了此句对于该章前后逻辑的连接功能。

以上述讨论《老子》39章的整体逻辑结构时,我们有意搁置了讲反面情况排比中的"侯王……",因为这一例的异文最多,后世理解也最为纷纭。但不少理解局促于狭隘的语义环境,遂致治丝愈棼。现在既然我们厘清了该章的整体逻辑结构,自然可以从容讨论这一例。这里试将该句的不同版本罗列如下:

王弼本:**侯王无以贵高,将恐蹶**。

河上公本:侯王无以贵高,将恐蹶。

严遵本:**侯王无以为正而贵高**,将恐蹶。

傅奕本:王侯无以为贞而贵高,将恐蹶。

范应元本:王侯无以为贞,将恐蹶。

帛书乙本、北大汉简本:**侯王毋已贵以高**,将恐蹶。

循上文梳理的该章前后紧密照应的逻辑,我们首先可以在诸本间作一判断,那就是这一句一定要出现"正(贞)"(因为正面是"侯王得一以为天下正"),否则前后就无法照应了。这样的话,严、傅、范三本无疑在这一轮胜出。范本所存古河上公本,"为贞"下有"而贵高"三字,③这样看来古河上公本就该作"王侯无以为贞而贵高,

---

① 裘先生说有的本子衍"一","当是由于不解文义,臆增'一'字"。我们推测衍"一"的本子似是后世阅读者于此所做附记。既如此,在阅读者看来"致"的宾语明显是"一",意思是放弃了"一"会如何如何,这表明阅读者对文义的理解其实并无不当。

② 杨逢彬:《〈老子〉群诂献疑》,《微实揭虚学步编》,湖北人民出版社,2005年,第82页。

③ 范应元:《宋本老子道德经》(即《老子道德经古本集注》),国家图书馆出版社,2017年据宋版影印,第164页。

将恐蹶",同于傅本。这一句之所以应该出现"正(贞)",其实是前后文照应的铁律,因此也成为我们评判各本优劣的一个逻辑定点或参照。传世的各种无"正(贞)"的本子连前后文都无法照应,学者因之衍生的种种解说也就失去了基础。当然,我们也看到,虽然贵为稀见的出土古本,但帛书乙本、北大汉简本反而恰恰缺失"正(贞)"这样的逻辑定点,说明他们都出现了重要的缺漏,在恢复该句原貌的比拼中,第一关都没通过。

现在我们再来看"侯王无以正(贞)"与后面的"贵高"到底是何关系。首先要说明的是,自近代刘师培以来,颇有学者以"贵"字是"贞"之形讹。今案,此说恐不可信。一方面严遵本、傅奕本"贞(正)"与"贵"同时存在,如果是形讹,无由两者俱存。另一方面,由下文"贵以贱为本""高以下为基"看,这里的"贵""高"都当是承上言之,说明"贵""高"也是同时存在的。传世的王弼、河上公、傅奕、严遵都是"贵高"连言,而帛书乙本和北大汉简本则将他们拆开作"毋已贵以高",我们认为传世本"贵高"连言恐怕要比帛书乙本和北大汉简本将他们拆开更接近真实。当然,"贵高"一语有两种理解:一则是作为动宾词组,"贵"为动词,就是以"高"为"贵"的意思,但这又与下文的"贵""高"分说("贵以贱为本""高以下为基")不协。二则是理解为并列词组,这样"贵"与"高"都理解成意动用法。就帛书乙本和北大汉简本的"以高"来看,其所据本也当尚存"贵"与"高"分说的面貌。如果补全帛书乙本和北大汉简本,我们认为其当作"侯王毋已(无以)正以贵以高,将恐蹶",而传世本则当作"侯王无以正,而贵高,将恐蹶"。前面我们曾经提到,"而"与"以"古文献中常相假借,因此传世本的"侯王无以正,而贵高"相对帛书乙本和北大汉简本的"侯王毋已(无以)正以贵以高"只不过一个把"贵""高"并举,另一个分说而已。

我们现在来谈最后一个问题,即"侯王无以正"的"正"到底该如何理解。这样一组排比句,相对其他几句"无以×将恐×",此句多出了"贵高",这就说明"正"的解释必须要参考"贵高"。王本"正"作"贞",但几乎没有解释。严遵本虽然解释反面时不足法,但在解释正面时说"得一之正",河上公本作"为天下平正"。但清王念孙不同

"无以"与"毋已"：再论《老子》三十九章的章旨

意河上注的解释,他说:"是正为君长之义,非平正之义也。"他认为"正"当理解为君长,"天下正,犹《洪范》言'天下王'"。证据有二:其一,《吕览·君守》"可以为天下正",高诱注"正,主也"。其二,"'侯王无以贵高','贵高'二字正承'为天下正'言之"①。裘锡圭先生重新整理马王堆帛书时也支持王说:"'贞''正'音近可通,二者孰为正字,学者意见分歧。王念孙认为下文'侯王无以贵高'句'贵高'二字正承'为天下正'言之。是'正'为君长之义……王弼本'正'作'贞',借字耳。其说可从。帛书本、北大本此字皆作'正',亦支持王说。"②今案,我们认为王说其实并不可信。王氏以"贵高"为一词,不妥。由下文"贵以贱为本,高以下为基"来看,"贵高"合并理解是不合适的。其实,关于王念孙之说,近人蒋锡昌已指出其不可信。蒋氏指出王说的主要问题是"无以通《老子》全书之例",所谓全书之例,即"正"乃《老子》书中"特有名词"。蒋氏指出"为天下贞"相当于45章的"清静为天下正"之"正","言为天下清静之模范也"。③ 我们认为蒋说大体可信。该章说"侯王得一以为天下正",上举22章说"圣人抱一以为天下式","得一"既与"抱一"义同,对位来讲,"天下正"显然与"天下式"意思相类,故"正"理解为模范、楷式是很正确的。就此而言,河上注的"天下平正"也要强于王说。不过,蒋说直接把"一"指为"道"(刘笑敢亦有此说),则不甚妥当。前面已经说过,该章的"一"主要是相对于"多"而言,强调各种角色"得一"的重要性,还是体现了《老子》一贯的寡欲、谦退的主张。实际上,《淮南子·原道训》有段话可以帮助我们理解此处的"一":

> 是故贵者必以贱为号,而高者必以下为基。托小以包大,在中以制外,行柔而刚,用弱而强,转化推移,得一之道,而以少正多。

由"贵者必以贱为号,而高者必以下为基"可知,此处论述必与《老子》39章相关。其中"托小以包大""得一之道,而以少正多",已

---

① 王念孙:《读书杂志》,江苏古籍出版社,2000年,第1010—1011页。
② 裘锡圭主编:《长沙马王堆汉墓简帛集成·老子甲本》,第8页。
③ 蒋锡昌:《老子校诂》。另外,"正"字《老子》一书多见,如"正善治"(8章)、"清静为天子正"(45章)、"以正治国"(57章)等等。

经清晰地表明所谓"一"就是"小"或"少"。既然"一"是"小"或"少"的意思,就可以看出王念孙之说的不妥了。从正面表述看,"侯王得一以为天下正",把这里的"正"理解为"君长"尚看不出什么问题,但就反面来说,"侯王无以为正而贵高,将恐蹶","贵高"明显是"正"的反面,将他们"趋同"理解显然是有问题的。而且,如果像王氏那样把"贵高"理解与"正"同义,即作"君长"解,就看不出《老子》要刻意强调的寡欲、谦退,那下文的"贵以贱为本,高以下为基",特别是侯王自谓的"孤寡、不榖"也就没了着落。退一步说,即便"正"真的如王氏所说理解为"君长","侯王无以正"即侯王无以作"君长"犹可理解,但"侯王无以贵高",即把无以"贵高"也当成侯王的目的,这对于主张谦退处下的老子来说,实在是无法想象的。顺便说一句,王念孙所据本《老子》作"侯王无以贵高将恐蹶",恰无"正"字,循前后文照应的逻辑,他才认为讲反面情况的"贵高"对应正面的"正"。这再次说明"正"作为该章逻辑定点的作用。

附录一　由帛书《易传·缪和》解《谦》卦申论清华简《保训》的"三降之德"*

一、帛书《缪和》所见舜、禹之卑恭、谦下的行事风格

《周易》《谦》卦非常强调低调、谦恭的思想,这是人所共知的。这一点在今本《易传》如《彖》《小象传》及《系辞传》中均有反映。但要说如何低调、谦恭,以及这样的低调、谦恭又是为谁设计,则颇不易明。因为今本《易传》无论是《彖》《象》还是《系辞》,虽则是解"经"之"传",但都比较抽象,不涉及任何具体的人和事。能弥补这个不足的,是帛书《易传》。帛书《易传》诸篇通过弟子与先生问对的形式,详细讨论了《周易》一些卦的卦、爻辞,其中对有些卦还反复讨论,显示了帛书传易者明显的偏好。比如对于《谦》卦的讨论就属浓墨重彩:除了《二三子问》篇围绕《谦》卦卦辞的讨论,《缪和》一篇还以庄但、张射等与"先生"的问答的形式,非常详尽地讨论《谦》卦之九三、初六与该卦卦辞,仅此一篇涉及《谦》卦的讨论即达千余字:

---

* 说明:此文发表于2019年。虽非正面讨论《老子》问题,但其中对清华简《保训》"三降之德"的解读,尤其是主张"降"当解为"下","三降"即谓其人能多行卑躬、谦下之德,此种品德又系文王向武王所述"宝训"的重要内容,这说明崇尚卑躬、谦下是周人推崇的政治品格。这对我们思考强调退处、无为的《老子》思想与周文化之间的关联,都是有益的启示。又,最近沈培教授有文《由清华简〈四告〉申论周人所言"懿德"的内涵》(复旦大学出土文献与古文字中心网站:http://www.gwz.fudan.edu.cn/Web/Show/4707,2020年12月5日),认为传统解周人的"懿德"为"美德"过于笼统,主张"懿德"当读为"抑德",而"抑德"即能够"抑戒之德",强调谦抑、克制和敬戒。这其实与该文讨论的作为周人政治品德典范的"降"或"三降"不谋而合,谨此说明。

《老子》探源与古义新证

论述之深入详尽,在整个帛书《易传》中可以说都是非常少见的。更为难得的是,帛书《易传》不但有非常具体的师徒问对这样的情景,而且其中所论《谦》卦卦、爻辞,还每每比附以具体的人事,较之今本《易传》可以说明晰不少。本篇小文要重点讨论的是《缪和》篇弟子庄但与先生的问对,因为其中直接以古之圣君舜来比附,其结合《谦》卦,对舜立身行事的讨论对我们思考前几年清华简《保训》篇中同样涉及舜的所谓"三降之德",可以说很有启发性。为讨论方便计,先将《缪和》篇庄但与先生的问对内容移录如下:①

庄但问于先生曰:"敢问,于古今之世,闻(问)学谈说之士君子,所以皆技焉劳亓四枳之力,渴(竭)亓腹心而索者,类非安乐而为之也。以但之私心论之,此大者求尊严显贵之名,细者欲富厚安乐之实。是以皆技焉必勉,轻奋亓所毂幸于天下者,殆此之为也。今《易·嗛》之初六,亓辞曰:'嗛嗛君子,用涉大川,吉。'将何以此谕也?"子曰:"夫务尊显者,亓心有不足者也。君子不然,嗯焉不自明也,不自尊也,故能高世。夫《嗛》之初六,《嗛》之《明夷》也。圣人不敢有位也,以有知为无知也,以有能为无能也,以有见为无见也。憧焉无敢设也,以使亓下,所以治人请,技群臣之伪也。嗛,君子者,夫古之圣君,谦然以不足立于天下,故奢侈广大游乐之乡不敢渝亓身焉,是以天下骥然归之而弗猒也。'用涉大川,吉'者,夫《明夷》,《离》下而《坤》上。坤者,顺也。君子之所以折亓身者,明察所以貌人者□纽,是以能既致天下之人而有之。且夫《坤》者,下之为也。故曰:'用涉大川,吉。'子曰:'能下人若此,亓吉也。不亦宜乎?舜取天下也,当此卦也。'子曰:'聪明睿智守以愚,博闻强识守以浅,尊□贵富守以卑,若此,故能君人。非舜亓孰能当之?'"

庄但的疑问主要针对《谦》卦的初六爻辞"嗛嗛君子,用涉大川,吉",这和他所处的时代氛围似乎格格不入:当时的情况是"大者求尊严显贵之名,细者欲富厚安乐之实",大家都去追求显贵安乐,《谦》卦初六爻辞却说"嗛嗛君子",才能"吉"。先生的答复说:"君

---

① 释文参裘锡圭主编:《长沙马王堆汉墓帛书集成》第3册,中华书局,2014年,第131—132页。

附录一　由帛书《易传·缪和》解《谦》卦申论清华简《保训》的"三降之德"

子"不是这样的,然则君子应该如何做呢?"君子不然,畛焉不自明也,不自尊也,故能高世",所谓"不自明也,不自尊也"即不要自吹自擂,自伐其功,突出谦恭、退守,此与《老子》22章的"不自见故明,不自是故彰,不自伐故有功,不自矜故长。夫唯不争,故天下莫能与之争"可谓一致。《老子》一书向以谦恭、退处为基本的取向,所谓"不自明""不自彰""不自矜"云云即为显例。帛书《二三子问》还引孔子语解《谦》卦卦辞"谦,亨,君子有终"之"君子"时说:"好善不伐也。夫不伐德者,君子也。"所谓"不伐""不伐德",同样是说"君子"为人谦恭、不自吹自擂。今本《系辞上》解《谦》卦之九三爻辞说"劳而不伐,有功而不德",也是同样的意思。这说明《易传》古今本之间在此问题上是完全一致的。如果说这种强调谦恭、退处还比较含蓄的话,下文则更直接。"君子之所以折亓身者……","能下人若此,其吉也,不亦宜乎","聪明睿智守以愚,博闻强识守以浅,尊禄贵官守以卑",所谓"折其身""能下人"(能处人下),其谦恭、处下就更为显豁。今本《系辞上》孔子解《谦》卦九三爻时所说"语以其功下人者也",所谓"下人",同样是能处人下,谦恭、退守之义。帛书下文还说虽然"聪明睿智""博闻强识""尊禄贵官",但真正要守的却是"愚""浅""卑",如此之类,同样是谦恭、退处,而且往复论证,较之今本《易传》,可以说清晰、详细了不少。正是在这样的背景中,它提到了舜:"能下人若此,亓吉也。不亦宜乎?舜取天下也,当此卦。"明确说舜之所以能"取天下",正是因为"能下人",即谦恭、处下。舜的这种谦恭、处下就能成功的方式,《尚书·尧典》亦有证。其一则曰舜是"温恭允塞",再则说"舜让于德","恭"和"让"均有低调、处下义。然则舜"取天下"的风光与低调处事之间的反差是特例吗?非也。在帛书《易传》中,我们还可以找到更多同样是解释《谦》卦,但也一样强调谦恭、处下,而且每每也是以古帝王比附。比如,同样是《缪和》篇,另有弟子问及谦卦九三爻辞"劳嗛,君子又冬,吉",弟子的疑问与庄但类似,那就是天下都喜欢"丰盈",为何此爻说"劳嗛"反而"吉"? 先生的回答与庄但之问类似,直接说"禹之取天(下也),当此卦也",也是以禹这样的圣君设譬。那禹是如何"取天下"的呢? 文中说"禹(劳)其四枝,苦亓思虑,至于手足骈胝,颜色(黎

241

黑），□□□□□□□□而果君（天）下"，这个解释可能主要针对爻辞中的"劳嗛"，但能如此安于劳苦之事亦说明其人也是与舜一般低调、恭处的。① 而且，先生前面还有一句言简意赅的话"以高下下"，即虽处高位又能谦恭、处下。这与舜的"折其身""能下人"如出一辙，说明舜的成功法则确实不是个例。同样，《缪和》篇下文还提到弟子张射与先生关于谦卦卦辞的讨论。张射的疑问是"自古至今，天下皆贵盛盈"，但《谦》卦卦辞却说"嗛，亨。君子又冬"，这是为什么呢？这个疑问与前述庄但等相同。先生的回答虽没有以具体的古代圣君设譬，但观其主张，亦与上述舜、禹等类似。如说"夫圣君，卑膝屈貌以舍孙，以下亓人"，"夫君人者，以德下亓人，人以死力报之"，"能盛盈而以下"；还以天地之道设譬："天之道，橐高神明而好下"，"地之道，静博以尚而安卑"，其中的"卑膝屈貌以舍孙"，可谓极尽谦恭、处下之能事，而"以下其人""以德下其人""盛盈而以下""好下"都极言能"下"，此与上文舜的"能下人"惊人一致，都是说圣君于此能谦恭处下，放低身段，甘为人下，就能"亨"，且"有终"，其中的价值取向是不言自明的。

帛书《易传》极言舜、禹等能谦恭、处下的古帝王，就我们熟知的帝王谱系来说，似乎少了尧，其实尧也是这样的。《说苑·敬慎》篇提到孔子与子夏讨论《易》的《损》《益》两卦，其中即提到尧，而且同样涉及《谦》卦及"谦"德：

孔子读《易》至于《损》《益》，则喟然而叹，子夏避席而问曰："夫子何为叹？"孔子曰："夫自损者益。自益者缺，吾是以叹也。"子夏曰："然则学者不可以益乎？"孔子曰："否，天之道成者，未尝得久也。夫学者以虚受之，故曰得，苟不知持满，则天下之善言不得入其耳矣。昔尧履天子之位，犹允恭以持之，虚静以待下，故百载以逾盛，

---

① 关于禹的劳苦，《左传·襄公二十九年》云："见舞《大夏》者，曰：'美哉！<u>勤而不德</u>，非禹其谁能修之？'"所谓"勤"即"劳"，而"不德"即"不伐德"，不自以为是，正是谦恭、退守的作风。另外，《史记·殷本纪》引《汤诰》曰："……古禹、皋陶久劳于外，其有功于民，民乃有安。"《论语·宪问》云："<u>禹、稷躬稼而有天下</u>。"《韩非子·五蠹》曰："禹之王天下也，身执耒锸，以为民先，股无胈，胫不生毛，虽臣虏之劳，不苦于此矣。"均极言禹之劳苦，

附录一　由帛书《易传·缪和》解《谦》卦申论清华简《保训》的"三降之德"

迄今而益章。昆吾自臧而满意,穷高而不衰,故当时而亏败,迄今而逾恶,是非损益之征与?吾故曰谦也者,致恭以存其位者也。夫丰明而动故能大,苟大则亏矣,吾戒之,故曰天下之善言不得入其耳矣。日中则昃,月盈则食,天地盈虚,与时消息;是以圣人不敢当盛。升舆而遇三人则下,二人则轼,调其盈虚,故能长久也。"子夏曰:"善,请终身诵之。"

该段明确提到尧是"允恭以持之""虚静以待下",而且认为"谦也者,致恭以存其位也",此本出今本《系辞上》孔子解谦卦九三爻辞。所谓"允恭""致恭""待下",其与前述舜的谦恭、处下如出一辙。而且,所谓"圣人不敢当盛"的言论,也与帛书《易传》不主张"丰盈""求尊严显贵""富厚安乐"等语境极为相似,说明尧的成功也是来自能够谦恭、处下的。尧的加入,等于说补齐了谦恭、处下古帝王之谱系的拼图,再次说明帛书《易传》所记舜等古帝王能谦恭、处下确实不是孤立的。另外,由上述我们不时引《老子》来证尧、舜、禹等圣君都要卑恭、处下才能成功,我们也不难看出其与道家思想存在明显的关联。这又要提到《汉志》对道家的评价:"合于尧之克攘,《易》之嗛嗛。""攘"即"让"也,"克让"即能卑恭、处下,而"嗛"即"谦"也。此处《汉志》对道家思想的评价把"圣君"、《谦》卦、卑恭三个要素可以说完全概括出来了,而这也是我们从帛书《易传·缪和》中读出的信息。传统上,学者习惯于把上述尧之"克攘(让)"、舜之谦恭、禹之劳苦、文王之"卑服"看成儒家道统的具体而微者,实则他们同样是道家思想的导源。

二、说《保训》"三降之德"之"降"当解为卑恭、谦下

帛书《易传》及很多传世文献如此反复强调舜等古代圣君成功法则在于谦恭、能处人下,尤其是"能下",不禁让我们想起前几年清华简《保训》中舜的所谓"三降之德"。为讨论方便计,兹将相关内容移录如下:

昔舜旧(久)作小人,亲耕于鬲丘,①恐救中自诣,卑志不违于庶万姓之多欲,卑有施于上下远迩。乃易立(位)埶(设)诣,测阴阳之物,咸顺不逆。舜既得中,言不易实变(变)名,身兹服惟允,翼翼不懈,用作三降之德。帝尧嘉之,用受卑绪。(简4—简7)

文中舜的行事也颇与帛书《易传》相合。如说他"亲耕于鬲丘",此与《缪和》所记禹的"禹(劳)其四枝,苦亓思虑……"之劳可谓一致。另外,《保训》还提到他"旧(久)作小人",而我们知道,《周易》卦、爻辞中,常以"君子""小人"对言:"君子"指统治者,"小人"指普通民众。前面《缪和》说"君子者,夫古之圣君",又说"君子之所以折其身",而且"聪明睿智守以愚,博闻强识守以浅,尊禄贵官守以卑,若此,故能君人"。这里一方面以"君子"是统治者,另一方面,"君子"要成为万民归服的统治者,谦恭、处下,或者说先做低调磨砺的"小人"就是必由之途。下文还说他"身兹服惟允,翼翼不懈",所谓"翼翼不懈",可谓极言其恭敬、谨慎。另外,《保训》讲舜的这段话,学者多已指出其与《尚书·无逸》之间的关联。②《尚书·无逸》述殷王中宗、高宗、祖甲及文王之行事,从文词到语境可谓极为相近,且看:

昔在殷王中宗,严恭寅畏,天命自度,治民祗惧,不敢荒宁。……其在高宗,时旧劳于外,爰暨小人。……不敢荒宁,嘉靖殷邦。……其在祖甲,不义惟王,旧为小人。……爰知小人之依,能保惠于庶民,不敢侮鳏寡。……厥亦惟我周太王、王季,克自抑畏。文王卑服,即康功田功。徽柔懿恭,怀保小民,惠鲜鳏寡。自朝至于日中昃,不遑暇食,用咸和万民。文王不敢盘于游田……自殷王中宗及高宗及祖甲及我周文王,兹四人迪哲。

这段讲商周四王的行事,有这样三个特点值得注意:一,屡说他们"不敢荒宁",其实即恭敬谨慎,这与《保训》舜的"翼翼不懈"非常

---

① 舜的行事,亦可参上博简《容成氏》:"昔者舜耕于鬲丘,陶于河滨,渔于雷泽,孝养父母,以善其亲,乃及邦子,尧闻之而美其行。"(简13—14)
② 参李学勤:《论清华简〈保训〉的几个问题》,《三代文明研究》,商务印书馆,2011年,第141页。

附录一　由帛书《易传·缪和》解《谦》卦申论清华简《保训》的"三降之德"

一致;二,多说他们安于农事之劳,如"旧劳于外""康功田功",这也和《保训》舜的"亲耕于鬲丘"一致;三,这段还多提到这些圣王们与"小人"的联系,如"爰暨小人""旧为小人""小人之依",下面的"怀保小民"之"小民"实亦"小人",如此之类,与《保训》说舜的"旧(久)作小人"(《无逸》的"旧为小人"与之简直如出一辙)亦相一致,都指他们或出身低贱,或能善待小民。从商周四王的"不敢荒宁"、安于田功、亲近"小人",可知他们也是谦恭、谨慎的,此与帛书《易传·缪和》所记舜的行事作风及成功法则完全一致,这又将古代圣王谦恭、谨慎的谱系又下延到了商周。那商周的四王是否也"能下"呢? 回答也是肯定的。文中提到文王安于田功时说他"卑服","卑"即"下"也。而起于"小人",又能亲近"小人",显然此四王也是"能下"的。既然帛书《易传》及很多传世文献都讲以舜为代表的古帝王不但谦恭,而且"能下",《保训》虽见舜之恭谨,但却未见"能下",是其遗漏乎? 非也。我们认为其中的"三降之德"即是,所谓"降",即"下"也。

自清华简《保训》公布以来,所谓舜之"三降之德"向有多说。或指"三降"为"三隆";或以"三降之德"为天、地、人三德;或读"降"为"愉",因此解"三降"即"三乐";或读"降"为"陟",因此将"三降"理解为古代的考绩制度。① 晚近曹峰先生对此问题重加讨论,提出两个方向:一是将"三降之德"理解为"美德降于民间""舜多次降于民间之德"。另一说是认为"三降之德"就是"恭谨谦卑之德",而且认为后一说可能性更大。在我们看来,曹氏所举两说的后一说可能是最为合理的。在这方面,帛书《易传》对舜等古帝王行事的记载,可以提供有力的证据。当然,曹氏的"恭谨谦卑",我们可以进一步具体为"谦卑处下",尤其是"处下""能下"是应该突出强调的。帛书《易传·缪和》所记舜之谦恭"能下",提醒我们"三降之德"之"降"其实就应该理解作"下""能下"来理解。从训诂学上说,"降"训"下"本来就是常训。《尔雅·释言》"降,下也"。《释诂》又将"下"

---

① 参见曹峰《〈保训〉的"中"即"公平合理"之理念说》(《文史哲》2011年第6期)所引各家之说。下引曹说俱见该文。

"降"同训向下的动作"落"。《礼记·月令》:"天气下降,地气上腾。"今"下降"直是同义复指词。《礼记·乐记》云"升降上下","升降"实与"上下"对文,"降"亦"下"也。典礼场合屡见的"升降""降阶""降拜",其中之"降"均以训"下"为宜。《左传·昭公三年》提到"公室之卑",举例说"栾、郤、胥、原、狐、续、庆、伯,降在皂隶","卑"正对于"降",而"卑"亦"下"也。不只《保训》的"三降"之"降"当作"下",文献中确实也不乏与此篇类似的"能降"或者说"能下"就能成功或得益的记载。如:

《左传·襄公二十四年》:"贵而知惧,惧而**思降**,乃得其阶,**下人**而已,又何问焉?且夫既登而**求降阶**者,知人也"。

《左传·襄公二十七年》:"子展其后亡者也,**在上不忘降**。"

这两则材料的具体背景是这样的:襄公二十四年晋国的程郑很得晋侯宠信,做到了下军之佐的高位,但郑国的公孙挥来访时,他却向其请教如何才能"降阶"。这种反常的问题让公孙挥一时语塞,回国后向然明请教。然明虽然不看好程郑,但也提到"既登而求降阶者,知人也",认为他是明智之人。而且,然明点出"降阶之由"在于"下人而已",即甘处人"下",一"下"字,正昭示"降"的意蕴,此与前述帛书《易传》中舜、禹等人的"能下"亦相一致。襄公二十七年晋国赵文子由郑之诸卿赋诗而泛论"七穆",认为子展这一支应该是享世最久的,原因就在于子展虽为执政之卿,但"在上不忘降",其地位之高和处事之低调、谦下也形成鲜明对比,而只有这样的人才能"后亡",其价值取向也是显而易见的。所谓"在上不忘降",其实即"在上"能"下人"。至于文献中径言能"下"而得益的例子就更多了:

《左传·僖公十二年》:"管仲受**下卿之礼**而还。君子曰:'管氏之世祀也宜哉!**让不忘其上**。'"

《左传·宣公十二年》:"楚子围郑。……三月克之。……郑伯肉袒牵羊以逆,……左右曰:'不可许也,得国无赦。'王曰:'其君**能下人**,必能信用其民矣,庸可几乎?'"

《左传·昭公元年》:"子晳,上大夫;女,**嬖大夫,而弗下之**,不尊贵也。"

附录一　由帛书《易传·缪和》解《谦》卦申论清华简《保训》的"三降之德"

《左传·昭公三年》："郑伯如晋，公孙段相，**甚敬而卑，礼无违者**，晋侯嘉之，授之以策。……**伯石之汰也，一为礼于晋，犹荷其禄**，况以礼终乎？"

僖公十二年因为管仲平戎有功，周王享之以"上卿之礼"，但管氏其人宁愿受之以"下卿之礼"，于此受到很高的评价，"君子"甚至认为他"世祀也宜哉"。宣公十二年楚围郑，在郑伯已成阶下囚的情况下，楚庄王却最终赦之，原因就在于楚庄认识到"其君能下人"，因此国运不可限量，也说明时人对"能下人"评价是很高的。昭公元年的"嬖大夫"即"下大夫"，面对"子晳"这样的"上大夫"，"下之"就是应该的，反之则违礼。昭公三年则更有意思，公孙段（即伯石）本来非常汰侈、跋扈，但偶尔一次去晋国却把自己包装得"甚敬而卑，礼无违者"，所谓"敬而卑"，"卑"即"下"也，又是恭敬、谦下，由此晋君大悦，故多有赏赐。再次说明古人对于恭谨、谦下就能得益早就有广泛共识，后世往往把卑恭、处下视为《老子》思想的标签或发明，《老子》其实只是"流"，不是"源"。

此外，关于"能降"，曹文重点讨论之《诗·商颂·长发》的"汤降不迟，圣敬日跻"也是很好的例子。关于"汤降"的"降"，郑笺云："降，下也。"具体地说就是"汤下士尊贤"，所谓"下士"同样说明能"下人"。一则能"降"，另一方面又"圣敬日跻"，毛传解"跻，升也"：一"降"一"升"，这种反差也与舜行事的低调与最后的成功恰相映照。后来的文献也多是如此理解的。《国语·晋语四》提到当重耳流亡到宋国时公孙固向宋襄公进言：

公孙固言于襄公曰："晋公子亡，长幼矣，而好善不厌，父事狐偃，师事赵衰，而长事贾佗。狐偃其舅也，而惠以有谋。赵衰其先君之戎御，赵夙之弟也，而文以忠贞。贾佗公族也，而多识以恭敬。此三人者，实左右之。公子居则下之，动则谘焉，成幼而不倦，殆有礼矣。树于有礼，必有艾。《商颂》曰：'汤降不迟，圣敬日跻。'降，有礼之谓也。君其图之。"

此段引《商颂》的"汤降"来比况重耳。然则，重耳是如何行事的呢？其中明确说他对于狐偃、赵衰、贾佗等三人是"居则下之"，也是

247

说他能恭谨、谦下,即能"下人",准此,则与"汤降"之"降"亦相契合。孔颖达为《商颂》作"正义"亦引到《晋语》此段,即明确以其中的"降"为"下贤",也就是礼贤下士之义。不过,该段又说"降,有礼之谓也"。然则,"有礼"何关乎"降"或者说"能下"?因为礼让的原则就意味着不争、谦恭和退处。前举《左传·昭公三年》说公孙段"甚敬而卑,礼无违者","敬而卑"正对应着"礼"。下文的"一为礼于晋",所谓"为礼"即指公孙段其人的"敬而卑",而"卑"即"下"也。另外,《礼记·表记》引孔子语说"朝廷不辞贱",正义谓"此广明为臣事君之礼",处"贱"也是礼的原则,而"处贱"显与"处下"同义,也是强调谦恭、退处。《左传·昭公二十五年》所说:"将求于人,则先下之,礼之善物也。"①能先"下之",倒是"礼之善物也",再次说明在礼的背景下,能谦卑、辞让、"处下"是首要原则。

《说苑·敬慎》篇周公在伯禽封鲁之际,专门告诫他,其中多有忧患之思。其中也引到了《商颂》的"汤降"典故:

> 吾闻之曰:德行广大而守以恭者荣,土地博裕而守以俭者安,禄位尊盛而守以卑者贵,人众兵强而守以畏者胜,聪明睿智而守以愚者益,博闻多记而守以浅者广。此六守者,皆谦德也。……故易曰,有一道,大足以守天下,中足以守国家,小足以守其身,谦之谓也。"夫天道毁满而益谦,地道变满而流谦,鬼神害满而福谦,人道恶满而好谦。"是以衣成则缺衽,宫成则缺隅,屋成则加错;示不成者,天道然也。易曰:"谦亨,君子有终吉。"诗曰:"汤降不迟,圣敬日跻。"其戒之哉!子其无以鲁国骄士矣。②

值得注意的是,此段周公告诫之语也主要是从《谦》卦发挥:既有《谦》卦的卦辞,也有象传——这其实已经决定了其中"汤降"的语义背景:它同样也应该是宣扬恭敬、谦下的。"汤降"之后还力主

---

① 《国语·晋语四》也有与之类似的话:"《礼志》有之曰:'将有请于人,必先有入焉。欲人之爱己也,必先爱人。欲人之从己也,必先从人。无德于人,而求用于人,罪也。'"
② 此事又《韩诗外传》卷三。另外,该书卷八"孔子曰:《易》先《同人》后《大有》,承之以《谦》"章内容亦与之相近。

附录一　由帛书《易传·缪和》解《谦》卦申论清华简《保训》的"三降之德"

"戒",要求不要"骄士",所谓不"骄士",就意味着能"下士""处下"。这与《晋语》所讲重耳的行事也是一致的。其中所谓德行广大守以恭、土地博裕守以俭、禄位尊盛守以卑、人众兵强守以畏、聪明睿智守以愚、博闻多记守以浅的六大谦德,以及非常具体的"衣成则缺衽,宫成则缺隅,屋成则加错"①都可以说是能"降"、能"下"的典型案例。

此外,《礼记·孔子闲居》同样引到《商颂》的"汤降",其文称:

孔子曰:"奉三无私以劳天下。"子夏曰:"敢问何谓三无私?"孔子曰:"天无私覆,地无私载,日月无私照。奉斯三者以劳天下,此之谓三无私。其在《诗》曰:'帝命不违,至于汤齐。汤降不迟,圣敬日齐。'"②

此段主要措意"无私",然则"无私"何关乎"能下"?我们同样可以引《老子》来证明,其第7章云:"圣人后其身而身先,外其身而身存。非以其无私邪!故能成其私。""后其身"的"处后"其实是"处下"的同义语,这样就是"无私"了。由此可知,"无私"也是能"降"、能"下"的。

由上述所论看,古文献中所谓能"降"就意味着能"下",他主要指其人能够谦恭、处下,低调退守,如此反而能够成就功名。而且,很多时候,古代如尧舜这样的帝王还正是这样谦恭、处下的典范。由此,在政治伦理上,能"降"也就为一种美德。文献中专门称之为"德降"。如《逸周书·和寤解》《成开解》说"德降为则",《本典解》也提到"德降则信",甚至《左传·庄公八年》引逸《书》还有"德乃降"之语。传统上,多将"德降"理解为主谓词组,即仁德普降之义,我们认为"德降"应该理解为"降德",即能"降"、能"下"之德。③ 另外,关于《左传》此处引逸《书》的"德乃降",向为伪《古文尚书》辨伪

---

① 以上数语亦见《缪和》篇张射与先生之问对,其文作"使祭服忽,屋成加菩,宫成刓隅"。
② 此事又见《孔子家语·论礼》篇。
③ 黄怀信先生亦训"三降"之"降"为"下",良是。但又谓"下"为"下到民间",隐约还是以"德降"为主谓语。黄说参《清华简〈保训〉补释》,《考古与文物》2013年第2期。

249

的关键点。杜注"降"为"降服",但孔安国却说"降,下也"。陆德明对此字"江巷反"的音注说明也同于孔安国而异于杜注。而且,《左传》明说所引是《夏书》,涉及的人是皋陶,此人也是虞夏之际与舜、禹等多有接闻的著名贤臣,联系到前述帛书《易传》及传文献中舜等圣君的谦下,皋陶也当有此种美德。《尚书·皋陶谟》其自称"慎厥身""无教逸欲有邦,兢兢业业",所谓"慎""无教逸欲""兢兢业业"同样合于舜的谦恭、处下。这不只说明"德乃降"可能确当为逸《书》语,①亦可证孔安国"下"的训释确有来历。再从《左传》此处引《书》的背景看,此年齐鲁相约"围郕",但郕独降于齐师,故仲庆父请伐齐师。鲁庄公不同意,才引了"德乃降"的典故。他的解释有这样两点值得注意:一是"我实不德",二是"姑务修德"。然则"不德""修德"说明了什么呢?我们可以拿与此相近之事例作比较。《左传·僖公十九年》记:"宋人围曹,讨不服也。"子鱼向宋襄公进言提到"文王伐崇"的典故:"文王闻崇德乱而伐之,军三旬而不降,退修教而复伐之,因垒而降。……今君德无乃犹有所阙,而以伐人,若之何?盍姑内省德乎?无阙而后动。"晋文公伐原②的例子也与此相似。我们发现他们都有一个共同的特点,那就是对于一个待攻取之国,都是先来硬的不行,都要回去或"省德"、或"修教"才行。抛弃专凭武力,而"省德""修教",其实就是谦恭、能"下",因此孔安国训"下"其实是很准确的。但孔颖达之正义将此"下"理解为"德乃下洽于民""皋陶能布行其德",还是将"德乃降"理解为主谓词组,则非是。按之文理,此"下"亦当理解为低调谦恭、能"下",皋陶是这样的,引此书的鲁庄公因此退师,主张回去"姑务修德",其实也是这样的。能"降"、能"下",按照《逸周书》的说法,既可"为则",即堪为做事的准则;又能取"信"于人,这与舜等圣王的成功也完全一致。准此,《保训》篇所述舜的"三降之德","三"当系概言其多,"降"当理解为"下",故所谓"三降之德"当指能够多次谦下之德。

---

① 晚近杜勇先生对此重加申论,可参其《〈左传〉"德乃降"辨析》,《〈尚书〉周初八诰研究》(增订本),中国社会科学出版社,2017年,第264页。
② 事见《左传·僖公二十五年》及《国语·晋语四》。

附录二　由清华简《芮良夫毖》之"五相"论西周亦"尚贤"及"尚贤"古义*

一、《芮良夫毖》之"五相"解

清华简《芮良夫毖》之"五相"凡两见,即所谓"五相柔訨"和"五相不疆",对于"五相"的具体含义,迄今没有让人满意的解释。两处"五相"都在晚近学者讨论比较多的所谓"绳准"一段中:涉及该篇从简18至简24,具体内容从"**德刑熊纴**"到"民用庾尽,咎何其如台哉"。① 为讨论方便计,今参考诸家意见,将该段尽量以宽式释文具列如下:

德刑熊纴,民所訧訨。约结绳准,民之关闭。如关枑扃管,绳准

---

* 说明:此文发表于2018年,虽亦非正面探讨《老子》问题,但其结论对于我们思考《老子》一书的年代学问题,同样具有参考价值。近代学术史上,颇有学者主张由于《老子》说"不尚贤",因此其年代肯定晚于艳称"尚贤"的墨子。虽有学者如唐兰先生力驳其说,但苦无新的材料和证据。本文结合清华简《芮良夫毖》和《皇门》篇,论证"尚贤"实乃西周立国以来的传统,其与世卿世禄一起是西周人材仕进的两条常见路径。西周既已"尚贤"(这也是晚近西周官制研究越来越得到承认的事实),则由《老子》之"不尚贤"断其必出墨子之后的观点可以说全无根基。又,本文论证清华简《芮良夫毖》的"五相"即《皇门》篇的"大门、宗子、迩臣"与"元武、圣夫"这五类人,前三者多为"世官",后两者则对应"尚贤"。最近公布的清华简《四告一》又云:"王所立**大正**、小子、秉典、圣任、处士。"笔者认为这五种角色与《皇门》篇的"大门、宗子、迩臣"和"元武、圣夫"基本对应,而"圣任、处士"则实属举"贤"的范畴。

① 学者讨论这一段时,多将前面的"天之所坏,莫之能支……"几句列入,刘乐贤先生怀疑前面的"天之所坏……"几句应该与上文连读,我们认为是可信的。参刘文《也谈清华简〈芮良夫毖〉跟"绳准"有关的一段话》,《清华简研究》第二辑,中西书局,2015年,第137页,下引刘说均见该文。

《老子》探源与古义新证

既正，而**五相柔訨**，遹易凶心，研甄嘉惟，憝和庶民①。政令德刑，各有常次，邦其康宁，不逢庶难，年谷纷成，风雨时至。此惟天所建，惟四方所祗畏。曰其罚时当，其德刑宜利。**如关枳不闭，绳准失楔，五相不疆**，罔肯献言，人容奸违，民廼喿嚻，靡所屏依。日月星辰，用交乱进退，而莫得其次，岁乃不度，民用戾尽，咎何其如台哉！

　　这一段词义艰涩，自《芮良夫毖》篇公布以来，学者甚至就专论此段，如沈培、刘乐贤等先生。② 王瑜桢给全篇作集释，但最后仍专门论到此段，③可见问题之复杂。当然，经诸位学者从不同方面的反复推求，个人认为该段整体叙述逻辑已趋厘清。这里可以引刘乐贤先生的看法为代表。刘先生认为，此段总体上可分三个部分："第一部分是总述，提出'约结绳准'乃是'民之关闭'；第二部分是正述，从正面讲述如果'约结绳准'得当，则会出现各种和谐局面；第三部分是反述，从反面讲述如果'约结绳准'失度，则会出现各种不良后果。"厘清三部分乃总、正、反述的表述逻辑，对于理解本文将要重点讨论的"五相"的含义是非常重要的。顺便说一句，依照这种表述逻辑，正、反部分开头的"如关枳肩管，绳准既正，而五相柔訨"与"如关枳不闭，绳准失楔，五相不疆"六个词组其实都应该是互为对反的主谓格式。如"绳准既正"对应"绳准失楔"，那么自然"关枳肩管"也应该与"关枳不闭"相对，这样一来，"关枳"肯定是主语，而"肩管"也应该理解为动词。④ 同样，"五相柔訨"和"五相不疆"也应该都是主谓词组："五相"是主语，"柔訨"与"不疆"分别说明"五相"的情况。明确"五相"是名词性的主语，是弄清其本义的

---

① "憝"字之释参王瑜桢《〈清华三·芮良夫毖〉"颗"字考——兼释"憝和庶民"》，"第二十五届中国文字学会国际学术研讨会"会议论文，台湾中国文化大学中文系，2014年5月。下引王说均见该文。

② 沈说见其《试说清华简〈芮良夫毖〉跟"绳准"有关的一段话》，《出土文献与中国古代文明——李学勤先生八十寿诞纪念论文集》，中西书局，2016年，第177页。下引沈说均见该文。

③ 王瑜桢：《〈清华大学藏战国竹简（三）·芮良夫毖〉释读》，《出土文献》第六辑，中西书局，2015年，第184页（下引王说均见该文）。王氏最后讨论的18—19简，正在所谓"绳准"一段中。

④ 王瑜桢已将"肩管"理解为动词。

附录二　由清华简《芮良夫毖》之"五相"论西周亦"尚贤"及"尚贤"古义

基本前提。

关于"五相"的理解，目前主要有三种意见。其一是整理者赵平安先生认为"五"通"互"，故"五相"即"互相"。但诚如黄杰指出的那样，"互相"一词辞气上稍显不古。①另外，如将"五相"理解为"互相"，那就不是名词了，显然与上面的表述逻辑龃龉。实际上，如将"五相"理解为"互相"，此句还找不到主语：无论"关柣"还是"绳准"，作为"互相"的主语都是不合适的。第二种意见是读为"五相"，理解为五位辅佐的臣佐。如马楠认为"五相盖指朝廷重臣"，并引《礼记·曲礼下》"天子之五官，曰司徒、司马、司空、司士、司寇……"比况。②黄杰也认为"五相"当指五位辅政者。还举出周、召二公"二相行政""黄帝得六相而天地治"（《管子·五行》的例子）。此外，桂珍明也同意"五相"之释，但又认为"不必实指某几位或某五位"，③与沈、黄二说又微有不同。第三种意见是以沈培先生为代表，认为当把"五"读为"午"，午相即"旁午交错"。此外，曹建国以为当理解为"交互""纵横"，与沈氏接近。④依此说，"午相"同样不是名词，它的问题其实与第一种说法是一样的。笔者认为，从上下文的语言环境来看，"五相"确实当指辅佐君王的人，但学者或以具体的职官解之，又太过指实。其实，这里的"五相"当即清华简《皇门》之"大门、宗子、迩臣"以及"元武、圣夫"这几类人，而非具体的职官。兹试为证之。

关于《芮良夫毖》之"五相"与清华简《皇门》"大门、宗子、迩臣"及"元武、圣夫"的关联，一个关键线索就是上述"绳准"一段在讲反面情况时说"五相不疆，罔肯献言"。该句的潜台词是：正常情况下，"献言"是"五相"的重要职能，现在"罔肯献言"了，才出现国家

---

① 黄杰：《清华简〈芮良夫毖〉补释》，《简帛研究》2015年秋冬卷，广西师范大学出版社，2015年。
② 马楠：《〈芮良夫毖〉与文献相类文句分析及补释》，《深圳大学学报》2013年第1期。
③ 桂珍明：《清华简"训"、"毖"类文献研究》，贵州师范大学硕士学位论文，2017年。
④ 曹建国：《清华简〈芮良夫毖〉试论》，《复旦学报》2016年第1期。

治理方面的一系列反面情况。我们再来看清华简《皇门》的表述。该篇提到"自(釐)臣至于又贫私子,苟克有(谅),亡不䎽达,献言在王所",其中同样提到"献言"。当"自(釐)臣至于又贫私子"这些人"苟克有(谅),亡不䎽达"时就能"献言"在王所。其中"䎽达"之"䎽",学者原多释为"禀",后陈剑改释为"遂",①鄙意以为极当。陈氏对文献中"遂""达"并举之例多有检举。联系到《皇门》此处重在讲"自(釐)臣至于又贫私子"等臣佐辅弼君王,还可以补充证据如《逸周书·月令解》"命司马赞杰隽,遂贤良,举长大",这里也是讲选材任能,故所谓"遂贤良",实即"贤良遂",即让"贤良"能施展抱负,与皇门的"亡不䎽达"义同。实际上,作为辅弼君王的"自(釐)臣至于又贫私子",显然应该是"贤良"之材,因此《皇门》该句的意思显然是说,当"自(釐)臣至于又贫私子"这些人"亡不**遂**达",即都能施展抱负时,就能很好地辅佐君王治理国家,而他们辅弼天子的一大特征就是"献言在王所",而《芮良夫毖》篇恰恰提到当"关枑不闭,绳准失楔"这样的反面情况出现时,就"五相不疆,罔肯献言"。其中之"疆",整理者认为当理解为"勤",刘乐贤先生主张解为"劝勉""勉励"义,二说实相近,而前说更优。因此,《芮良夫毖》这句的意思就是说当"五相"不能勤勉于政事、施展抱负时(即《皇门》所谓之"䎽达"),就会出现"罔肯献言"的情况,此与《皇门》篇"献言在王所"显为一事。虽然《皇门》篇周公言说的背景是"二有国之哲王"时,但周公把前朝五类人辅佐治国作为典范,其实也说明周朝这五类人同样存在。这一点,我们从后面的"我王访良言于是人""呜呼,敬哉,监于兹""朕遗父兄及朕荩臣,夫明尔德,以助余一人忧"即可推知。关于两篇文献所谓的"献言",我们认为即文献中形形色色的"言谏"。如《国语·周语上》提到"百工谏,庶人传语。近臣尽规,亲戚补察",其中"谏""语""规""补察"之类,其实都是"言谏",尤其是"谏""语"二者还都从"言"。又如《国语·楚语上》提到白公胜

---

① 陈剑:《清华简〈皇门〉"䎽"字补说》,《战国竹书论集》,上海古籍出版社,2013年,第385页。

附录二　由清华简《芮良夫毖》之"五相"论西周亦"尚贤"及"尚贤"古义

举殷王武丁让傅说等贤臣"朝夕规、诲、箴、谏",①还提到"齐桓、晋文"之所以成功,就因为"近臣谏,远臣谤,舆人诵,以自诰也"。《芮良夫毖》下文也提到"胥训胥教,胥箴胥诲",所谓"规""训""诲""箴""谏""谤""诵""诰",它们要么是从"言",要么就是语体,其实都应该是《皇门》《芮良夫毖》篇所谓的"献言"。顺便要提到,《皇门》下文还提到"至于厥后嗣立王"时,弊政丛生,就在于"不肯惠听无辜之辞",这还是强调"献言"的重要。当然,对于"言谏",君臣双方负有不同责任。《皇门》下文称:"我王访良言于是人,乃维作诉以答。"所谓"访良言",即求"言",这是从君王的角度上说;而"乃维作诉以答",这是从臣下的角度上说。"诉"亦从"言",但显然是贬义的。这样的"言"就无法起到辅佐、匡政的作用,因此"俾王之无依无助"。关于谏言对辅佐君王的重要性,《国语·郑语》云"择臣取谏工",所谓"谏工"其义不言自明。逑盘铭文在提到"皇亚祖懿仲"时也说他能"匡谏言"②,因此就能够"甸保"孝王、夷王,这同样把谏言之于辅政的重要性,说得很清楚了。最近清华简第六辑之《郑文公问太伯》中太伯还引古人有言云:"为臣而不谏……"就如何如何,下文还说孔叔等四人及詹父的作用是:"方谏吾君于外","内谪于中"。③ 无论"谏"还是"谪",都当是对于治国理政非常重要的"献言"。

既然《芮良夫毖》的"五相"和《皇门》之"自(釐)臣至于又贫私子"都职司"献言"或谏言的职能,他们要么就是同一类人,要么在职能上有类似性。《芮良夫毖》的"五相"具体到"五",比较指实,而后者的"自(釐)臣至于又贫私子",其"自……至于……"的表达方式,从文例来看显然是指从高的"(釐)臣"到低的"又贫私子"这样一个明显有范围概念的"一类人"或"一群人"。然则,"自(釐)臣至于又贫私子"到底指的是哪些人呢?兹将《皇门》篇与"自(釐)臣至于又贫私子"有关的上下文移录于此,以窥究竟:

---

① 《左传·襄公十四年》云"箴谏,大夫规诲、士传言,庶人谤",与此类似。
② "匡"字之释参李学勤先生《眉县杨家村新出青铜器研究》,《中国古代文明研究》,华东师范大学出版社,2005年,第141页。
③ 李学勤主编:《清华大学藏战国竹简(六)》下册,中西书局,2016年,第119页、125页(甲、乙本)。

我闻昔在二有国之哲王,则不共于卿,迺隹**大门、宗子、迩臣**,楸扬嘉德,乞有宝(孚)以助厥辟,勤卿王邦王家。廼方求选择**元武、圣夫**,羞于王所。**自(釐)臣至于又贫私子**,苟克有(谅),亡不遂达,**献言在王所**。是人斯助王共明祀,敷明刑……

从《皇门》篇的这一段来看,所谓"自(釐)臣至于又贫私子"这样一个人群范围是紧跟在"大门""宗子""迩臣""元武""圣夫"之后的。自清代至晚近,学者无论是疏解传本《逸周书·皇门》还是简本此篇,罕有将"自釐臣至于又贫私子"与"大门""宗子""迩臣""元武""圣夫"之间的逻辑关系讲清楚的。我们认为,从文义逻辑上看,"自釐臣至于又贫私子"显然应该是对"大门""宗子""迩臣""元武""圣夫"的总结。试看《皇门》此段的表述逻辑:总体讲"二有国之哲王"时臣辅的积极辅佐,先说到"大门""宗子""迩臣"时云"迺隹",再说到"元武""圣夫"时则云"方求",以训诂求之,所谓"方求"即"旁求""别求",隐有扩大范围之义,而下文的"自釐臣至于又贫私子"正是一个从高到低的范围概念。① "方求选择"之"元武圣夫"属

---

① 当初会议自由讨论时,学者或提出,"釐臣"和"私子"一样,可能都是低阶层的,这样就没有等级落差。今按,"釐臣"照目前一般的理解,都是讲成"治臣",然则与"私子"之间还是存在等级落差的。另外,像《皇门》此处"自釐臣至于有贫私子"这样的"自……至于……"结构,笔者认为最近的辞例就是《大盂鼎》的"人鬲自驭至于庶人",其中"自驭至于庶人"修饰"人鬲",也是"自……至于……"的结构。过去由于把"人鬲"讲成奴隶,导致其中的"驭""庶人"等身份颇不易明。现在学者已大多认识到"人鬲"系赐给盂的人员总称,并非奴隶。其中的"驭"是这些人中的低等级贵族,是地位较高者,就与一般的"庶人"差异明显。可参裘锡圭:《说"仆庸"》,《裘锡圭学术文集》第5册,复旦大学出版社2012年,第107页。裘文专门指出"人鬲"是"有自驭至于庶人的不同等级";亦可参沈长云《释〈大盂鼎〉铭"人鬲自驭至于庶人"》,《上古史探研》,中华书局,2002年,第219页。沈文对"驭"之为高于"庶人"的贵族阶层论证尤详。明乎此,则"自驭至于庶人"同样是一个从高到低的人群范围指称,这与《皇门》的"自釐臣至于有贫私子"可以说完全一致。另外,同样是西周"授民"材料,宜侯夨簋(《集成》8·4320)提到在"庶人"之前,尚有"奠七伯""庐(虏)",同样是有等级落差的(参裘锡圭:《说殷墟卜辞的"奠"——试论商人处置服者的一种方法》,《裘锡圭学术文集》第5册,第169页),此可与《大盂鼎》"自驭至于庶人"比观。

附录二　由清华简《芮良夫毖》之"五相"论西周亦"尚贤"及"尚贤"古义

范围的扩大,文中还有一处能够证明,即他们都系"羞于王所",而讲"大门、宗子、迩臣"时并无此语。《尔雅·释诂》"羞,进也",然则"羞于王所"即从外向"王所"进献之义。而"大门、宗子、迩臣"属于王朝官员,属"内",自然不存在"进献"的问题。另外,《尚书·多士》云:"夏迪简在王庭,有服在百僚。"这是讲汤灭夏之后,夏的俊杰之士也有被任用的。所谓"简在王庭"与《皇门》的"羞于王所"辞例可谓极近,尤其是《多士》中夏人服事于商这样的背景,对我们理解《皇门》"羞于王所"背后任官范围的拓展可以说是很有力的证据。顺便说一句,《皇门》篇下文还说当"媢夫"(妒忌的小人)掩盖"善夫"(良臣)时,就堵塞了"善夫"的进用通道,这样"善夫"就"莫达在王所",同样说的是"进用"贤臣于"王所"之义。因此,从"大门、宗子、迩臣"到"元武圣夫",既是由"内"到"外"的范围扩大,而就这些人的身份等级说,则是"自釐臣至于又贫私子",也就是由"高"到"低"的范围扩大。就此来看,它们前后相承是没有疑问的。清庄述祖解释相当于简本"釐臣"的"善臣"时说"善臣,谓元圣武夫",陈逢衡谓"善臣,犹藎臣也",[①]陈氏也以下文的"人斯"(简本作"斯人")之"人"指"元圣武夫",可以说都不够全面。程浩以为:"'是人'指代上文的'大门宗子近臣''元武圣夫'等,简本此句意为'这些人都助王恭明祀'。"[②]以我们的理解看,程说是。我们进一步也可以说,"是人"这样一个指称代词,其实与"自(釐)臣至于又贫私子"指的是同一类人:"是人"是宽泛的指称,而"自(釐)臣至于又贫私子"则是将这类人从内到外或者从高到低进行了概述。内部的是"大门""宗子""迩臣",外部的是"元武""圣夫",它们恰好是五个——考虑到"五相"之"五",二者是巧合吗? 非也。

不过,"大门""宗子""迩臣"与"元武""圣夫"要符"五相"之数,有个问题需要首先澄清,那就是其中的"大门、宗子",旧注如孔晁者是理解为偏正词组的。因此"大门宗子"即"大门之宗子",遂谓

---

① 黄怀信、张懋镕、田旭东:《逸周书汇校集注》,上海古籍出版社,2007年,第547页。
② 程浩:《"书"类文献先秦流传考——以清华藏战国竹简为中心》,清华大学博士学位论文,2015年,第55页。

"大门宗子,嫡长"。如果"大门宗子"即"大门之宗子",那就是一个东西了,显然难符"五"之数。孔说影响很大,后来学者颇多因袭,清华简《皇门》的整理者亦采纳这种意见。① 果如此否？王连龙则明确对孔晁混合"大门""宗子"为一的说法提出批评,认为"大门"与《穆天子传》的"盛门"近似,指望族。"宗子"属宗法系统,与"大门"所代表的君统有别。② 王氏"宗统""君统"的区分是否恰当还可再讨论,但我们认为其将"大门""宗子"析分为二还是合理的。一个最简单的道理是,如按孔注将"大门宗子"理解为"大门之宗子"或者说即"嫡长",那么《皇门》此处就只剩下"嫡长"和"迩臣","二有国之哲王"的统治基础萎缩到只有这两项是很可疑的。此外,"大门之宗子"毕竟还是"宗子",《皇门》虽然说的是"二有国之哲王"时,但后来注《逸周书》者多以周之宗法制度比况。即以周制而论,按照《诗·大雅·板》所云"价人维藩,大师维垣。大邦维屏,大宗维翰。怀德维宁,**宗子维城**",可知在"宗子"之外,对于周能够"维垣""维屏""维翰"的其实还有多种角色,只云"宗子",失之于孤。而且,以目前西周史特别是金文官制研究而论,即便是小宗之宗子也有升至高位的情况,③何止于"大门之宗子"？至于孙诒让等学者所说"大门宗子"可以省称作"门子",更是错误。因为从《左传·襄公九年》的"将盟,郑六卿公子騑、公子发、公子嘉、公孙辄、公孙虿、公孙舍之及其大夫、门子皆从郑伯",以及《左传·襄公十年》的"大夫、诸司、门子弗顺,将诛之"这两处记载看,"门子"地位并不高,甚至还要在

---

① 李学勤主编:《清华大学藏战国竹简(一)》下册,中西书局,2010年,第166页。清华简《皇门》系李均明先生整理,其后来为此篇续作校读,虽释"大门"为"望族","宗子"为"嫡长子",但仍以"大门之宗子"为称(参李氏《周书〈皇门〉校读记》,《耕耘录——简牍研究丛稿》,第21页)。李先生还举孙诒让之说"盖详言之曰大门宗子,省文则曰门子,其实一也",孙氏明显也是"大门之宗子"为称。
② 王连龙:《〈逸周书〉研究》,社会科学文献出版社,2010年,第138页。
③ 可参朱凤瀚:《商周家族形态研究》(增订本),天津古籍出版社,2004年,第395页。另外,像西周晚期的南仲、南叔、毛叔虽出小宗,但都曾跻身王朝三有司之列,可参刘源:《从親簋铭浅谈西周王朝三有司的任用》,《青铜器与金文》第一辑,上海古籍出版社,2017年,第90页。

附录二　由清华简《芮良夫毖》之"五相"论西周亦"尚贤"及"尚贤"古义

"大夫"甚至"诸司"之下,这与《皇门》此篇对他们的期许也是不相称的。关于《皇门》的"大门、宗子、迩臣"的具体所指,特别是应该作三分理解,我们还可以举出一个侧面证据。《墨子·尚贤上》提到当圣王为政时,竞于为义的有四类人,分别是"富贵""亲者""近者"和"远者"。依墨子的表述逻辑,所谓"远者"实即属"尚贤"范畴,然则前面的"富贵""亲者""近者"可以说正相当于王朝旧官。这些旧官其实与《皇门》基本对应:"富贵"对应"大门"①;"亲者"对应"宗子",属宗法范畴;"迩臣"对应"近者","迩"即"近"也。可以说,墨子这样的三分对我们理解《皇门》的"大门宗子迩臣"基本无违碍。② 总之,我们认为《皇门》此处"大门宗子迩臣"应该作三分处理,二分则有诸多不合情理处。既然三分处理作"大门、宗子、迩臣",则其与后面的"元武、圣夫"合计就恰好为"五":依《皇门》篇文意,当这五类人"苟克有谅,亡不遂达",就会"献言在王所",这样国家就治理得好;《芮良夫毖》则从反面来讲,当"五相不疆"则会"罔肯献言",这样国家就治理不好。准此,我们认为《芮良夫毖》的"五相"说的就应该是《皇门》篇的"大门、宗子、迩臣"与"元武、圣夫"这五类人。

　　关于《芮良夫毖》的"五相"即《皇门》的"大门、宗子、迩臣"及"元武、圣夫",还可以补充一些侧面证据。其一,《皇门》此段说到"大门""宗子""迩臣"的功能时是"助厥辟,勤卹王邦王家",而下面说包含"元武""圣夫"在内的"自釐臣至于又贫私子"的功能也是"助王共明祀,敷明刑",所谓"助厥辟""助王",总归不离一"助"字,而"助"即"相"也。而且,诚如上文所言,《皇门》还提到反面情况:当"我王访良言于是人"时,这些人反而只能"乃维作诟以答",于是

---
① 《墨子》此处的"富贵"与前述王连龙的"盛门""望族"说近似。又,《国语·晋语一》有"大家邻国将师保之",其中"大家",韦注云"上卿也",位居贵宠,或与《皇门》的"大门"有关。
② 另外,《礼记·缁衣》篇曾区分"大臣""迩臣""远臣"三者。下文将会提到,所谓"远臣"实当为举外族之贤,然则王朝官员就只剩下"大臣""迩臣"。有人可能会觉得这不是二分吗?但请注意,除了"迩臣"对应于《皇门》外,《缁衣》仅剩的"大臣"其实是无法概括"大门宗子"的,或者说"大臣"也仅仅只对应"大门"。故"大臣"只可能是撮述或泛称,反观《皇门》的"大门宗子迩臣"还是应该作三分理解。

乎就"俾王之无依无助","无助"即无"相"也。另外,《芮良夫毖》同样提到,当"五相不疆,罔肯献言"时,君王就"靡所屏依",没有"屏依",实则就是没有"助""相"之人。然则,无论从"五"者之数还是两篇上下文的文义逻辑来看,所谓"大门""宗子""迩臣""元武""圣夫"实即"五相"应无可疑。其二,《皇门》篇提到当上述辅弼天子的臣子都能在朝廷各尽其职时,就能政通人和,即所谓"百姓万民,用亡不扰比在王廷"。"百姓万民"实是对"自鳌臣至于又贫私子"这一范围概念的笼统泛称,且"扰比在王廷"显与"献言在王所"义同。"扰比"之"扰"整理者读为"扰",训为"顺"。学者多已指出此字应读为"柔",训为"顺",①甚是。而《芮良夫毖》该段提到在"关枝肩管,绳准既正"的正面情况时,就会"五相柔訨",此"柔訨"显与皇门之"扰比"义同,而"五相"之所指更不待言矣。其三,作为同是芮良夫作品的《诗经·大雅·桑柔》篇,其中言"秉心宣犹,考慎其相",这里的"相"显与"五相"之"相"同义。毛传解"相,质也",郑笺云"相,助也","言择贤之审",《正义》调合传、笺之说,以"相"即美质之臣。马瑞辰认为郑笺训助为是,且言"此对下'自独俾臧',言无助者也"②,甚是。我们认为《桑柔》的"考慎其相"之"相",其实即当指"扰比在王廷""献言在王所"的诸位臣佐,具体来说就是《芮良夫毖》篇的"五相",而实指的话就是《皇门》篇的"大门""宗子""迩臣""元武""圣夫"这样五类人。之所以要以"类"为称,因为其中有些名目如"宗子""迩臣"显然不是哪一个人,"大门""元武""圣夫"之称恐怕也同样如此。就此而言,那种把"五相"简单对应五种职官的看法就不合适了,这样看来,前述桂珍明所谓不宜实指的看法确有合理处。其四,清华简《说命下》武丁追述商之先王之所以能灭夏,关键在于"惟庶相之力胜"。"商之先王"恰属于"二有国之哲王",故所谓"庶相",恐怕亦是《芮良夫毖》"五相"及《皇门》"大门""宗子""迩臣""元武""圣夫"的间接证明。与"庶相"相应,《芮良

---

① 参前揭沈培先生文所引网友"海天游踪"(苏建洲)之说,另张崇礼于复旦读书会《清华简〈皇门〉研读札记》一文下的评论中亦已指出此点。
② 马瑞辰:《毛诗传笺通释》,中华书局,1989年,第970页。

附录二　由清华简《芮良夫毖》之"五相"论西周亦"尚贤"及"尚贤"古义

夫毖》也有"众庸"之称。其文曰："昔在先王,既有众庸。□□庶难,用建其邦。平和庶民……"这是讲"众庸"对于"先王"的重要性——所谓"用建其邦,平和庶民",简直是一片太平景象,依稀又让我们看到了"五相柔訨"时的情形。其中的"众庸",其实与清华简《说命下》的"庶相"非常接近:"庶"即"众"也,而"庸"因有庸作、服力役之义,故与作为王之佐助,且操劳王事的"相"字义近。《芮良夫毖》下文还称辅佐先王的这些人"以武及勇,卫相社稷",既是"众庸",又能"卫相",也是"庸""相"相通的佳证,故"庶相"与"众庸",均可视为"五相"的侧面证明。

由上述讨论看,"五相"之说《芮良夫毖》与《皇门》实暗通心曲:《皇门》无"五相"之词而有"五相"之实,《芮良夫毖》有"五相"之词而无"五相"之实。《桑柔》的"相",则稍为抽象和笼统,如果没有《皇门》《芮良夫毖》二篇,只能理解为宽泛的臣佐,现在有此二篇,则其所指就相对明确。《桑柔》为芮良夫作品,历来无疑义,就其中"相"字与上述二篇尤其是《芮良夫毖》的关联看,我们认为《芮良夫毖》作为芮良夫的作品同样是可以坐实的。还要提到的是,如上所言,《芮良夫毖》此段是从正反两个方面叙述,而《皇门》篇同样如此:前面言"我闻昔在二有国之哲王"时,大门、宗子、迩臣、元武、圣夫这"五相"俱在,故政通人和;而后面"至于厥后嗣立王"时则是从相反的方向说,此时"五相"不在,相反却是"以家相厥室"(仍然紧扣"相"),这样就不能很好地辅佐王,故"俾王之无依无助",而《芮良夫毖》也提到当出现"五相不疆"的反面情况时,就"民逎嗥嚚,靡所屏依"。所谓"靡所屏依"与《皇门》的"无依无助"简直绝类。再如《皇门》云:"邦亦不宁",而《芮良夫毖》亦云"自起残虐,邦用不宁",均属近似辞例。由此观之,在一些重要观念、语词及表述逻辑上,《芮良夫毖》一篇与周书之《皇门》、大雅之《桑柔》均多有印证,其为芮良夫的作品应无可疑。

二、由"五相"兼综"世官"与
"尚贤"说到"尚贤"古义

《芮良夫毖》"五相"之所指及其与《皇门》的关系既明,我们还想对《皇门》篇中"自(釐)臣至于又贫私子"这样一个范围指称所蕴含的深义再作探讨。如上所言,"自(釐)臣至于又贫私子"是一个从内到外的范围指称,而"自(釐)臣至于又贫私子"所指又与"五相"同,"五相"的"内"显然就是其中的"大门""宗子""迩臣",而外则是"元武""圣夫"。其中的"大门""宗子""迩臣"应该是周代的世家大族,或以为是王之近臣,这一点古今学者无异辞;①而对于向外拓展的"元武""圣夫",庄述祖云"元圣可以为公卿,武夫可以为将帅者",陈逢衡云"元圣可以资治道,武夫可以备腹心",我们认为这过于笼统,而且还不乏想当然处。在我们看来,如果说前面的"大门、宗子、迩臣"主要是指出自世家大族的"世官"的话,那么后面的"元武、圣夫"则主要是指出身异族或低贱的人。与"世官"相对,任用这些人,意味着西周从立国之初就是非常强调"尚贤"的。言及周代的选官用人制度,传统且主流的看法是"世卿世禄",似乎是铁板一块,与所谓"尚贤"格格不入。如真是这样,文献记载的那么多低阶层的人被举为上官,又如何解释呢?《周礼》虽有严密的考绩、晋升记载,但此书晚出,用其来说周制显然不够严谨。晚近学者则通过对周代第一手资料特别是铜器铭文的研究指出,所谓周代的"世官"制只是就主流或总体上言之,它同样并不排斥事功和任能。② 我们认为《皇

---

① 这一点可以庄述祖之说为代表,其解释"势臣"时即云:"大宗、门子之能左王治国者,所谓世臣也。"参黄怀信、张懋镕、田旭东:《逸周书汇校集注》,第546页。

② 可参朱凤瀚:《商周家族形态研究》,第395、669页;李峰:《西周的政体》(生活·读书·新知三联书店,2010年)第四章对西周官职任命中"世袭"与"非世袭"因素亦有考察与讨论。杜勇先生通过考察西周井氏家族及其采邑变迁,亦指出"世卿制度本身亦有尊贤机制,是一个'亲亲'与'尊贤'相辅为用的矛盾统一体"(杜勇:《从井氏采邑看西周世卿制度的尊贤功能》,《商周青铜器与金文研究学术研讨会论文集》,郑州,2017年)。另可参何景成:《西周王朝政府的行政组织和政治运作》,光明日报出版社,2013年,第217—237页,特别是其中对官员"考绩"的讨论。另外,王治国亦于其博士论文中专辟一节讨论"西周官制中的世袭与选贤",参王氏《金文所见西周王朝官制研究》,北京大学博士学位论文,2013年,指导教师:朱凤瀚教授。总体来看,我们认为在"世官"之外同时强调"非世",或者说"功"与"德"同样是任官考量的重要因素,可以说是晚近西周官制研究中一个越来越得到证明的共识。当然,以本文的讨论看,尽管贵族(转下页)

附录二 由清华简《芮良夫毖》之"五相"论西周亦"尚贤"及"尚贤"古义

门》篇"五相"之"大门""宗子""迩臣"其实多是"世官",而所谓"元武""圣夫"则意在强调举贤,特别是任用那些出身异族或低贱的人,以使国家统治有一个更广泛的基础。换言之,《皇门》"自(鳌)臣至于又贫私子"这样一个范围指称,实际透露了周代任官从"世官"到"尚贤"的全部秘密。谨再试为证之。

首先要提到,学者在疏解传本《皇门》的"方求论择元圣武夫"之"方求"时,多引《国语·楚语上》武丁得傅说的故事,其一则曰:"……又使以象梦旁求四方之贤,得傅说以来,升以为公,而使朝夕规谏。"再则曰:"……使以象旁求圣人。既得以为辅……"此处也屡称"旁求",如前所述,所谓"旁求"云云者,当即《皇门》之"方求",这是两篇文献相关联的训诂学根据。而且,依《楚语上》,被"旁求"的傅说这类人,属于"四方之贤"。所谓"四方",其实就意味着范围的向外扩大——这与《皇门》标示范围概念的"自(鳌)臣至于又贫私子"也暗契。相对"中央","四方"更多地指向边裔或异族,而"贤"者正是由之而出,这表明它与正统的举材通道并不相同。其实,类似"方×"表范围扩大的辞例还可考虑逨盘的"方狄不享"与"方怀不廷",前人对文献及铭文中的所谓"不享"与"不廷"早有定论,即指那些"不来享"或"不来王"的边裔方国或异族。"方狄不享"下句云"用奠四国万邦","四国"与《楚语上》的"四方"正相应。然则,所谓"方狄"与"方怀",其实也就是"旁狄"与"旁怀",意指讨伐①或抚柔那些"不来享"或"不来王"的边裔方国或异族,这同样是指统治范围的扩大。此与前述所谓"旁求""方求"之语近似。准此,由《皇门》的"方求"到《楚语上》的"旁求",再到逨盘的"方狄""方怀",文献中

(接上页)的职阶晋升中也要看他的才能,但这却并不属于"举贤"。早期对于"贤"的界定,是仅限于那些出身异族或出身低贱的人。

① "狄"之有讨伐、征讨义,可参裘锡圭:《史墙盘铭文解释》,《裘锡圭学术文集》第3册,复旦大学出版社,2012年,第6页;李家浩:《说"貙不廷方"》,《安徽大学语言文字丛书·李家浩卷》,安徽大学出版社,2013年,第12页。

这种表范围扩大的辞例实不在少,①在选人、用人的辞例中,它们也多指取材范围的拓展。当然,《楚语上》此处记载更值得注意的是,被"旁求"的傅说等人是"四方之贤",明确标举"贤"字。而且,傅说其人起于版筑之间这样的身份,最后竟升为武丁的臣佐,真的是"出自幽谷,迁于乔木"(孟子语),其非出自世官而系论贤举升,更是显而易见的。

其次,上文曾经提到,《皇门》述"元武圣夫"的出现方式是"羞于王所",所谓"羞"即从外进献之义。与此相关,我们觉得文献中所谓"荩臣""献民""献臣"等词对我们理解"元武圣夫"系异于世官的举贤也会是很好的参照。《皇门》云:"朕遗父兄,眔朕荩臣。"《芮良夫毖》也有类似说法如:"凡百君子,及尔荩臣。"《大雅·文王》亦谓:"王之荩臣,无念尔祖。"都提到"荩臣"。《尔雅·释诂》云:"荩,进也。"毛传解《大雅·文王》"王之荩臣"同此,郑笺更谓"今王之进用臣",孔疏亦云"文王进臣之道",都是把"荩"理解为"进用"。② 文

---

① 顺便指出,《逸周书·官人解》云"措身立方而能遂,曰有知者也"(《大戴礼记·文王官人》此句作:"错身立方而能遂,曰广知者也"),对于"立方"旧解或以为"立义"(参黄怀信、张懋镕、田旭东:《逸周书汇校集注》,第788页引潘振说),窃以为所谓"立方"可能同样当解为"立旁"或"择旁",其实即"别立",也是讲任官范围的扩大。因为《逸周书》的《官人》篇主要是讲选人、用人的,其云"措身立方而能遂"才能算"有知者也"。而《尚书·皋陶谟》即云:"知人则哲,能官人。"同样将"知"与"官人"相关联,似非偶然。另外,《逸周书·谥法解》亦云:"官人应实曰知。"然则,《逸周书·官人》的"措身立方而能遂",窃以为也是在讲选人用人的明智之举,那就是一则要扩大遴选范围,即"立方",也可以说是"立旁"或"旁立";另一方面要"能遂",所谓"遂"即上文所谓的"遂达"之"遂",因此"能遂"即是让有才能的人施展抱负的意思。

② 独宋朱熹《诗集传》认为:"荩,进也,言其忠爱之笃,进进无已也。"朱子虽亦取"进"之说,但由"忠爱之笃,进进无已也"来看,朱子之理解实与"进用"有别,而重在"忠爱"。这也影响了后来学者。唐大沛注《逸周书》即采其说,但却误会成"诗疏"之义(参黄怀信、张懋镕、田旭东:《逸周书汇校集注》,第559页。该书亦因袭了唐氏的错误,谓"当如诗疏所训",实则这根本就不是诗疏之义)。清华简《皇门》整理者亦取朱子"忠臣"之说(《清华大学藏战国竹简(一)》,中西书局,2010年,第171页)。今按,朱子之说实不可信,后来说诗者多取"进用"之义而弃朱子之说,可参林义光:《诗经通解》,中西书局,2012年,第302页;吴闿生:《诗义会通》,第222页;(转下页)

264

附录二　由清华简《芮良夫毖》之"五相"论西周亦"尚贤"及"尚贤"古义

王是如何"进用"贤臣的呢？《国语·晋语四》借胥臣之口对此有专门交代："及其即位也，询于'八虞'，而谘于'二虢'，度于闳夭而谋于南宫，诹于蔡、原而访于辛、尹，重之以周、邵、毕、荣"，清华简《良臣》提到文王之"良臣"则是闳夭、泰颠、散宜生、南宫适、南宫夭、芮伯、伯适、师尚父、虢叔这样的组合。① 上述文献中的散宜生、南宫、虢叔等虽系姬姓人士，②但其中同样有辛氏、尹氏、师尚父等异姓之人，还有闳夭、泰颠这样虽氏族不详，③但依《墨子·尚贤上》，却是出身"罝罔"之中的低贱身份。④ 因此，《晋语四》把这些人统为"四方之贤良"，突出"四方"，其实还是想强调文王用人不遗那些出身异族或身份低贱的人。尤其是，这里的"四方之贤良"与上述《楚语上》讲傅说时所说"四方之贤"可谓绝类，都强调"四方"，还是指任官范围的扩大，不局限于本族或朝廷旧臣。另外，《逸周书·大戒解》云"材在四方"，卢文弨谓"在四方，言野多遗贤"，"野多遗贤"云云，可谓近之。其实，孔晁注《逸周书·皇门》即云："荩，进也。言我进用之臣……"同样取"进用"之义。因此，"进用之臣"，实即"进献之臣"。由此而及文献与彝铭中"献民"或"献臣"之称。《尚书·大诰》"民献有十夫"，"民献"即《尚书·洛诰》及《逸周书·作雒》《商誓》等篇的"献民"。伪孔传解《大诰》之"民献"曰"四国人贤者有十夫来翼佐我周"，一谓"贤者"，一谓"翼佐"，分别点明他们的"才能"

（接上页）高亨：《诗经今注》，上海古籍出版社，2009年，第372页。又，马楠认为"荩"是"灰烬"之"烬"的通假，故"荩臣"其实即"遗臣"，亦不可信。马说参程浩《"书"类文献先秦流传考——以清华藏战国竹简为中心》，第60页所引。

① 《尚书·君奭》所举文王之臣则是虢叔、闳夭、散宜生、泰颠、南宫括。
② "散"为姬姓，可参陈颖飞：《清华简〈良臣〉散宜生与西周散氏》，《出土文献》第九辑，中西书局，2016年，第73页。
③ 李零先生最近认为闳夭可能是以"宏"为氏，而"泰颠"即"蔡颠"，周之西土亦曾有蔡氏，参李氏《待兔轩读书记（二则）》，《文史》2017年第1期。
④ 《墨子·尚贤下》还说武王将闳夭、泰颠、南宫括、散宜生等人都"推而上之"，言下之意，他们本来都非出身高位，这其中甚至包括了南宫、散宜生等出身姬姓的人。应该指出的是，尽管《晋语四》《良臣》所记文王之辅臣有很多人，但《尚书·君奭》所举只有虢叔、闳夭、散宜生、泰颠、南宫括这五个，恰合"五相"之数，而其中既有虢叔、南宫这样的姬姓贵族，还有出身低贱的闳夭、泰颠，不知这是否可算"五相"的一个侧面证明。

和"职能"。其中的"贤者"还是"四国人",而且云"来",依稀可见《楚语上》"四方之贤者"或《晋语四》"四方之贤良"的影子,这同样表明这些"贤者"非本族或朝廷旧臣。孔传解《洛诰》之"殷献民"径谓"殷贤人"。后来训诂,多将"献"训为"贤",其实是过于侧重这些人的"才能"。我们认为就这些人的出身和来源上讲,"献"可能本当训为"进献"之献,此与上述训为"进用"的"荩"字正同。《尚书·酒诰》:"予惟曰:'汝劼毖殷献臣、侯、甸、男、卫;矧太史友、内史友越献臣百宗工。'"孔传:"汝当固慎殷之善臣信用之。"蔡沈集传谓:"献臣,殷之贤臣。"无论是"殷之善臣"还是"殷之贤臣",都表明他们是出身于"殷",如今又"进用"于周。周任用殷人,与前述《尚书·多士》云夏人被商"简在王庭",道理是一样的。也说明由商至周,这种传统一直存在。而周人在自己同族或旧臣之外,还任用出身异族的"殷献臣",从选材范围来说其实就是《楚语上》的"旁求"或《皇门》的"方求"。还应提到的是,周厉王之害夫簋亦云:"肆余以义士、献民,甬嚭先王宗室。"其中之"献民"应与上述"献臣"同义,指出身异族的贤者,学者或认为系"周之世族",①依本文的讨论看,恐怕是有问题的。

最后,也是最重要的一点,那就是学者在疏解《皇门》之"方求论择元圣武夫"(简本"迺方求选择元武圣夫时",多不约而同地注意到《墨子·尚贤》的两处记载)。其一是《墨子·尚贤中》云:

且以尚贤为政之本者,亦岂独子墨子之言哉?此圣王之道,先王之书,距年之言也。传曰:"求圣君哲人,以裨辅而身。"《汤誓》曰:"聿求元圣,与之勠力同心,以治天下。"

其二是《墨子·尚贤下》云:

于先王之书《竖年》之言然,曰:"晞夫圣武知人,以屏辅而身。"此言先王之治天下也,必选择贤者,以为其群属辅佐。

墨子这两处引书都出自"尚贤"篇中是需要高度重视的。墨子云"以尚贤为政之本者,亦岂独子墨子之言",也就是"尚贤"不是他

---

① 王辉:《商周金文》,文物出版社,2006年,第209页。

附录二　由清华简《芮良夫毖》之"五相"论西周亦"尚贤"及"尚贤"古义

自己的发明,古代所谓"圣王之道,先王之书,距年之言"都明确有"尚贤"的记载了。"此言先王之治天下也,必选择贤者,以为其群属辅佐。"所谓"选择贤者,以为其群属辅佐",其举贤之义非常明确。墨子所引的"先王之书",一则是《汤誓》,另一则是《竖年》。《汤誓》云"聿求元圣,与之勠力同心,以治天下",而《竖年》云"晞夫圣武知人,以屏辅而身",所谓"勠力同心""屏辅而身"均强调这些贤才的辅佐作用,而这些贤才或称"元圣"、或云"圣武",其实都不过是对诸如《皇门》传世本"元圣武夫"或简本"元武圣夫"的撮述。实际上,此前学者既已注意到这一点。① 孙诒让也是径引《皇门》篇来为《尚贤中》的"圣武知人"作注。② 《竖年》之书不详,但《汤誓》却是明明白白的"商书",这也说明《皇门》称举"大门、宗子、迩臣"与"元武""圣夫"是"昔在二有国之哲王"时,确非虚言,甚至要说周公是在暗引《汤誓》一类书也是可能的。墨子既明言上述"元圣""圣武知人"话或出《汤誓》,或出《竖年》,则其明显非据《皇门》而来。不过,尽管墨子所引非据《皇门》,但其"元圣"或"圣武"的表述又与《皇门》绝类,而所谓"元圣"或"圣武"又仅是上述"五相"的后两项。我们推测,墨子所引《竖年》等文献中,可能不排除同样有"五相"前三项的内容,而墨子独把后两项列入"尚贤"范畴,其含义就是不言自明的:那就是只有任用这些所谓"元圣""圣武"或者说"元武""圣夫"才算"举贤"。而且,把任用"元武""圣夫"一类人列入"尚贤"举措,商周两代这种观念其实也是一贯的。值得一提的是,上博简《景公疟》有文:"今内宠有割瘽,外宠有梁丘据,萦(縈)忹(挺)公退武夫、恶圣人",揆诸文义,"武夫""圣人"显然是指那些对君王有辅弼作用的贤者之属,而"武夫""圣人"之称显然化自《皇门》的"元武""圣夫"。清华简《殷高宗问三寿》有云:"元哲并进,谗谀则屏。""元哲

---

① 参黄怀信、张懋镕、田旭东:《逸周书汇校集注》,第547页所引庄述祖之说。亦可参刘师培:《周书补正》,《刘申叔先生遗书》第二册,台湾京华书局,1970年,第895页。王连龙也指出墨子引书如"晞夫圣武知人,以屏辅而身"云云者,"应与本篇(即《皇门》,笔者按)有关",参王连龙《〈逸周书〉研究》,第140页。
② 孙诒让:《墨子间诂》,中华书局,2001年,第70页。

并进"我们认为亦与"尚贤"有关,而"元哲"明显与"元武""圣夫"义近。又,曾伯桼簠铭文有"哲圣元武",此与"元武""圣夫"或"元哲"亦相近。

　　关于《皇门》中"五相"实并举"世官"与"任贤"的事实,传世文献还有两条材料可以提供侧面的证明。其一是《国语·晋语七》记载晋悼公初立时的举措,其文称:"辛巳,朝于武宫。定百事,立百官,育门子,选贤良,兴旧族,出滞赏。"所谓"立百官、育门子、选贤良、兴旧族",除了次序与《皇门》的"五相"略显参差外,内容可以说大致对应:所谓"立百官、育门子、兴旧族"大体对应《皇门》的"大门、宗子、迩臣"——"百官"①与"迩臣"对应,"门子"与"宗子"对应,"旧族"与"大门"即世家大族对应;至于其中的"选贤良",说的就更为直白了。依上文的看法,《皇门》的"元武、圣夫"就是要强调与"世官"相对的举贤,然则就与《晋语七》的"选贤良"可以说完全对应了。悼公是晋国历史上一代雄主,霸业达到极盛,其虽少年即位(十四),但面对晋厉被弑、国内错综复杂的政治形势,其所施展的内政、外交方面的举措,很短的时间内就使国政为之一振。此处的"立百官、育门子、选贤良、兴旧族"主要涉及国内政治,这些举措兼具稳定大门世族和任贤使能两大功效,可以说十分全面。当然,从《皇门》《墨子·尚贤》等篇的记载来看,悼公的这些举措也是有着旧章可循的。另一则材料是《晋语四》提到晋文公在秦穆支持下回国,其施行的政治举措如"昭旧族,爱亲戚,明贤良,尊贵宠,赏功劳,事耆老,礼宾旅,友故旧",其中的"旧族""贵宠""故旧"无疑接近"世官",而同时依然少不了"明贤良",就此而言,这依然是"世官"与"任贤"并举的结构。顺便说一句,《晋语四》提到的"旧族"中,"胥、籍、狐、箕、栾、郤、柏、先、羊舌、董、韩,实掌近官",且"诸姬之良,掌其中官",另外,"异姓之能,掌其远官"。"中官"依韦昭注即"内官",然则其全部外朝官即划分为"近官"与"远官"两大系统。"近官"由胥、籍等十一个大的旧族充任,隐约又让我们看到了《皇门》的"大门、宗子、迩臣","迩"即"近"也。充任"远官"的则是所谓"异姓

---

① 《晋语七》这里的"百官"其实与《芮良夫毖》的"凡百君子"亦近。

附录二 由清华简《芮良夫毖》之"五相"论西周亦"尚贤"及"尚贤"古义

之能",实际上这就是在"举贤",依上文所论,"方求""进用"的贤能之士往往多出自异族,这与"异姓"又恰相吻合。《逸周书·大戒解》还称:"内姓无感,外姓无谪",陈逢衡云:"内姓无感,亲亲得其所也。外姓无谪,尊贤各有等也。"①可谓极当。与《皇门》"五相"兼举"世官"与"任贤"类似,《逸周书·大匡解》还有"六位"的说法,其构成是新、故、外、内、贵、贱。归结而言,所谓故、内、贵,其实即"世官",而新、外、贱则相当于举贤,它的构成其实与上述《晋语七》《晋语四》所谓晋悼、晋文的举措可谓惊人一致。这再次说明,此种搭配是久有渊源的。

我们上文曾论及《皇门》兼举"世官"与"任贤",就范围上说实是兼顾"内"与"外",这种"内外"关系换一种说法其实即"近远"关系。与此相应,我们也注意到古书中又经常以"远、近"或"远、迩"来概括任官的全面性,而"远"者又多意味着举贤。《左传·昭公二十八》年晋灭祁氏、羊舌氏,魏献子主持分其地而任之官,因为任官公道而颇受孔子好评,夫子的评价是:"近不失亲,远不失举","近"对应"亲",而"远"对应"举",杜注:"以贤举",同样是"近—亲族""远—贤人"的搭配。再者,前面曾提到《墨子·尚贤上》述及因君王尚贤而竞欲为"义"的四类人,除了"富贵""亲者",还有"近者""远者"。如前所言,"富贵"与"亲者"其实基本对应《皇门》的"大门""宗子","近者"实对应"迩臣"。因出自"尚贤"篇中,"远者"实当即"元武、圣夫"了。因为是"远者",也恰好吻合《楚语上》《晋语四》的所谓"四方"。此外,《墨子·尚贤中》还提到"虽天亦不辩贫富贵贱,远迩亲疏","远迩"既与"亲疏"对举,其中的"远"无疑对应"疏",则其出身如何亦可推知。《墨子·尚贤中》还提到如果国家富足,那样就可以"内有以食饥息劳,将养其万民;外有以怀天下之贤人",②相对于国内的"万民","贤人"却是"外有以怀",如此,则"贤

---

① 黄怀信、张懋镕、田旭东:《逸周书汇校集释》,第567页。
② 王念孙以为此处"外有以"三字涉上文而衍,并举下文"内者万民亲之,贤人归之",认为"养民与怀贤皆内事非外事也"(《读书杂志》,江苏古籍出版社,2000年,第564页)。今按,王说可商。墨子"内有""养万民","外有""怀贤人",主要讲其财富的施用方向。关于古代国家有为怀"外"(转下页)

269

人"出自哪里也是很清楚的。另外,《孟子·离娄下》云:"武王不泄迩,不忘远。"赵岐注:"不泄狎近贤,不遗忘远善。近谓朝臣,远谓诸侯。"赵氏将"迩"释为"朝臣",焦循更举武王用太公、周公、召公、毕公等人,申"迩谓朝臣"之义,都是正确的。不过赵氏的"近贤"之称则又惑于后世的贤能观念。下面会提到,从本来的意义上说,只有出身异族或低贱的人,才能称为"贤"。赵注指"远谓诸侯",焦氏更引《牧誓》"友邦冢君"及"庸""蜀"等八国解"远谓诸侯也"。① 其实,准确地讲应该是诸侯中贤能的人,因为《离娄上》前一句云"汤执中,立贤无方",同样也是讲举贤。以此反观前举《楚语上》评论齐桓、晋文之所以成功的"近臣谏,远臣谤"②,其中之"远臣"应当也是属举贤的范畴。③

既然《皇门》之"方求选择元武圣夫"是强调与"世官"相对的举贤,这对我们理解其中所谓"自(釐)臣至于有贫私子"中的"有贫私子"也会有所帮助。"私子",孔晁、陈逢衡都解释为"庶蘖"。这种理解依然不出宗法关系的范围,作为与"世官"相对的概念,显然是有问题的。当然,孔、陈没有认识到所谓"元圣武夫"实际上是在讲举贤,这种理解也无足怪。庄述祖解释为"余子""无氏族可列者",王连龙解为"小子",我们认为也不准确。独朱右曾解为"家臣",可

(接上页)之贤人而专辟的经济或财富支出,请看《国语·齐语》的记载:"为游士八十人,奉之以车马、衣裘,多其资币,使周游于四方,以号召天下之贤士"(《逸周书·月令解》《礼记·月令》有类似记载:"(季春之月)开府库,出币帛、周天下、勉诸侯、聘名士,礼贤者"。《周礼·乡大夫》之职亦相近)。这是讲齐桓公的招贤之举。其中"车马、衣裘,多其资币""周游于四方""贤士"三项,我们觉得已经把问题讲得很清楚了。墨子下文之所以将"万民亲之""贤人归之"俱归"内者",其实是就"结果"而言——当贤者最终归附、为我所用时,自然属于内政。两者其实并不矛盾。

① 焦循:《孟子正义》,中华书局,1987年,第571页。
② 上博五《竞建内之》亦有"近臣不谏,远者不谤",与此相类,只不过从反面说而已。
③ 值得注意的是,《周礼》"乡大夫"之职有"兴贤""献贤能"的责任,《国语·齐语》《管子·小匡》也提到"乡"的长官要"进贤",甚至《礼记·文王世子》还说:"凡语于郊者,必取贤、敛才焉……谓之郊人","贤"的范围多出"乡""郊"之地,恐怕也暗合上文屡见的"远者"。

附录二　由清华简《芮良夫毖》之"五相"论西周亦"尚贤"及"尚贤"古义

谓近之。晚近朱凤瀚先生认为是"贵族家族内为主家服役的家臣子弟",①亦确。如上所云,居于外部的"有贫私子"对应"元武圣夫",实为举贤,而《墨子·尚贤中》的一段记载可能恰对"有贫私子"的理解不无启发性。"贫"字,整理者受传世本《皇门》影响,主张读为"分",历来注《周书》者亦多据"分"字为说,②现今学者亦多从之。③我们认为,此字读为本字即可,恐不劳读为"分"。证据就是《墨子·尚贤中》在引《汤誓》之后,历举舜、伊挚、傅说等本微贱之人,但被尧、汤、武丁任用后却最终富贵,其中说:"此何故始贱,卒而贵？始贫,卒而富？""始贫"即对应"有贫私子"的"有贫",说明这些人原本出身微贱。至于"私子",墨子下文在提到"伊挚"的例子时又说:"伊挚,有莘氏女之私臣,亲为庖人。""私臣"即"私子"也,亦证上述朱右曾、朱凤瀚看法的正确性。由此看来,《墨子》的记载不但对我们理解《皇门》之"元武圣夫"及"尚贤"本义大有帮助,即便是"有贫私子"这样的词汇,离开了《墨子》中的相关记载也是很难索解的。长期以来,学者对战国诸子所讲遗文古事都不太当回事,往往认为他们为立说需要不免造作故事。现在看来,至少就《墨子》一书而言,我们惯常的看法实有简单化之嫌。对《墨子》一书述古的严肃及忠实,实在需要重新估量。

上述《皇门》"五相"兼举"世官"与"任贤",以及《晋语》中晋文、晋悼初立时将"兴故旧"与"明贤良"并举,都告诉我们这样一个事实,那就是周代的任官,从一开始就是"世卿世禄"与"任贤"并重的,后人往往将周代官制简单概括为"世卿世禄",可以说很不全面。学者说:"西周春秋时代世卿世禄,选贤任能不出贵族之外。"④不唯把周代的世卿制看得过于简单,对于"世卿"与"选贤"之间的关系恐怕也存在误解。学者或由《墨子·尚贤》三篇的记载,认为"尚贤"说晚

---

① 朱凤瀚:《读清华简〈皇门〉》,《清华简研究》第一辑,中西书局,2012年。
② 黄怀信、张懋镕、田旭东:《逸周书汇校集注》,第547页。
③ 李均明:《周书〈皇门〉校读记》,《耕耘录——简牍研究丛稿》,第21页。魏慈德:《从出土的〈清华简·皇门〉来看清人对〈逸周书·皇门〉篇的校注》,《出土文献》第七辑,第63页。
④ 阎步克:《士大夫政治演生史稿》,北京大学出版社,1996年,第134页。

至战国的墨子,甚至将"世官"与"尚贤"两种选材手段完全对立起来,更是极为错误的。关于这一问题,当初王国维在《殷周制度论》中其实已有分教,其说谓:

> 然**尊尊**、**亲亲**、**贤贤**,此三者治天下之通义也。周人以尊尊、亲亲二义,上治祖祢,下治子孙,旁治昆弟,**而以贤贤之义治官**。故天子、诸侯世,**而天子、诸侯之卿、大夫、士皆不世**。盖天子诸侯者,有土之君也。有土之君,不传子不立嫡,则无以弭天下之争。卿、大夫、士者,图事之臣也,**不任贤,无以治天下之事**。①

王氏明确将周代任官制度概括为"尊尊""亲亲"与"贤贤"并举(兼括"世卿"与"举贤"),确为不刊之论。② 其实,从前文《皇门》《墨子》等的记载看,强调"举贤",商代也是同样如此。另外,如果细加留意的话,早期文献中将"亲亲"与"贤贤"的并举的提法,是俯拾皆是的。即以《皇门》篇而论,除了上文既论证的"大门、宗子、迩臣"多系"世官",而"元武、圣夫"则属"举贤"外,其下文还谆谆告诫"朕遗父兄,眔朕荩臣","父兄"之谓显系"亲亲",而"荩臣"上文已有论证,实乃"进用"之臣,亦系举贤。然则,这同样是"亲亲"与"贤贤"并举的提法。《芮良夫毖》也有与之类似句子:"凡百君子,及尔荩臣。""百君子"多系世官,而"荩臣"则系举贤,同样是世卿与任贤并举。《国语·周语中》富辰的话还有"尊贵、明贤、庸勋、长老、爱亲、礼新、亲旧","明贤"作为一项原则,同样与"尊贵""爱亲""亲旧"等并列。类似的话,《左传·僖公二十四年》亦有云:"庸勋、亲亲、昵近、尊贤,德之大者也",依然是将"亲亲"与"尊贤"并举。甚至《晋语四》借僖负羁之口,说得更加简捷明快:"爱亲、明贤,政之干也。"铜器铭文中,类似提法同样有见,如徐王子旃钟有云:"以乐嘉宾、朋友、诸贤……兼以父兄、庶士,以宴以喜。"(集成182)与"诸贤"并列的,是"朋友""父兄"

---

① 王国维:《殷周制度论》,《观堂集林(附别集)》,中华书局,1959年,第472页。
② 当然,王氏的所谓"任贤"已是后世泛化的概念:它也包括姬姓贵族中的有才能者。但从本文的讨论看,这其实并不符合任贤的本义。

附录二　由清华简《芮良夫毖》之"五相"论西周亦"尚贤"及"尚贤"古义

等人。"父兄"自不必说,"朋友"一词,前人早有明断,本出家族伦常,①因此这里仍然是将"亲亲"与"贤贤"并举之例。进而思之,后世儒家将仁、义并举,且云"仁者"是"亲亲为大",而"义者"是"尊贤为大",尤其还说"亲亲之杀,尊贤之等,礼所生也"(《礼记·中庸》语),考虑到周代官制"世官"与"任贤"并举的特点,儒家的这些说法可谓由来有自。诚所谓"文武之道,布在方策",与《墨子·尚贤》篇一样,看来述古的成分确实更多一些。

一方面西周从立国之初就是"世官"与"尚贤"并重,但另一方面,也必须指出,周代的"尚贤"(包括商)就其本义来讲,与后世还是很不一样的。从上举贤臣往往是"四方之人",或是"远者""远人",尤其还多是"进献"之臣或"异姓之能"来看,我们认为商、周"尚贤",就其的本义来说,应该是想强调任用那些出身异族(邦)或身份低贱的人。② 任用这些出身异族(邦)或出身低贱的人,较之"大门、宗子、迩臣"之类的世家大族或朝臣,无疑是"非常规"的选人手段。唯其如此,才能使王朝的统治有一个更为广泛的基础。关于这一点,《史记·鲁周公世家》还以周公的口吻称:"我文王之子,武王之弟,成王之叔父,我于天下亦不贱矣。然我一沐三捉发,一饭三吐哺,起以待士,犹恐失天下之贤人。"③一则云己之出身"不贱",但同时又说明自己求"贤"之渴是"一沐三捉发""一饭三吐哺",周公把"不贱"与"贤"对举,尤其是这"贤"还是"天下之贤人","天之"之称,隐与前述文献多见的"四方"之语义同——这与本文将周代"尚贤"的本义定位为任用那些异族(邦)或身份低贱人的特征也是基本吻合的。《吕氏春秋·求人》云:"先王之索贤

---

① 参钱宗范:《"朋友"考》,《中华文史论丛》第八辑,上海古籍出版社,1978年;朱凤瀚:《商周家族形态研究》,天津古籍出版社,2004年,第295—296页。
② 《墨子·尚贤中》所述舜、伊挚、傅说等被举之前,都曾有服"贱役"的背景。《大戴礼记·文王官人》述古代考察人才的"官人"之法,选材范围同样包括"贫穷者"(《逸周书·官人解》作"贫贱者")。
③ 关于周公不辞贱以礼贤之说,《荀子·尧问》、《吕氏春秋·下贤》、《尚书大传·周传》、《韩诗外传》卷三、《说苑·尊贤》、《孔子家语·贤君》等篇尚多有类似记载。

人无不以也：极卑,极贱,极远,极劳。"其中的"贱"与"远",可以说均切"尚贤"之古义。商、周"尚贤"之古义既如此,那就意味着,官员由于成绩突出所致的正常晋升、提拔,其实本不属于"举贤"的范围。如前所述,当前的西周官制研究中,学者多已注意到周代任官并非简单的"世卿世禄",或者说"世"的因素仅意味着一种资格或可能性,贵族最终能否升至高位也和他的历练、从政成绩有关。学者或直接将这种重视才能或成绩的现象称为举贤,从本文的讨论看,这种仕途中的正常晋升现象恐怕并不符合商周"举贤"的本义。这方面一个明显的证据是,学者所举周代那些虽出身世家,后天却是由于自己的才能得到擢升的铭文材料,罕有将此举称为举贤的,甚至"贤"字根本就没有出现。① 进而论之,目前铜器铭文及早期文献中"贤"字含义往往较狭窄：多表示"多于""胜过"的意思,②或者就是相对具体的含义。如《诗·小雅·北山》的"我从事独贤",毛传"贤,劳也"(亦可引申为"多")。《诗·大雅·行苇》"序宾以贤",郑笺："以射中多少为次第。"《国语·晋语九》细数智瑶的"贤于人者五",具体为"美鬒长大则贤,射御足力则贤,伎艺毕给则贤,巧文辩惠则贤,强毅果敢则贤",所谓"美鬒长大""射御足力""伎艺毕给""巧文辩惠""强毅果敢"同样都是较具体的内容。我们耳熟能详、文献中较为常见的"贤能"一词,当已是后来泛化的结果。当然,它也是从早期"多于""胜过",甚至在某一具体技能上存在优长之义上引申出来。最后,从周代"尚贤"之古义来看,"贤"与"不贤"本来都是针对"臣"的,并非君王。那些诸如"贤君"或"君

---

① 如本文所论,《皇门》的"五相"中,"大门、宗子、迩臣"相当于"世官",而"元武、圣夫"相当于"举贤",但周人当初是否就把后者称为"贤"还是缺乏材料证明的。不过,无论当初周人对后者作何指称,从《皇门》篇及《墨子》等文献来看,周人推举"元武、圣夫"之类人士是意在于"世官"之外另辟一用人途径,这却是确定无疑的。《周礼》"乡大夫"之职提到地方长官有定期从民众中"兴贤""献贤"于王的记载。《周礼》虽成书较晚,但就此强调从底层民众中举贤并献之于王的记载看,也的确符合周人于"世官"之外另辟一用人途径的制度设计。
② 参陈剑：《柞伯簋铭补释》,《传统文化与现代化》1999年第1期。

附录二　由清华简《芮良夫毖》之"五相"论西周亦"尚贤"及"尚贤"古义

贤"甚至"贤主""贤王"的概念,①都应该是后起的,或者说同样是"贤"字含义泛化的结果。

---

① 《左传》"贤君""君贤"之类语词未见,《国语》中"贤君"两见,都在年代相对较晚的《越语》中。前引《墨子·尚贤中》引"传曰"所谓"圣君哲人",揆诸文意,这个"圣君"是"臣",并不是"王"。而且,"传曰"云云者,明是古代之书,与墨子年代落差明显。不过,《墨子·尚同》篇说连"天子"也是"贤可""贤良"之人,就应该是"贤"字泛化后才有的概念。《吕氏春秋》屡称"贤主""贤王",《礼记·丧服四制》亦云"武丁者,殷之贤王也",都当是晚出观念(此语为衍出之注文,详参拙文《〈礼记·丧服四制〉篇形成研究》,《〈孔子家语〉新证》,中西书局,2017年,第347页)。对于君王的贤明,早期文献中倒是经常称"哲王",如《尚书·酒诰》云"在昔殷先哲王",《诗·大雅·下武》谓"下武维周,世有哲王"。《皇门》云"我闻昔在二有国之哲王",清华简《厚父》也有"在夏之哲王",《史墙盘》同样有"渊哲康王"的说法。

参 考 文 献

一、典籍及注解类

阮元校刻:《十三经注疏》,中华书局,1980年。

伏胜著、郑玄注,陈寿祺辑校:《尚书大传》,《丛书集成初编》本,商务印书馆,1937年。

孙星衍:《尚书今古文注疏》,中华书局,2003年。

顾颉刚、刘起釪:《尚书校释译论》,中华书局,2005年。

曾运乾:《尚书正读》,华东师范大学出版社,2012年。

李　民、王　健:《尚书译注》,上海古籍出版社,2000年。

高　亨:《周易大传今注》,齐鲁书社,1979年。

黄寿祺、张善文:《周易译注》,上海古籍出版社,2001年。

孔祥军点校:《毛诗传笺》,中华书局,2018年。

马瑞辰:《毛诗传笺通释》,中华书局,1989年。

黄焯伯:《诗经蠡诂》,中华书局,2012年。

林义光:《诗经通解》,中西书局,2012年。

吴闿生:《诗义会通》,中西书局,2012年。

高　亨:《诗经今注》,上海古籍出版社,2009年。

许维遹:《韩诗外传集释》,中华书局,1980年。

苏雪林:《楚骚新诂》,武汉大学出版社,2007年。

黄怀信、张懋镕、田旭东:《逸周书汇校集注》,上海古籍出版社,2007年。

孙诒让:《周礼正义》,中华书局,1987年。

王梦鸥:《礼记今注今译》,新世界出版社,2011年。

王文锦:《礼记译解》,中华书局,2001年。

王聘珍撰,王文锦点校:《大戴礼记解诂》,中华书局,1983年。

杨伯峻:《春秋左传注》,中华书局,1990年。

沈玉成：《左传译文》，中华书局，1981年。
王守谦、金秀珍、王凤春：《左传全译》，贵州人民出版社，1990年。
李梦生：《左传译注》，上海古籍出版社，2004年。
陈戍国：《左传校注》，岳麓书社，2006年。
徐元诰：《国语集解》，中华书局，2002年。
焦　循：《孟子正义》，中华书局，1987年。
孙诒让：《墨子间诂》，中华书局，1981年。
王先慎：《韩非子集解》，中华书局，1998年。
王先谦：《荀子集解》，中华书局，1988年。
王利器：《吕氏春秋注疏》，巴蜀书社，2002年。
司马迁：《史记》，中华书局，1959年。
刘文典：《淮南鸿烈集解》，安徽大学出版社、云南大学出版社，1998年。
范祥雍：《战国策笺证》，上海古籍出版社，1964年。
王照圆：《列女传补注》，华东师范大学出版社，2012年。
向宗鲁：《说苑校证》，中华书局，2009年。
陈垣注解：《日知录校注》，安徽大学出版社，2007年。
王卡点校：《老子道德经河上公章句》，中华书局，1993年。
王德有点校：《老子指归》，中华书局，1994年。
楼宇烈：《王弼集校释》，中华书局，1980年。
范应元：《宋本老子道德经》（即《老子道德经古本集注》），国家图书馆出版社，2017年据宋版影印。
郭庆藩：《庄子集释》，中华书局，2006年。
蒋锡昌：《老子校诂》，民国丛书，上海书店据1937年版影印。
高　亨：《老子正诂》，清华大学出版社，2011年。
张松如：《老子校读》，吉林人民出版社，1981年。
张松如：《老子说解》，齐鲁书社，1998年。
古　棣、周　英：《老子通》（上、下），吉林人民出版社，1991年。
尹振环：《帛书老子释析》，贵州人民出版社，1998年。
徐志钧：《帛书老子校注》，学林出版社，2002年。
任继愈：《老子绎读》，北京图书馆出版社，2006年。

陈鼓应：《老子注译及评介》，中华书局，1984年。
陈鼓应：《黄帝四经今注今译》，商务印书馆，2007年。
刘笑敢：《老子古今》，中国社会科学出版社，2006年。
张松辉：《老子译注与解析》，岳麓书社，2008年。
李　零：《吴孙子发微》，中华书局，1997年。
杨朝明：《孔子家语通解》，台湾万卷楼图书股份有限公司，2005年。

二、出土文献及工具书类

郭沫若主编：《甲骨文合集》，中华书局，1979年。
国家文物局古文献研究室编：《马王堆汉墓帛书（壹）》，文物出版社，1980年。
郭沫若：《两周金文辞大系图录考释》，上海书店出版社，1999年。
高　亨：《古字通假会典》，齐鲁书社，1989年。
段玉裁：《说文解字段注》，成都古籍书店，1990年。
荆门市博物馆：《郭店楚墓竹简》，文物出版社，1998年。
王　辉：《商周金文》，文物出版社，2006年。
中国社科院考古研究所：《殷周金文集成》，中华书局，2007年。
裘锡圭主编：《长沙马王堆汉墓简帛集成》，第四册，中华书局，2014年。
马承源主编：《上海博物馆藏战国楚竹书（壹—玖）》，上海古籍出版社，2001—2012年。
李学勤主编：《清华大学藏战国竹简（壹—捌）》，中西书局，2010—2018年。
黄德宽主编：《清华大学藏战国竹简（玖—拾）》，中西书局，2019—2020年。
北京大学出土文献研究所编：《北京大学藏西汉竹书（二）》，上海古籍出版社，2012年。
白于蓝：《简帛古书通假字大系》，福建人民出版社，2017年。
黄德宽主编：《安徽大学藏战国楚简（二）》，中西书局，2022年。

三、学术专著类

王念孙：《读书杂志》，江苏古籍出版社，2000年。
王引之：《经义述闻》，江苏古籍出版社，2000年。
钱大昕：《潜研堂集》，上海古籍出版社，2009年。
钱大昕：《十驾斋养新录》，江苏古籍出版社，2000年。
皮锡瑞：《经学通论》，中华书局，1954年。
刘师培：《刘申叔先生遗书》（第二册），京华书局，1970年。
王国维：《观堂集林》（附别集），中华书局，1959年。
吕思勉：《先秦学术概论》，中国大百科全书出版社，1985年。
杨树达：《积微居金文说》，中华书局，1997年。
罗根泽：《罗根泽说诸子》，上海古籍出版社，2001年。
童书业：《春秋左传研究》，中华书局，2006年。
刘起釪：《古史续辨》，中国社会科学出版社，1991年。
沈文倬：《宗周礼乐文明考论》（增补本），浙江大学出版社，2006年。
郑良树：《竹简帛书论文集》，中华书局，1982年。
郑良树：《诸子著作年代考》，北京图书馆出版社，2001年。
李学勤：《三代文明研究》，商务印书馆，2011年。
李学勤：《简帛佚籍与学术史》，江西教育出版社，2001年。
李学勤：《中国古代文明研究》，华东师范大学出版社，2005年。
李学勤：《夏商周年代学札记》，辽宁大学出版社，1999年。
裘锡圭：《裘锡圭学术文集》（1—6册），复旦大学出版社，2012年。
朱凤瀚：《商周家族形态研究》（增订本），天津古籍出版社，2004年。
沈长云、张渭莲：《中国古代国家起源与形成研究》，人民出版社，2009年。
沈长云：《上古史探研》，中华书局，2002年。
李　零：《吴孙子发微》，中华书局，1997年。
李　零：《简帛古书与学术源流》，生活·读书·新知三联书店，2004年。
李　零：《郭店楚简校读记》，中国人民大学出版社，2007年。

李　峰:《西周的政体:中国早期的官僚制度和国家》,生活·读书·新知三联书店,2010年。
李家浩:《安徽大学语言文字丛书·李家浩卷》,安徽大学出版社,2013年。
廖名春:《郭店楚简老子校释》,清华大学出版社,2003年。
廖名春主编:《显微阐幽:古典文献的探故与求新》,汕头大学出版社,2016年。
晁福林:《春秋战国的社会变迁》,商务印书馆,2011年。
常金仓:《二十世纪古史研究反思录》,中国社会科学出版社,2005年。
常金仓:《穷变通久》,辽宁教育出版社,1998年。
陈鼓应:《陈鼓应著作集》,中华书局,2015年。
陈　剑:《战国竹书论集》,上海古籍出版社,2013年。
陈　剑:《甲骨金文考释论集》,线装书局,2007年。
曹　峰:《上博楚简思想研究》,台湾万卷楼图书股份有限公司,2006年。
董　珊:《简帛文献考释论丛》,上海古籍出版社,2014年。
杜　勇:《〈尚书〉周初八诰研究》(增订本),中国社会科学出版社,2017年。
郭伟川:《〈周礼〉制度渊源与成书年代新考》,国家图书馆出版社,2016年。
何景成:《西周王朝政府的行政组织和政治运作》,光明日报出版社,2013年。
黄天树:《黄天树古文字论集》,学苑出版社,2006年。
黄朴民、魏鸿、熊剑平:《中国兵学思想史》,南京大学出版社,2018年。
李　锐:《新出简帛的学术探索》,北京师范大学出版社,2010年。
林志鹏:《战国诸子评述辑证——以〈庄子·天下〉为主要线索》,复旦大学出版社,2014年。
林志鹏:《宋钘学派遗著考论》,复旦大学出版社,2018年。
邵　鸿:《张家山汉简〈盖庐〉研究》,文物出版社,2007年。

王中江:《根源、制度和秩序——从老子到黄老》,中国人民大学出版社,2018年。

王连龙:《〈逸周书〉研究》,社会科学文献出版社,2010年。

王　青:《上博简〈曹沫之阵〉疏证与研究》,北京师范大学出版社,2017年。

邬可晶:《〈孔子家语〉成书考》,中西书局,2015年。

吴承学:《中国古代文体学研究》,人民出版社,2011年。

单育辰:《郭店〈尊德义〉〈成之闻之〉〈六德〉三篇整理与研究》,科学出版社,2015年。

谢维扬:《中国早期国家》,浙江人民出版社,1998年。

谢维扬、赵争主编:《国家起源问题研究的理论与方法:"国家起源研究的理论与方法国际学术研讨会"论文集》,中西书局,2020年。

虞万里:《上博馆藏楚竹书〈缁衣〉综合研究》,武汉大学出版社,2009年。

彭裕商、吴毅强:《郭店楚简老子集释》,巴蜀书社,2011年。

赵生群:《〈左传〉疑义新证》,人民文学出版社,2013年。

杨逢彬:《徵实捣虚学步编》,湖北人民出版社,2005年。

俞志慧:《古"语"有之:先秦思想的一种背景和资源》,华东师范大学出版社,2010年。

阎步克:《士大夫政治演生史稿》,北京大学出版社,1996年。

张怀通:《〈逸周书〉新研》,中华书局,2013年。

宁镇疆:《〈孔子家语〉新证》,中西书局,2017年。

宁镇疆:《〈老子〉"早期传本"结构及其流变研究》,学林出版社,2006年。

侯乃峰:《上博楚简儒学文献校理》,上海古籍出版社,2018年。

蒋　文:《先秦秦汉出土文献与〈诗经〉文本的校勘和解读》,中西书局,2019年。

四、学术论文类

陈　剑:《简谈对金文"蔑懋"问题的一些新认识》,《出土文献与古文字研究》第 7 辑,上海古籍出版社,2018 年。

陈斯鹏:《金文"蔑曆"及相关问题试解》,《出土文献》2021 年第 3 期。

崔晓姣:《"水善利万物而有争"——从北大汉简〈老子〉看〈老子〉第八章及〈老子〉文本的发展与演变》,《中国哲学史》2015 年第 1 期。

陈鼓应:《先秦道家之礼观》,《哲学门》2000 年第 1 卷。

陈鼓应:《从郭店简本看〈老子〉尚仁及守中思想》,《道家文化研究》第 17 辑,生活·读书·新知三联书店,1999 年。

池田知久:《〈老子〉的形而上学与"自然"思想——以北大简为中心》,《古简新知:西汉竹书〈老子〉与道家思想研究》,上海古籍出版社,2017 年。

蔡　卓:《简帛〈老子〉考释札记二则》,《"考证与释义:出土四古本〈老子〉综合研究"高端论坛论文集》,上海大学,2015 年。

曹　峰:《〈老子〉第三十九章新研》,《江汉论坛》2016 年第 8 期。

曹　峰:《〈保训〉的"中"即"公平合理"之理念说》,《文史哲》2011 年第 6 期。

曹建国:《清华简〈芮良夫毖〉试论》,《复旦学报》2016 年第 1 期。

曹建国:《从上博六〈景公疟〉看〈晏子〉早期文本形态》,《北京社会科学》2020 年第 5 期。

程　浩:《"书"类文献先秦流传考——以清华藏战国竹简为中心》,清华大学博士学位论文,2015 年。

陈颖飞:《清华简〈良臣〉散宜生与西周散氏》,《出土文献》第九辑,中西书局,2016 年。

董　珊:《楚简〈恒先〉"详宜利巧"解释》,《简帛文献考释论丛》,上海古籍出版社,2014 年。

杜　勇:《〈左传〉"德乃降"辨析》,《〈尚书〉周初八诰研究》(增订本),中国社会科学出版社,2017 年。

代　生:《咨政耆老与先秦治国理政》,《暨南学报》2020 年第 10 期。

过常宝:《〈老子〉文体考论》,《首都师范大学学报》2011 年第 2 期。

桂珍明:《清华简"训"、"惎"类文献研究》,贵州师范大学硕士学位论文,2017年。

侯文华:《老子与先秦箴体》,《中国文学研究》2009年第3期。

胡　适:《诸子不出于王官论》,《古史辨》第4册,上海古籍出版社,1982年。

胡　适:《与冯友兰先生论老子问题书》,《古史辨》第4册,上海古籍出版社,1982年。

胡厚宣:《释"余一人"》,《历史研究》1957年第1期。

胡厚宣:《重论"余一人"问题》,《古文字研究》第六辑,中华书局,1981年。

何炳棣:《中国现存最古的私家著述〈孙子兵法〉》,《历史研究》1999年第5期。

何景成:《甲骨文"督"字补释》,《中国文字研究》2011年第1期。

黄天树:《殷墟甲骨文白天时称补说》,《黄天树古文字论集》,学苑出版社,2006年。

黄怀信:《清华简〈保训〉补释》,《考古与文物》2013年第2期。

黄　杰:《清华简〈芮良夫毖〉补释》,《简帛研究》2015年秋冬卷,广西师范大学出版社,2015年。

蒋玉斌:《殷墟子卜辞的整理与研究》,吉林大学博士学位论文,2006年。

季旭昇:《读郭店楚墓竹简札记》,《中国文字》,艺文印书馆,1998年新24期。

季旭昇:《〈郭店·老子甲〉"绝伪弃作"的再省思》,《中国文字》,艺文印书馆,2019年新45期。

李学勤:《〈称〉篇与〈周祝〉》,《简帛佚籍与学术史》,江西教育出版社,2001年。

李学勤:《论殷墟卜辞的新星》,《中国古代文明研究》,华东师范大学出版社,2005年。

李学勤:《论郭店简〈老子〉非〈老子〉本貌》,王子今、白建钢、彭卫主编:《纪念林剑鸣教授史学论文集》,中国社会科学出版社,2002年。

李学勤:《论先秦道家的"夜行"》,《史学集刊》2004年第1期。

李学勤:《论清华简〈保训〉的几个问题》,《三代文明研究》,商务印书馆,2011年。

李学勤:《眉县杨家村新出青铜器研究》,《中国古代文明研究》,华东师范大学出版社,2005年。

李学勤:《〈程寤〉、〈保训〉"日不足"等语的释读》,《清华大学学报》2011年第2期。

李均明:《周书〈皇门〉校读记》,《耕耘录——简牍研究丛稿》,人民美术出版社,2015年。

李家浩:《说"貍不廷方"》,《安徽大学语言文字丛书·李家浩卷》,安徽大学出版社,2013年。

李　锐:《再论郭店〈老子〉的"绝急弃慮"》,《简帛研究》2016年春夏卷,广西师范大学出版社,2016年。

李　锐:《清华简〈管仲〉初探》,《出土文献》第十三辑,中西书局,2018年。

李　锐、张　帆:《〈老子〉"致虚极,守静笃"异文考辨》,《出土文献》2021年第2期(总第6期)。

李守奎:《清华简〈周公之琴舞〉与周颂》,《文物》2012年第8期。

李　零:《待兔轩读书记(二则)》,《文史》2017年第1期。

廖名春:《老子"无为而无不为"说新证》,《中国哲学》第二十辑,辽宁教育出版社,1999年。

刘　源:《从亲簋铭浅谈西周王朝三有司的任用》,《青铜器与金文》第一辑,上海古籍出版社,2017年。

刘国忠:《清华简〈命训〉初探》,《深圳大学学报》2015年第1期。

刘国忠:《清华简〈管仲〉初探》,《文物》2016年第3期。

刘光胜:《清华简〈命训〉成书时代及思想史意义》,《出土文献综合研究集刊》第十三辑,巴蜀书社,2021年。

刘乐贤:《也谈清华简〈芮良夫毖〉跟"绳准"有关的一段话》,《清华简研究》第二辑,中西书局,2015年。

刘乐贤:《由"仁"、"侸"相通说到北大简〈赵正书〉的一处简文》,《第一届出土文献与中国古代史学术论坛暨青年学者工作坊论文集》,复旦大学,2019年11月。

刘信芳:《上博藏竹书〈柬大王泊旱〉圣人诸梁考》,《中国史研究》

2007年第4期。

刘　巍:《中国式法治——中国治理原型试探》,《史学理论研究》2020年第5期。

罗根泽:《老子及〈老子〉书的问题》,《罗根泽说诸子》,上海古籍出版社,2001年。

罗根泽:《战国前无私家著作说(附:跋)》,《罗根泽说诸子》,上海古籍出版社,2001年。

梅珍生:《论老子的礼学观》,《文化中国》2004年第1期。

马　楠:《〈芮良夫毖〉与文献相类文句分析及补释》,《深圳大学学报》2013年第1期。

孟蓬生:《清华简〈厚父〉"者鲁"试释》,《古文字研究》第三十二辑,中华书局,2018年。

宁镇疆:《也论"余一人"问题》,《历史研究》2018年第2期。

宁镇疆:《早期"官人"之术的文献源流与清华简〈芮良夫毖〉相关文句的释读问题》,《出土文献》第十三辑,中西书局,2018年。

宁镇疆:《清华简〈厚父〉"天降下民"句的观念源流与幽公盨铭文再释——兼说先秦"民本"思想的起源问题》,《出土文献》第七辑,中西书局,2015年。

庞　朴:《古墓新知——漫读郭店楚简》,《中国哲学》第二十辑,辽宁教育出版社,1999年。

彭裕商:《郭店简〈老子〉与今传本对读随记(一)》,《出土文献》第一辑,中西书局,2010年。

钱宗范:《"朋友"考》,《中华文史论丛》第八辑,上海古籍出版社,1978年。

裘锡圭:《关于〈老子〉的"绝仁弃义"和"绝圣"》,《裘锡圭学术文集》第2册,复旦大学出版社,2012年。

裘锡圭:《郭店〈老子〉简初探》,《裘锡圭学术文集》第2册,复旦大学出版社,2012年。

裘锡圭:《释"求"》,《裘锡圭学术文集》第1册,复旦大学出版社,2012年。

裘锡圭:《纠正我在郭店楚简〈老子〉简释读中的一个错误——关于

"绝伪弃诈"》,《裘锡圭学术文集》第 2 册,复旦大学出版社,2012 年。

裘锡圭:《"宠辱若惊"是"宠辱若荣"的误读》,《中华文史论丛》2013 年第 3 期。

裘锡圭:《说〈老子〉中的"无为"和"为"——兼论老子的社会、政治思想》,《中华文史论丛》2019 年第 4 期。

沈　培:《试说清华简〈芮良夫毖〉跟"绳准"有关的一段话》,《出土文献与中国古代文明——李学勤先生八十寿诞纪念论文集》,中西书局,2016 年。

沈　培:《由清华简〈四告〉申论周人所言"懿德"的内涵》,复旦大学出土文献与古文字中心网站:http://www.gwz.fudan.edu.cn/Web/Show/4707,2020 年 12 月 5 日。

唐　兰:《老聃的姓名和时代考》,《古史辨》第 4 册,上海古籍出版社,1982 年。

王贵民:《试释甲骨文中的乍口、多口、殉、葬和诞字》,《古文字研究》第二十一辑,中华书局,2001 年。

王　博:《张岱年先生谈郭店竹简〈老子〉》,《道家文化研究》第十七辑,生活·读书·新知三联书店,1999 年。

王中江:《汉简〈老子〉中的"异文"和"义旨"示例及考辨》,韩巍主编:《古简新知》,上海古籍出版社,2017 年。

王中江:《老子的学说与〈金人铭〉与黄帝言》,徐炳主编:《黄帝思想与先秦诸子百家》,社会科学文献出版社,2015 年。

王瑜桢:《〈清华三·芮良夫毖〉"䫌"字考——兼释"嚻和庶民"》,"第二十五届中国文字学会国际学术研讨会"会议论文,台湾"中国文化大学"中文系,2014 年 5 月。

王瑜桢:《〈清华大学藏战国竹简(三)·芮良夫毖〉释读》,《出土文献》第六辑,中西书局,2015 年。

王治国:《金文所见西周王朝官制研究》,北京大学博士学位论文,2013 年。

魏启鹏:《楚简〈老子〉"大成若诎"发微——兼说老子不非礼乐》,《中国哲学史》2001 年第 3 期。

魏慈德:《从出土的〈清华简·皇门〉来看清人对〈逸周书·皇门〉篇的校注》,《出土文献》第七辑,中西书局,2015年。

武利华:《"黄石公禳灾镇墓刻石"释读与考证》,《淮海文博》第一辑,科学出版社,2018年。

徐正英:《先秦佚文佚书三题》,《郑州大学学报》2003年第4期。

禤健聪:《〈老子〉"罪莫大于可欲"校读》,《中山大学学报》2021年第5期。

张季同(岱年):《关于〈老子〉年代的一假定》,《古史辨》第4册,上海古籍出版社,1982年。

张松辉:《论老子礼学思想》,《中国哲学史》2005年第2期。

张海波:《先秦志书源流考辨》,《中国典籍与文化》2015年第4期。

张海波:《先秦志书篇名、体例问题补证》,《中国史研究》2016年第4期。

朱凤瀚:《读清华简〈皇门〉》,《清华简研究》第一辑,中西书局,2012年。

赵敏俐:《中国早期经典的作者问题》,《北京师范大学学报》2021年第6期。

赵平安:《〈芮良夫毖〉初读》,《新出简帛与古文字古文献研究续集》,商务印书馆,2018年。

赵平安:《出土文献视域下的"庶慎"》,《"第五届出土文献与上古汉语研究暨汉语史研究学术讨论会"论文集》,复旦大学中文系,2019年9月。

图书在版编目(CIP)数据

《老子》探源与古义新证 / 宁镇疆著. —上海：上海古籍出版社，2023.5（2024.3 重印）
（"出土文献与古史史料学研究"丛书）
ISBN 978-7-5732-0701-2

Ⅰ.①老… Ⅱ.①宁… Ⅲ.①道家②《道德经》—研究 Ⅳ.①B223.15

中国国家版本馆 CIP 数据核字（2023）第 069945 号

"出土文献与古史史料学研究"丛书
《老子》探源与古义新证
宁镇疆 著
上海古籍出版社出版发行
（上海市闵行区号景路 159 弄 1-5 号 A 座 5F　邮政编码 201101）
(1) 网址：www.guji.com.cn
(2) E-mail: guji1@guji.com.cn
(3) 易文网网址：www.ewen.co
苏州市越洋印刷有限公司印刷
开本 710×1000　1/16　印张 18.5　插页 3　字数 257,000
2023 年 5 月第 1 版　2024 年 3 月第 2 次印刷
ISBN 978-7-5732-0701-2
B·1323　定价：98.00 元
如有质量问题，请与承印公司联系